INTRODUZIONE ALLA GENETICA FORENSE

Indagini di identificazione personale e di paternità

Adriano Tagliabracci

F. Alessandrini • L. Mazzarini • V. Onofri • N. Onori • C. Turchi

Introduzione alla

GENETICA FORENSE

Indagini di identificazione personale e di paternità

Presentazione a cura di
Angelo Fiori

Springer

ADRIANO TAGLIABRACCI
Dipartimento di Neuroscienze
Sezione di Medicina Legale
Università Politecnica delle Marche
Ancona

Con i contributi di:
FEDERICA ALESSANDRINI
LAURA MAZZARINI
VALERIO ONOFRI
NICOLETTA ONORI
CHIARA TURCHI
Dipartimento di Neuroscienze
Sezione di Medicina Legale
Università Politecnica delle Marche
Ancona

Serie Springer Biomed *a cura di*

MARIA RITA MICHELI
Dipartimento di Biologia Cellulare
e Ambientale
Università di Perugia
Perugia

RODOLFO BOVA
Dipartimento di Medicina Sperimentale
e Scienze Biochimiche
Università di Perugia
Perugia

ISBN 978-88-470-1511-1

ISBN 978-88-470-1512-8 (eBook)

DOI 10.1007/978-88-470-1512-8

Layout copertina: Simona Colombo, Milano

Impaginazione: Graphostudio, Milano
Stampa: Arti Grafiche Nidasio, Assago (MI)

Springer-Verlag Italia S.r.l., Via Decembrio 28, I-20137 Milano
Springer fa parte di Springer Science+Business Media (www.springer.com)

Presentazione

Le indagini a fini forensi per l'identificazione personale di tracce e resti biologici umani e la ricerca della paternità hanno avuto un percorso evolutivo che inizia nel 1900, con la scoperta dei gruppi sanguigni AB0 da parte di Karl Landsteiner. Questa prima conoscenza è stata principalmente utilizzata per consentire le trasfusioni di sangue compatibile e, solo in seguito, se ne è prospettato e realizzato l'impiego per tipizzare le tracce di sangue, di sperma, di saliva e per indagare in casi di discussa paternità. Già in quei primi decenni del secolo scorso venne elaborato, dall'italiano Leone Lattes, il concetto di "individualità del sangue" (1923) che ebbe conferma successiva in una fase di lento sviluppo delle conoscenze, con la scoperta dell'esistenza sulla membrana dei globuli rossi di numerosi altri marcatori individuali a partire dal sistema MNSs e Rh tipizzabili con metodi immunologici. Gran parte di questi sistemi polimorfi era di scarso interesse pratico per le indagini su tracce e resti umani, ma erano invece impiegabili nella ricerca della paternità.

Nel secondo dopoguerra il grande impegno di molti ricercatori, prevalentemente genetisti, ha esteso le conoscenze a marcatori eritrocitari di natura enzimatica e ad altri marcatori genetici polimorfi presenti nel siero del sangue, nella saliva, nello sperma, indagabili prevalentemente con metodi elettroforetici. In tal modo il laboratorio medico legale ha potuto estendere in misura rilevante le proprie possibilità e metterle a disposizione delle giustizia sia in casi penali che in casi civili.

Un ulteriore grande avanzamento si è realizzato con la scoperta del sistema leucocitario HLA di impiego primario per il trapianto di organi e di grande utilità anche per le indagini di paternità e maternità.

In quel fecondo periodo - che ha subìto una decisiva svolta nel 1985, anno in cui fu proposto per la prima volta l'utilizzo del DNA - il laboratorio medico-legale poteva disporre di tecniche di identificazione personale su tracce e resti di utilità ancora limitata per ragioni di deteriorabilità di molti marcatori e di scarsa sensibilità dei metodi, mentre la ricerca della paternità e maternità su campioni freschi ha raggiunto un livello elevatissimo di efficacia tale da consentire affidabili esclusioni e attribuzioni probabilistiche soddisfacenti e di indiscusso valore probatorio.

L'utilizzo forense del DNA, la cui struttura molecolare è stata scoperta da Watson e Crick nel 1953 (e ha valso loro il premio Nobel), è iniziato nel 1985 quando Jeffreys, Wilson e Thein hanno pubblicato su *Nature* un primo articolo descrivendo una tecnica di grande interesse che ha dato il via a filoni di ricerca plurimi e a metodi di analisi in rapida evoluzione, dopo la proposta dell'ingegnoso metodo della *Polymerase Chain Reaction* (PCR) realizzato da un altro premio Nobel, Kary Mullis, mediante il quale frammenti di DNA possono essere amplificati un gran numero di volte consentendo in tal modo analisi su minime tracce biologiche. La stessa tecnica è di grande utilità nella ricerca della paternità ed è agevolmente applicabile, oltreché a campioni di sangue, anche alla saliva in ragione delle cellule nucleate che vi sono contenute.

Questa svolta epocale, con i grandi sviluppi della ricerca e le esperienze pratiche cui ha dato luogo, ha causato un progressivo abbandono delle analisi basate sui polimorfismi ematici eritrocitari leucocitari e sierici che pure un rilevante servizio avevano offerto al laboratorio medico-legale nel primo periodo successivo alla seconda guerra mondiale. Il loro principale inconveniente era costituito dall'esigenza di avvalersi, in ciascun caso, di una pluralità di metodi con costi elevati per la varietà dei reagenti e la lunghezza dei tempi lavorativi.

Le attuali tecniche di tipizzazione dei marcatori genetici del DNA, alle quali è dedicato questo libro del Prof. Adriano Tagliabracci e dei suoi collaboratori, consentono, sia pure con costi elevati per l'acquisto di strumenti oggi molto evoluti dal punto di vista tecnico, un notevole risparmio di tempo perché possono avvalersi di una tecnica sostanzialmente unica e di strumentazione computerizzata.

L'aggiornamento in questo settore è opera indispensabile perché le conoscenze evolvono continuamente. D'altro canto è indispensabile che ogni tanto si faccia il punto dei risultati raggiunti, soprattutto nell'interesse dei giovani che si incamminano in questo affascinante percorso che ha rivoluzionato il laboratorio medico-legale identificativo consentendo risultati inimmaginabili vent'anni fa, specie nell'ambito delle analisi su tracce e resti umani.

Questo libro ha il pregio di condurre per mano il lettore in un percorso di conoscenza progressiva e aggiornata che, avvalendosi anche di una ricca e efficace iconografia, fornisce dapprima nozioni di base sul genoma umano e sulla sua variabilità, quindi sulle tecniche di estrazione e di analisi qualitativa e quantitativa del DNA, e dei suoi polimorfismi, e sull'analisi dei risultati anche mediante calcoli biostatistici. Le indagini a fine forense sui reperti biologici sono oggetto di un'accurata trattazione cui fa seguito l'esposizione delle problematiche giuridiche e deontologiche. Il libro si chiude con un'interessante esposizione dei possibili nuovi approcci e sviluppi futuri della genetica forense.

La lettura di un testo così preciso e chiaro, così adeguato all'apprendimento progressivo della materia, deve indurre chiunque vi si accosti con la necessaria passione a non trascurare le riflessioni che sempre sono doverose nell'attività medico-legale e che riguardano le possibilità di errori esecutivi e valutativi dei risultati: sono in gioco la libertà delle persone, il loro destino, e i loro legittimi interessi. È quindi indispensabile che si prenda atto della complessità e della difficoltà di questo tipo di indagini e dei rischi che si corrono nell'affidarne l'esecuzione e l'interpretazione a periti e consulenti di preparazione non adeguata. Il libro del Prof. Tagliabracci e collaboratori è esemplare anche sotto questo profilo, necessario in qualsiasi attività medico-legale ma praticamente indispensabile nell'ambito del DNA.

Roma, settembre 2009

Angelo Fiori
Professore Emerito di Medicina Legale
Università Cattolica del Sacro Cuore di Roma

Prefazione

Il bombardamento mediatico che ha magnificato oltre misura le indagini sul DNA e generato ingiustificate attese sui risultati che possono essere conseguiti in ambito criminalistico mi ha spinto ad aderire di buon grado all'invito dell'Editore a redigere, assieme ai miei collaboratori, questa monografia con l'obiettivo, spero centrato, di fare il punto su peculiarità della genetica forense e potenzialità e limiti di tecniche analitiche preziose per la lotta contro il crimine e per la soluzione di paternità controverse.

Dal titolo dell'opera traspare la peculiarità della materia, la Genetica Forense, che rappresenta la sintesi di saperi che provengono da diverse discipline – la genetica, la biologia molecolare, la medicina legale, ed altre – che si sono fusi insieme per definire un metodo originale idoneo alla soluzione di problemi specifici, che richiedono un approccio peculiare: nella fase di acquisizione del campione da esaminare, in quella analitica, in quella di lettura ed interpretazione dei risultati. Occorre rimarcare che la non corretta catalogazione del reperto, l'errata processazione del materiale a disposizione e l'incauta o forzata conclusione della risposta fornita al magistrato, il più spesso, o ad altri committenti, possono arrecare offese gravissime alla dignità e libertà delle persone coinvolte, che non possono essere ovviati per l'impossibilità di svolgere controprove analitiche in ragione della quantità spesso limitata dei reperti biologici forensi. Genetisti medici, delle popolazioni o esperti di diagnosi prenatale od altro ancora, biologi non meglio qualificati, medici legali che commissionano il lavoro a laboratori privati, ed altre figure di varia estrazione scientifica che si sono lanciate nel settore della genetica forense con la presunzione di essere in possesso di adeguate conoscenze, e/o con il miraggio di facili guadagni, devono avere ben chiari questi limiti ed essere consapevoli che questa disciplina può essere frequentata soltanto da coloro in grado di coniugare adeguatamente il sapere bio-medico con quello forense, qualità precipua della medicina legale.

Questo monito mi richiama l'insegnamento dei miei Maestri, il Prof. Marino Bargagna, che non è più con noi, ed il Prof. Angelo Fiori, che possono essere considerati i padri della moderna genetica forense in Italia e ai quali va un affettuoso ringraziamento.

In questa monografia sono riportate le conoscenze più aggiornate sulle indagini del DNA che sono comunemente utilizzate per l'identificazione di autori di reati violenti nelle indagini criminali, per l'attribuzione dell'identità a resti umani ed a vittime di disastri di massa, per la ricostruzione di rapporti parentali nelle indagini di paternità. La monografia descrive la biologia dei diversi tipi di DNA che sono utilizzati a questo scopo – i microsatelliti del DNA autosomico, il DNA mitocondriale, i microsatelliti del cromosoma Y – le loro applicazioni elettive, le procedure di repertazione e campionamento delle evidenze biologiche, le tecniche analitiche di base e quelle più raffinate in uso in genetica forense, la valutazione dei risultati e la presentazione dei profili genetici ottenuti.

Il lettore è guidato nella conoscenza della materia attraverso l'esposizione logica e cronologica di fasi operative che vanno dall'acquisizione del reperto fino alla generazione di un profilo del DNA e alla sua interpretazione, secondo le raccomandazioni della comunità scientifica internazionale. Nella parte finale della monografia sono inoltre riportate le disposizioni legislative di riferimento per queste indagini nell'ambito del processo penale, civile e della legge sulla privacy.

Il libro è elettivamente rivolto a genetisti forensi, medici legali, avvocati, studenti, magistrati, consulenti, ma per la semplicità degli argomenti trattati e la chiarezza dell'esposizione è in grado di soddisfare la curiosità di chiunque desideri addentrarsi nella comprensione dei moderni esami del DNA in campo forense.

Ancona, settembre 2009 *Adriano Tagliabracci*

Indice

Capitolo 1

Il genoma umano

Chiara Turchi

"It is essentially immoral not to get it [the human genome sequence] done as fast as possible"
James D. Watson

Cenni di citologia

La cellula è l'unità costitutiva più piccola di ogni organismo multicellulare e può essere prodotta soltanto in seguito a divisione cellulare di un'altra cellula.

Il corpo umano è formato approssimativamente da 6×10^{13} cellule di circa 320 tipi diversi. Pur avendo forma e funzioni differenziate le diverse cellule dell'organismo umano e, in generale, di tutti gli animali, possiedono, tranne poche ma importanti eccezioni, la stessa struttura: membrana, citoplasma e organelli a esso associati, e nucleo.

Il citoplasma è la parte più voluminosa della cellula ed è costituito da una soluzione acquosa dalla consistenza gelatinosa, il citosol, al cui interno vi sono i vari organelli che compongono la cellula. Gli organelli sono ancorati a una complessa rete di filamenti proteici, nota come citoscheletro, che ha la funzione di organizzare e mantenere la forma della cellula, ma anche quella di provvedere al movimento della cellula e degli organelli.

All'interno della cellula eucariotica sono presenti vari organelli, od organuli, che svolgono differenti funzioni necessarie alla sua sopravvivenza.

I centrioli, o corpi basali, sono importanti per l'organizzazione delle fibre del fuso durante la duplicazione cellulare.

Una parte cospicua del citoplasma è occupato da una struttura a doppia membrana denominata reticolo endoplasmatico, di cui se ne distinguono due tipi: quello liscio e quello rugoso. L'aspetto rugoso è dato dalla presenza dei ribosomi, che sintetizzano le proteine che verranno secrete dalla cellula o che rimarranno localizzate sulla membrana o negli organelli vacuolari. Queste proteine vengono trasferite nello spazio compreso tra le due membrane (*lumen*) e successivamente trasferte all'apparato del Golgi e poi ai differenti compartimenti cellulari. Le altre proteine, quali enzimi e proteine strutturali, vengono invece sintetizzate dai ribosomi liberi nel citoplasma.

Il citoplasma delle cellule eucariotiche contiene i mitocondri che svolgono un ruolo estremamente importante nei processi energetici della cellula. I mitocondri contengono anche del materiale genetico, sotto forma di molecole circolari di DNA (mtDNA) che, come nei batteri, non presentano proteine strutturali associate.

Il nucleo è separato dalle altre componenti cellulari dall'involucro nucleare, costituito da una doppia membrana permeabile in modo selettivo e dotata dei pori nucleari: questa morfologia consente lo scambio di materiale tra il nucleo e il citoplasma. Nel nucleo è localizzato il materiale genetico della cellula (DNA), complessato con proteine e organizzato in strutture lineari chiamate cromosomi.

Il genoma umano è quindi costituito da due tipologie di materiale genetico: il DNA nucleare e il DNA mitocondriale.

Struttura del DNA, geni e DNA non codificante

Il DNA (*deoxyribonucleic acid*) è spesso definito il "codice della vita", in quanto contiene tutte le informazioni necessarie per costruire, far funzionare e mantenere un organismo, oltre che a trasmettere la vita da una generazione all'altra. La molecola che presiede a un ruolo così importante è relativamente semplice: il DNA è una macromolecola costituita da subunità dette nucleotidi, ognuno dei quali è costituito da uno zucchero a cinque atomi di carbonio, il desossiribosio, a cui sono legati una base azotata e un gruppo fosfato. Le basi azotate sono quattro: adenina, guanina, timina e citosina. Le prime due sono basi puriniche, composte da un anello a sei atomi di carbonio; le altre due sono basi pirimidiniche, formate da un anello a sei e da uno a cinque atomi di carbonio, fusi tra loro.

La struttura primaria del DNA è pertanto quella di una catena polinucleotidica che si caratterizza per la sequenza di quattro diverse basi: A (adenina), C (citosina), G (guanina) e T (timina). Le basi azotate sono legate alla posizione 1 dell'anello di pentoso da un legame glicosidico; il legame tra il gruppo 5' di un pentoso e quello 3' del successivo viene assicurato da un fosfato interposto, per cui la molecola ha un gruppo 5' iniziale e un gruppo 3' terminale liberi e si è soliti scrivere la sequenza degli acidi nucleici nella direzione 5' > 3'.

I dati ottenuti dalla diffrazione a raggi X e gli studi di densità della molecola e di contenuto in basi azotate portarono Watson e Crick nel 1953 (Watson, 1953) a proporre il modello di doppia elica del DNA, costituito da due catene polinucleotidiche che formano due lunghi filamenti appaiati e avvolti su se stessi (Fig. 1.1). Si può immaginare la molecola di DNA come una scala a chiocciola formata dai due filamenti, che mantiene sempre lo stesso diametro, lo stesso spessore e la stessa distanza tra gli scalini. La parte laterale, che connette gli scalini, è costituita da una ossatura formata dall'alternarsi di fosfato e pentoso, uguali per tutta la lunghezza. Gli scalini sono rappresentati dalle basi azotate che sono orientate verso l'asse centrale della doppia elica e che si appaiano tra loro mediante legami idrogeno. L'appaiamento avviene tra una purina, su un filamento, e una pirimidina, sull'altro filamento; più esattamente, il legame si instaura specificamente tra G e C (triplo legame) e tra A e T (doppio legame): per questo motivo le base G è detta complementare alla C e A complementare alla T (Fig. 1.2). Questo modello presuppone che le due catene polinucleotidiche abbiano direzione opposta, siano cioè antiparallele, per cui guardando l'elica un filamento corre in direzione 5' > 3' e l'altro in direzione 3' > 5'. Il dia-

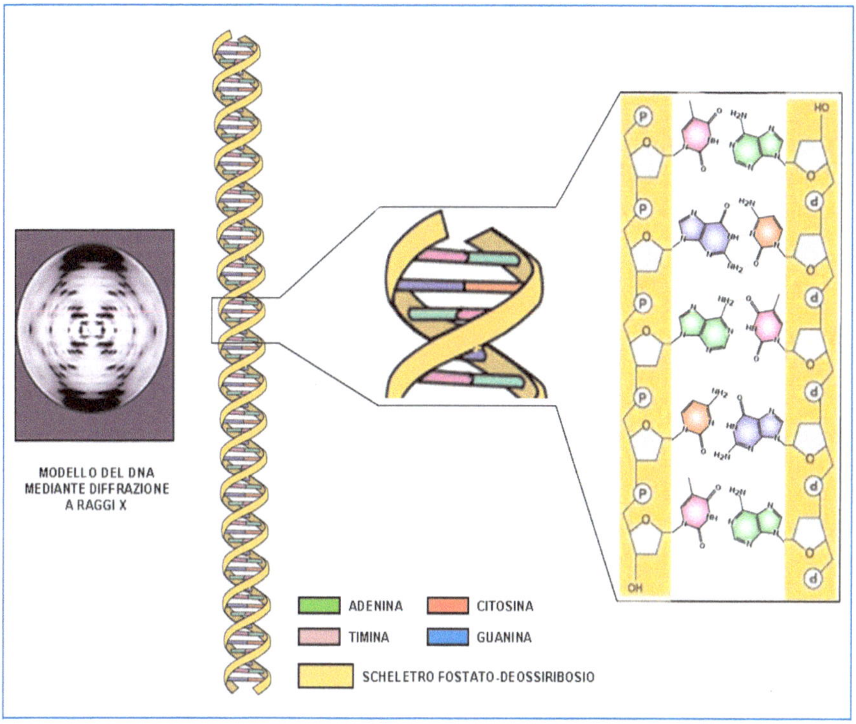

Fig. 1.1. Struttura molecolare del DNA. Da sinistra: schema di diffrazione ai raggi X, rappresentazione stilizzata della doppia elica e un particolare della molecola con le due catene polinucleotidiche a decorso antiparallelo, unite insieme dai legami idrogeno tra le basi azotate

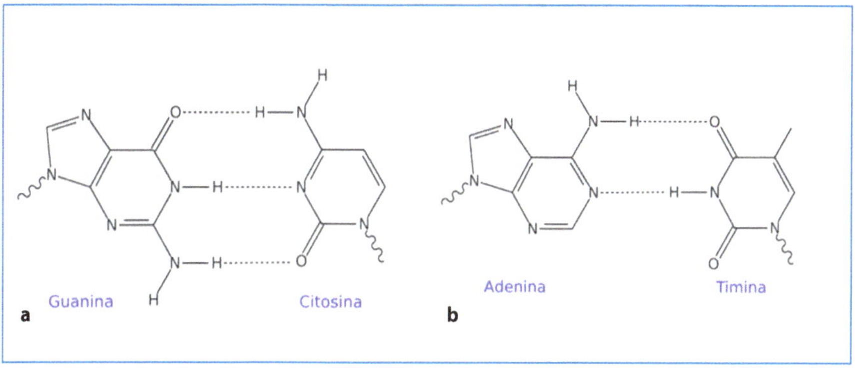

Fig. 1.2 Struttura delle coppie di basi azotate complementari. **a** Guanina e citosina, unite da tre legami idrogeno. **b** Timina e adenina, unite da due legami idrogeno

metro dell'elica è di 2 nm e ci sono 10 coppie di basi per ogni giro completo dell'elica (3.4 nm).

Organizzazione del DNA all'interno della cellula: cromosomi e cariotipo

Il DNA contenuto nel nucleo di ciascuna cellula è organizzato in strutture che prendono il nome di cromosomi. Nelle cellule umane i cromosomi sono 46 e risultano uguali due a due (cromosomi omologhi), per cui il corredo cromosomico è definito diploide. Tutte le cellule somatiche contengono 22 paia di cromosomi, definiti autosomi, nonché due cromosomi sessuali, o eterocromosomi. Le 22 paia di autosomi sono identificati con un numero, dal più grande (cromosoma 1), fino al più piccolo (cromosoma 22); i cromosomi sessuali sono due copie identiche XX nelle femmine (46, XX), e un cromosoma X e un cromosoma Y nei maschi, che contiene l'informazione genetica per la differenziazione sessuale (46, XY). I cromosomi sono visibili nella loro struttura soltanto durante il processo di divisione cellulare, in particolare durante la metafase, quando ciascuno dei due cromatidi fratelli di ogni cromosoma si trova nello stato di maggiore condensazione e può essere apprezzato al microscopio ottico: l'insieme dei cromosomi metafasici di una cellula è chiamato cariotipo (Fig. 1.3).

Nella cellula normale in fase di crescita i cromosomi non sono distinguibili ma dispersi nel nucleo sotto forma di granuli di cromatina. Il DNA che costituisce ogni cromosoma è una molecola lineare, a doppia elica, ininterrotta, che si esten-

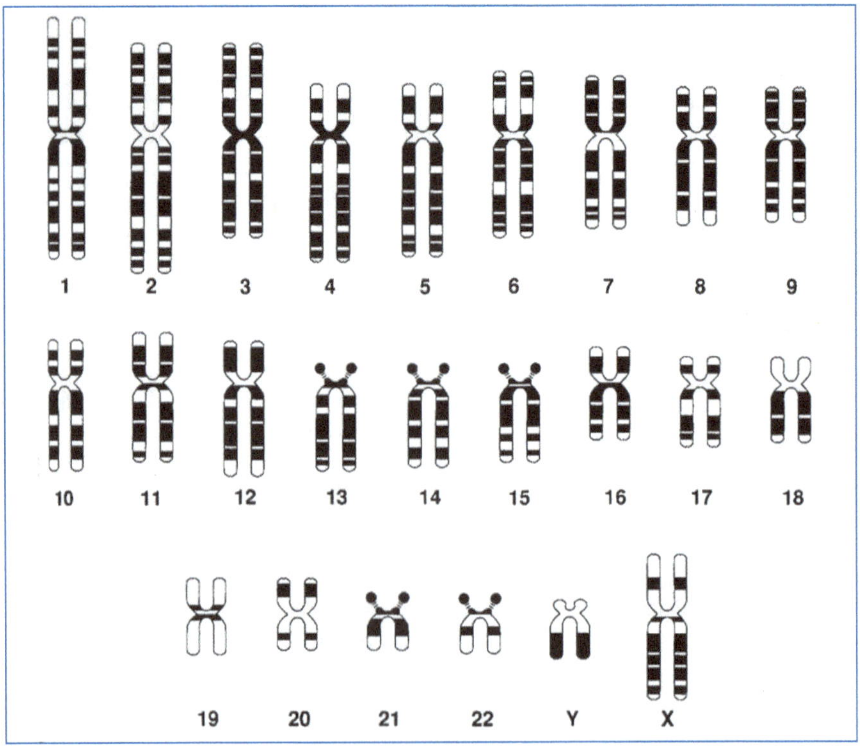

Fig. 1.3. Rappresentazione grafica del cariotipo umano

de per tutta la sua lunghezza e che è complessata alle proteine istoniche e non-istoniche: l'insieme del DNA e delle proteine è definito cromatina. Il DNA si avvolge sulle proteine istoniche in maniera non casuale a formare i nucleosomi, che a loro volta si impacchettano a formare la fibra di cromatina. Quest'ultima subisce ulteriori ripiegamenti fino ad arrivare alla struttura del cromosoma. Senza questo compattamento il DNA di ogni singola cellula sarebbe lungo più di 200 cm. Esistono due tipi di cromatina: l'eucromatina e l'eterocromatina. La prima è la cromatina condensata durante la divisione, ma che diventa despiralizzata durante l'interfase; l'eterocromatina invece rimane condensata durante tutto il ciclo cellulare. Funzionalmente l'eucromatina è geneticamente attiva, mentre l'eterocromatina è geneticamente inattiva o perché non contiene geni o perché i geni in essa contenuti sono silenziati. Lo stato funzionale del cromosoma è infatti in relazione al grado di avvolgimento dello stesso: quanto più una parte del cromosoma è condensata, tanto meno è probabile che i geni in questa regione siano attivi. Si distinguono due tipi di eterocromatina: l'eterocromatina costitutiva, che rimane tale durante tutto lo sviluppo, ed è presente in posizione identica su entrambi i cromosomi omologhi, e l'eterocromatina facoltativa, che varia la sua condizione - rilassata ed espressa / condensata e inattiva - a seconda dei diversi tipi cellulari e delle diverse fasi dello sviluppo.

Duplicazione, trascrizione e traduzione del DNA

Il DNA è in grado di replicarsi in modo che, ogni volta che una cellula somatica si divide, l'intero genoma venga duplicato; dopo la divisione cellulare, le due cellule figlie avranno lo stesso patrimonio genetico diploide della cellula madre.

Il meccanismo molecolare attraverso cui viene prodotta una copia dell'intero patrimonio genetico della cellula viene chiamato *replicazione* del DNA.

Gli enzimi più importanti coinvolti nella sintesi delle nuove molecole di DNA sono le DNA polimerasi (α, β, γ, δ ed ε), che catalizzano il legame dei deossiribonucleotidi trifosfato (dNTP) in direzione 5' > 3'.

All'inizio si ha l'apertura della molecola di DNA spiralizzato mediante rottura dei legami idrogeno tra le basi complementari e lo svolgimento dell'elica: i due filamenti, separati all'estremità, funzionano da stampo per la sintesi di una copia perfettamente identica alla catena complementare. Per questo motivo il processo di replicazione del DNA si definisce semiconservativo.

Un filamento di DNA, detto filamento guida, viene sintetizzato in modo continuo; l'altro, detto filamento lento, viene sintetizzato in modo frammentato, con la formazione dei frammenti di Okazaki - corti frammenti di DNA di 1-3 kilobasi - che in seguito vengono uniti dall'enzima DNA ligasi a formare l'intera molecola complementare allo stampo.

Le molecole di DNA che costituiscono i cromosomi umani sono di grandi dimensioni e richiedono origini di replicazione multiple. Da ogni origine di replicazione nasce una bolla replicativa che si espande in direzioni opposte. Due bolle replicative entrate in contatto si fondono formandone una sola.

La *trascrizione* è il processo mediante il quale le informazioni contenute nel DNA vengono trascritte in una molecola complementare di RNA a opera di specifici enzimi detti RNA polimerasi. Concettualmente, si tratta del trasferimento dell'informazione genetica dalla doppia elica del DNA alla molecola a singola elica dell'RNA. La trascrizione produce quattro diversi tipi principali di molecole: l'RNA messaggero (mRNA), l'RNA transfer (tRNA), l'RNA ribosomiale (rRNA) e il piccolo RNA nucleare (*small nuclear* RNA o snRNA). Soltanto le molecole di mRNA vengono tradotti in prodotti proteici attraverso una serie di eventi, noti come processamento dell'RNA, che dal trascritto primario portano alla formazione di una molecola di RNA funzionale. Negli organismi eucariotici, la maggior parte degli mRNA contiene sequenze che non codificano per nessun aminoacido, chiamate introni, separate da sequenze codificanti, chiamate esoni. Il processamento del trascritto primario porta, oltre che all'aggiunta di un cappuccio in 5' (*capping*) e di una coda di poli(A) in 3', alla rimozione degli introni attraverso un processo denominato *splicing*.

La *traduzione* genica, o sintesi proteica, rappresenta un'altra fase del processo di espressione genica, ovvero il processo in cui l'informazione contenuta nel DNA dei geni viene convertita in proteine. Nella sintesi proteica un filamento di mRNA maturo è usato come stampo per la produzione di una specifica proteina. La relazione tra triplette di basi dell'RNA e gli amminoacidi delle proteine è definito codice genetico. Il processo di sintesi proteica avviene sui ribosomi. Gli aminoacidi vengono portati al ribosoma su di una molecola di tRNA. La sequenza corretta di aminoacidi si ottiene mediante il legame specifico tra il codone dell'mRNA e l'anticodone complementare del tRNA, e mediante il legame specifico di ogni aminoacido al proprio tRNA.

Origine della diversità genetica: mitosi e meiosi, ricombinazione

La riproduzione cellulare è un processo ciclico di crescita, divisione del nucleo e divisione cellulare. Nel suo insieme questo processo viene chiamato ciclo cellulare, che consta di due fasi: la fase M, cioè di divisione, e un'interfase tra una divisione e l'altra. L'interfase è caratterizzata da tre tappe: la fase G_1, in cui la cellula si prepara per la replicazione del DNA e dei cromosomi, che avviene nella fase S, e la fase G_2, in cui la cellula si prepara per la divisione cellulare (fase M). Durante l'interfase del ciclo cellulare i cromosomi sono allungati e non è possibile visualizzarli al microscopio ottico.

Nella successiva fase S il DNA di ciascun cromosoma si replica e il corredo cromosomico passa da un assetto diploide (2n) a un assetto duplicato (4n). La duplicazione di ciascun cromosoma omologo porta alla formazione di due copie esatte, chiamate cromatidi fratelli, che sono tenuti insieme dal centromero. La fase di divisione cellulare negli eucarioti comprende due processi, che possono avvenire contemporaneamente o anche in momenti diversi: la mitosi, cioè la divisione del nucleo (cariocinesi), e la citochinesi, cioè la divisione del citoplasma, che porta alla formazione di due cellule. La mitosi è un processo continuo che viene però distinto in 4 fasi: profase, metafase, anafase e telofase.

Durante la mitosi i cromatidi fratelli si separano e ciascuna delle cellule figlie ne acquisisce uno: in questo modo si ha la distribuzione di una serie completa di cromosomi in ciascun nucleo figlio e viene ripristinato il patrimonio ereditario diploide (2n).

La mitosi è quindi il processo di divisione nucleare che porta alla produzione di nuclei figli che hanno lo stesso numero cromosomico e sono geneticamente identici tra loro e al nucleo genitore dal quale si sono originati. Attraverso tale processo si garantisce quindi la conservazione del corredo cromosomico nelle cellule somatiche.

La meiosi è il processo mediante il quale una cellula diploide (2n) dà origine, attraverso un ciclo di replicazione del DNA e due cicli di divisione nucleare (meiosi I e meiosi II), a quattro cellule aploidi (n). Le cellule figlie che ne risultano conterranno la metà dei cromosomi della cellula madre, uno per ciascuna coppia di omologhi (compresi i cromosomi sessuali). Così come la mitosi, anche le due divisioni meiotiche I e II vengono suddivise in 4 stadi rispettivamente: profase I e II, metafase I e II, anafase I e II e telofase I e II. La profase I a sua volta si divide in leptotene, zigotene, pachitene, diplotene e diacinesi.

Nell'uomo la meiosi produce gameti aploidi: nei maschi il gamete è lo spermatozoo, prodotto attraverso il processo di spermatogenesi; il gamete femminile è l'uovo prodotto per oogenesi.

L'unione dei due gameti maschile e femminile e la fusione dei due nuclei al momento della fecondazione dà origine a uno zigote diploide. Lo zigote, che rappresenta la prima tappa del nuovo embrione, si divide mitoticamente e produce un nuovo organismo diploide. Delle 23 paia di cromosomi presenti nel nuovo corredo cromosomico, uno proviene dalla madre e l'altro dal padre, ivi compresi i cromosomi X o Y, che determinano il sesso del nuovo organismo. È quindi attraverso un ciclo di meiosi e fecondazione che, negli organismi a riproduzione sessuata, si mantiene il numero dei cromosomi. Il significato biologico della riproduzione sessuale sta nel fatto che produce ricombinazione genetica, si generano cioè delle combinazioni genetiche diverse da quelle dei genitori.

Da un punto di vista genetico, infatti, la meiosi è estremamente importante in quanto genera variabilità genetica sia attraverso i vari modi nei quali i cromosomi paterni e materni si combinano nelle cellule figlie (assortimento indipendente dei cromosomi sulla piastra metafasica) sia mediante il *crossing-over*, cioè lo scambio fisico di geni tra cromosomi omologhi di origine materna e paterna.

Durante la metafase I della meiosi I ogni cromosoma di origine paterna e materna ha le stesse probabilità di allinearsi da una parte o dall'altra della piastra equatoriale metafasica. Per questo motivo, ogni nucleo prodotto per meiosi sarà costituito da una miscela di cromosomi di origine paterna e materna. Il numero delle possibili combinazioni dipende dal numero di cromosomi ed è pari a 2^{n-1} (dove n è il numero di coppie di cromosomi omologhi); nell'uomo sono possibili oltre 4 milioni di combinazioni. Poiché ci sono molte differenze geniche tra i cromosomi di origine paterna e materna, i nuclei prodotti per meiosi saranno molto diversi da quelli della cellula genitrice e tra loro.

Durante lo stadio di pachitene nella profase I avviene l'evento più importante della meiosi: il *crossing-over*, e cioè lo scambio reciproco di segmenti cromosomici localizzati nella stessa posizione lungo il cromosoma, tra cromosomi omologhi di origine materna e paterna. Poiché determina scambi reciproci, durante il *crossing-over* non si ha perdita né acquisizione di materiale genetico. Se ci sono delle differenze genetiche tra gli omologhi, il *crossing-over* può produrre in un cromatidio nuove combinazioni genetiche; se si considera inoltre che i siti in cui avviene questo scambio variano da una meiosi all'altra, il numero di tipi diversi di nuclei filiali prodotti da questo processo è estremamente grande. Tale fenomeno è possibile in quanto i cromosomi omologhi sono appaiati in modo altamente specifico a formare una struttura simile a una cerniera detta complesso sinaptonemale. Poiché la replicazione del DNA è gia avvenuta, ciascuna serie di cromosomi sinaptici è costituita da quattro cromatidi e viene indicata col termine di bivalente o tetrade.

Il cromosoma che esce dalla meiosi è definito ricombinante, in quanto ha una combinazione di geni differente rispetto alla combinazione di partenza: questo meccanismo è in grado di produrre ricombinazione genetica. La concomitanza di ricombinazione nella profase I e l'assortimento indipendente degli omologhi nell'anafase I fa sì che ogni individuo possa produrre un numero quasi illimitato di gameti geneticamente diversi.

La struttura del genoma umano

Le nostre conoscenze sulla struttura del genoma umano hanno subito un notevole incremento in seguito al completamento del Progetto Genoma Umano (*Human Genome Project*, HGP), un grande progetto collaborativo internazionale coordinato dal *Department of Energy* e dal *National Institute of Health* degli Stati Uniti, al quale si è aggiunto il suo partner più importante, il *Wellcome Trust* della Gran Bretagna, e in seguito il Giappone, la Francia, la Germania, la Cina e altri Paesi.

L'HGP è stato avviato ufficialmente nel 1990, sotto la direzione di James D. Watson, con lo scopo primario di determinare l'intera sequenza del DNA, cioè l'ordine delle basi così come si susseguono lungo la doppia elica. L'obiettivo centrale era quello di decodificare l'intero genoma, ovvero di descrivere la struttura, la posizione e la funzione dei geni che caratterizzano la specie umana. In particolare si proponeva di:

- determinare la precisa sequenza dei 3 miliardi di paia di basi che costituiscono il DNA umano;
- identificare i geni lungo il DNA;
- trasferire questa informazione in banche dati;
- migliorare gli strumenti in silico per l'analisi dei dati;
- trasferire le tecnologie derivanti dal progetto al settore privato;
- affrontare le questioni etiche, legali e sociali derivanti dal progetto.

Un progetto parallelo è stato condotto dalla società privata Celera Genomics, diretta dal ricercatore americano Craig Venter, che ha posto delle problematiche riguardanti la pubblicazione e l'utilizzo della sequenza del genoma da parte della comunità scientifica. La Celera infatti annunciò inizialmente l'intenzione di brevettare circa 200-300 dei geni sequenziati, ma nel marzo del 2000 il Presidente degli Stati Uniti Bill Clinton annunciò che la sequenza del genoma non poteva essere brevettata e che doveva essere messa a disposizione dell'intera comunità scientifica mondiale.

Una prima sequenza, che riguardava il 90% del DNA eucromatinico, è stata pubblicata nel 2001 (Lander et al, 2001; Venter et al, 2001), a cui è seguita, nel 2004, una versione che riportava la sequenza del 99% del DNA eucromatinico con una precisione di 99,99% (*International Human Genome Sequencing Consortium*, 2004). Dal completamento dello studio Progetto Genoma Umano è emerso principalmente che:

- il numero di *gaps*, cioè di regioni genomiche non sequenziate, è stato ridotto a 341 (circa 400 volte inferiore ai precedenti risultati);
- la nuova sequenza individua correttamente quasi tutti i geni (99,74%);
- il genoma umano di un individuo contiene circa 22.000 geni, cifra di molto inferiore ai circa 100.000 differenti geni fino ad allora supposti con metodi indiretti. Precisamente esso definisce 22.287 locus genici, composti da 19.438 geni già conosciuti e da 2.188 regioni di DNA che si pensa codifichino per proteine (*predicted genes*);
- negli ultimi 60-100 milioni di anni sono "nati" 1.183 geni e ne sono scomparsi circa 30;
- l'esattezza e la completezza del sequenziamento del genoma umano consente di effettuare ricerche volte all'individuazione di fattori genetici che predispongono all'insorgenza di malattie o di mutazioni che provocano tumori.

Il dato più sorprendente, oltre al ridotto numero di geni, è che solo l'1,5% del genoma umano codifica per proteine. Tutto il resto è costituito da sequenze, uniche o ripetute, in genere ritenute "*junk*". In realtà si sta ora scoprendo che alcune di tali sequenze svolgono un delicatissimo ruolo regolativo.

Il genoma umano può essere diviso in categorie diverse, in base alla struttura e alla funzione della sequenza (Fig. 1.4).

Geni e DNA non codificante

Le caratteristiche di un individuo trasmesse da una generazione all'altra sono sotto il controllo di tratti di DNA chiamati geni. La costituzione genetica di un organismo è definita genotipo, mentre il fenotipo è la manifestazione fisica dei caratteri genetici. In realtà i geni determinano solo la possibilità di realizzazione delle caratteristiche fenotipiche: il modo in cui queste capacità potenziali vengono sviluppate dipende non solo dalle interazioni con altri geni e i loro prodotti, ma anche da influenze ambientali.

La posizione sul cromosoma di un particolare gene viene definita *locus*. L'intuizione che nei cromosomi fossero presenti unità di eredità trasmesse dai

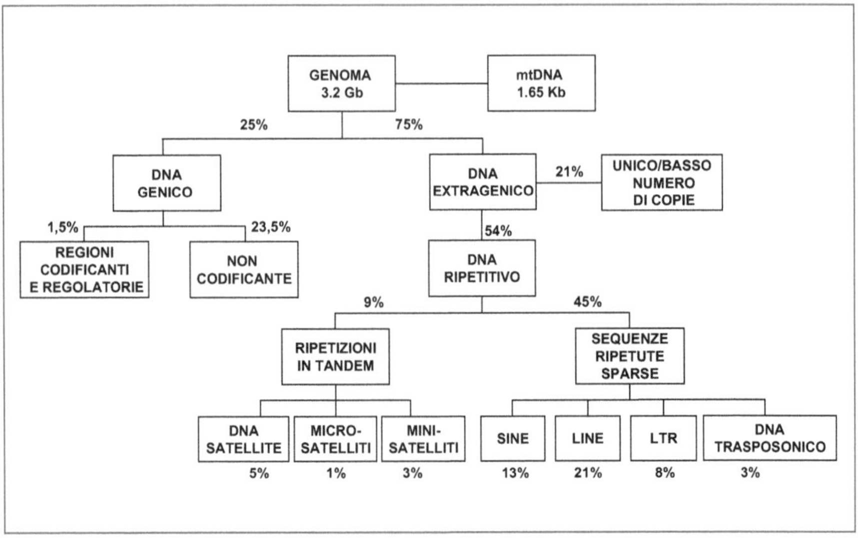

Fig. 1.4. Classificazione del genoma umano sulla base della struttura e della funzione

genitori ai figli la si deve a Gregor Mendel, monaco tedesco che può essere considerato il padre della genetica. Tramite le osservazioni ormai ben note della trasmissione dei caratteri nelle piante, pubblicate nel 1866, egli giunse alla formulazione delle leggi, che vanno sotto il suo nome, della segregazione indipendente (prima legge di Mendel) e dell'assortimento indipendente di geni diversi (seconda legge di Mendel).

Queste leggi postulano la presenza nell'organismo di due copie di ogni gene (diploidia) e che soltanto uno è trasmesso dal genitore alla progenie attraverso i gameti. Nello zigote si ricostituisce la coppia di geni presente nei due cromosomi omologhi, uno di provenienza paterna e uno di provenienza materna, nella stessa posizione - *locus* - lungo il cromosoma. I geni possono esistere in forme alternative, chiamate alleli, che possono dare luogo all'espressione di caratteristiche diverse. L'organismo che ha ereditato due alleli identici dai genitori è definito omozigote, mentre quello che possiede due alleli diversi l'uno dall'altro è definito eterozigote.

Un allele è definito dominante quando il suo effetto fenotipico si manifesta sia negli individui omozigoti che in quelli eterozigoti: è sufficiente possederne una sola copia per esprimerlo. Un allele è invece definito recessivo quando si manifesta solo negli individui omozigoti per l'allele in questione. In alcuni casi, gli eterozigoti manifestano fenotipicamente entrambi gli alleli che possiedono: non accade che l'allele dominante mascheri l'espressione di quello recessivo, ma le due espressioni coesistono dando origine a un fenotipo misto. In questi casi di parla di codominanza.

Si ritiene che il genoma umano contenga solo 20.000-25.000 geni e solo circa l'1,5% del genoma è direttamente coinvolto nella codifica delle proteine. La struttura, la sequenza e l'attività dei geni sono un punto focale della genetica medica a causa dell'interesse sempre maggiore rivolto alle malattie ereditarie e all'espressione genica a livello cellulare. Il 23,5% del genoma è classificato come sequenza genica ma non codifica per proteine. La sequenza genica non codificante contiene numerosi elementi coinvolti nella regolazione genica, compresi i promotori, gli *enhancers*, i repressori e i segnali di poli-adenilazione; la maggior parte del DNA correlato ai geni, che è circa il 23%, è composto di introni, pseudogeni e frammenti genici.

Il 75% circa del genoma è definito extragenico; il 20% del DNA extragenico è unico, costituito da DNA a singola copia, la cui funzione nella maggior parte dei casi non è conosciuta sebbene alcune regioni sembrino essere sotto pressione evolutiva e presumibilmente svolgano un ruolo importante. La maggior parte del DNA extragenico – più del 50% – è composto da DNA ripetitivo, di cui il 45% è costituito da sequenze ripetute sparse e il resto è costituito da sequenze di DNA ripetute in tandem (Lander et al, 2001; Li, 2001). I quattro tipi più comuni di sequenze ripetute sparse sono: SINEs (*short interspersed elements*), LINEs (*long interspersed elements*), LTRs (*long terminal repeats*) e DNA trasposonico. I satelliti, minisatelli, e microsatelliti sono, invece, esempi di DNA ripetuto in tandem e costituiscono le regioni del genoma maggiormente utilizzate nell'identificazione personale; ad ogni modo una trattazione più approfondita delle stesse verrà effettuata nel prossimo capitolo.

Regioni del genoma non ricombinanti: cromosoma Y e DNA mitocondriale

Abbiamo già anticipato che il genoma umano è costituito dal DNA nucleare e dal DNA mitocondriale.

Il DNA nucleare è rappresentato da 23 coppie di cromosomi, di cui 22 coppie di autosomi e 1 coppia di cromosomi sessuali (XX nelle donne e XY negli uomini). I cromosomi sessuali si appaiano al momento della divisione cellulare allo stesso modo dei cromosomi autosomici, anche se l'unione tra il cromosoma X e il cromosoma Y riguarda solo delle piccole regioni del DNA. Il resto del cromosoma Y quindi non andrà incontro al fenomeno meiotico del *crossing-over* e quindi non sarà sottoposto a ricombinazione genetica.

Allo stesso modo il DNA mitocondriale (mtDNA), rappresentato da un cromosoma circolare contenuto all'interno dei mitocondri, non è sottoposto a ricombinazione durante la divisione. Durante la divisione cellulare i mitocondri si ripartiscono nelle due cellule figlie insieme al citoplasma e il genoma mitocondriale si replica indipendentemente da quello nucleare.

Il cromosoma Y viene trasmesso dai padri ai figli maschi, mentre il DNA mitocondriale dalle madri a tutti i figli, sia maschi che femmine. L'ereditarietà maschile del cromosoma Y è facilmente intuibile, in quanto presente solo negli individui di sesso maschile, mentre quella del DNA mitocondriale richiede una spiegazione più approfondita e si basa sulla localizzazione citoplasmatica dei mitocondri (per questo motivo si parla di eredità citoplasmatica).

Durante la fecondazione i mitocondri presenti nello spermatozoo o non entrano nel citoplasma ovulare o, se entrano, degenerano rapidamente. Tutti i mitocondri dell'embrione derivano quindi dalla ripartizione della popolazione originaria presente nell'ovocita, che contiene un numero di mitocondri circa mille volte superiore rispetto agli spermatozoi. In realtà i meccanismi responsabili dell'eredità matrilineare del mtDNA includono la riduzione dello stesso negli spermatozoi durante la spermatogenesi, la diluizione del mtDNA spermatico al momento della fecondazione (dovuta all'elevatissimo numero di molecole di mtDNA della cellula uovo contro le poche dello spermatozoo), la proteolisi dei mitocondri spermatici e la digestione del mtDNA spermatico all'interno della cellula uovo. Ne deriva che la quantità di mtDNA paterno all'interno dell'oocita diventa irrilevante dopo la prima divisione mitotica della cellula uovo fecondata. Una conseguenza importante di questo fatto è che la trasmissione delle molecole di DNA mitocondriale avviene sempre dalla madre ai figli di entrambi i sessi; dei figli, solo le femmine potranno a loro volta cedere il loro DNA mitocondriale ai rispettivi figli, e così via. Per questa ragione si parla anche di eredità matrilineare, un tipo di trasmissione del materiale genetico che procede attraverso la linea materna.

L'assenza di ricombinazione fa sì che il cromosoma Y e il DNA mitocondriale vengano trasmessi in modo inalterato alle generazioni successive, a meno che non si verifichino eventi mutazionali. Entrambi possono essere quindi utilizzati come marcatori per la ricostruzione di linee parentali, rispettivamente paterne e materne, che vengono spesso effettuate in ambito forense, come vedremo nei prossimi capitoli. Andiamo ora a descrivere in generale le caratteristiche del cromosoma Y e del DNA mitocondriale.

Il cromosoma Y

Il cromosoma Y umano è un piccolo cromosoma acrocentrico, lungo circa 58 Mb, la cui sequenza completa è stata resa pubblica nel 2003 (Skaletsky et al, 2003).

Nonostante siano morfologicamente distinti, i cromosomi X e Y sono in grado di appaiarsi durante la meiosi nelle cellule maschili e di andare incontro a *crossing-over*: l'appaiamento avviene all'interno di determinate piccole regioni di omologia tra i due cromosomi, note come regioni pseudoautosomiche.

La regione pseudoautosomica principale (PAR1) si estende per 2,6 Mb nelle estremità dei bracci corti dell'X e dell'Y. È il punto di *crossing-over* obbligatorio durante la meiosi maschile e si pensa sia necessario per una corretta segregazione meiotica. Questa piccolissima regione è particolare per la sua elevata frequenza di ricombinazione (la frequenza di ricombinazione media dei cromosomi sessuali è del 28% che, per una regione di sole 2,6 Mb, è circa 10 volte la normale frequenza di ricombinazione). Questo valore elevato è dovuto soprattutto al *crossing-over* obbligatorio nella meiosi maschile, che determina una frequenza di incrocio vicina al 50%. È stato dimostrato molto recentemente che il confine tra la principale regione pseudoautosomica e la regione più specificamente sessuale mappa dentro il gene del gruppo sanguigno XG, mentre il gene determinante della mascolinità SRY si trova sul cromosoma Y a sole 5 kb da tale confine.

La regione pseudoautosomica minore (PAR2) si estende per 320 kb nelle estremità dei bracci lunghi dei cromosomi X e Y. A differenza della regione pseudoautosomica principale, il *crossing-over* tra i cromosomi in questa regione non è così frequente e non è necessario né sufficiente per l'ordinato svolgimento della meiosi del maschio. Oltre alle due regioni pseudoautosomiche, i cromosomi sessuali mostrano sostanziali regioni di omologia in altri punti e l'esistenza di tali omologie suggerisce che i due cromosomi siano evoluti da una coppia ancestrale di cromosomi omomorfici. Chiaramente i due cromosomi hanno subito successivamente una sostanziale divergenza e sequenze che su un cromosoma oggi appaiono fisicamente vicine possono avere corrispettivi molto distanti sull'altro. Il resto del cromosoma Y non è sottoposto alla ricombinazione genetica durante la meiosi.

Il cromosoma Y è costituito per il 95% della sua lunghezza dalla regione non ricombinante (NRY), compresa tra le due regioni pseudoautosomiche. Sebbene su questo cromosoma siano stati mappati oltre 700 marcatori del DNA, ad esso sono stati finora assegnati 142 geni, di cui 113 codificanti per proteine e altri per RNA o pseudogeni. La maggior parte del cromosoma Y, comunque, è geneticamente inerte. Il gene di maggior interesse è SRY (fattore di determinazione del sesso, *sex-determining region Y*), spesso indicato come TDF (*testis determinig factor*), che codifica per proteine che provocano lo sviluppo dei testicoli ed è implicato nei processi di sviluppo sessuale maschile.

Il genoma mitocondriale

Il DNA mitocondriale umano è una molecola circolare chiusa superavvolta a doppia elica, lunga circa 5 µm e contenente 16.569 bp, la cui sequenza nucleotidica è stata interamente determinata nel 1981 (Anderson, 1981; Andrews, 1999). Il DNA mitocondriale è localizzato in specifiche regioni del mitocondrio chiamate "regioni nucleoidi", ciascuna delle quali contiene numerose copie di genoma mitocondriale, e poichè ciascuna cellula contiene più mitocondri è stato calcolato che esistano circa 1.000-10.000 copie di mtDNA per ogni cellula.

La molecola è costituita da due filamenti complementari, a decorso antiparallelo, che differiscono per la composizione in basi: il filamento pesante (*H-strand*) è ricco di guanine, mentre quello leggero (*L-strand*) è ricco di citosine.

L'analisi della struttura del genoma ha rivelato che l'mtDNA umano è organizzato in modo molto compatto e rappresenta un modello di economia genetica: tutti i geni sono infatti privi di introni, e inoltre le sequenze codificanti dei geni vicini sono contigue e separate da nessuna o poche basi non codificanti. La molecola è per il 93-95% codificante e contiene 37 geni: 22 per i tRNA necessari per la sintesi proteica mitocondriale, 2 per gli rRNA (12S e 16S) e 13 per proteine.

I geni che codificano per gli rRNA 16S e 12S sono adiacenti e sono localizzati sul filamento H; i geni per i tRNA sono localizzati in diverse posizioni su entrambi i filamenti (14 tRNA su quello pesante e 8 su quello leggero), in parte raggruppati e in parte isolati; i geni che codificano per le proteine si trovano in prevalenza sul filamento H. L'unica regione della molecola priva di DNA codificante è quella denominata "regione di controllo", localizzata tra i geni per il tRNA della prolina (tRNAPro) e per il tRNA della fenilalanina (tRNAPhe). Questa regione, lunga 1.112 bp, rappresenta il 5-7% del DNA genomico mitocondriale e contiene i promotori per la trascrizione di entrambi i filamenti, elementi di regolazione della trascrizione, siti di legame per fattori di trascrizione mitocondriali, la sequenza associata alla terminazione (TAS), tre blocchi di sequenze conservate (CSB-1, CSB-2 e CSB-3) associate con l'inizio della sintesi del DNA e l'origine di replicazione del filamento pesante (O_H). A causa della presenza dell'OH la regione di controllo è chiamata anche "regione contenente il *D-loop*", in quanto la replicazione del DNA mitocondriale avviene secondo il modello dello spostamento dell'ansa (*displacement loop o D-loop*).

Letture consigliate

Anderson S, Bankier AT, Barrell BG et al (1981) Sequence and organization of the human mitochondrial genome. Nature 290(5806):457-465

Andrews RM, Kubacka I, Chinnery PF et al (1999) Reanalysis and revision of the Cambridge reference sequence for human mitochondrial DNA. Nat Genet 23(2):147

International Human Genome Sequencing Consortium (2004) Finishing the euchromatic sequence of the human genome. Nature 431(7011):931–945

Lander ES, Linton LM, Birren B et al (2001) Initial sequencing and analysis of the human genome. Nature 409(6822):860–921

Li WH, Gu Z, Wang H, Nekrutenko A (2001) Evolutionary analyses of the human genome. Nature 409(6822):847–849

Russel PJ (1994) Genetica, 2a ed. EdiSES, Napoli

Skaletsky H, Kuroda-Kawaguchi T, Minx PJ et al (2003) The male-specific region of the human Y chromosome is a mosaic of discrete sequence classes. Nature 423(6942):825–837

Strachan T, Read AP (2007) Genetica umana molecolare, 3a ed. UTET

Venter JC, Adams MD, Myers EW et al (2001) The sequence of the human genome. Science 291(5507):1304–1351

Watson JD, Crick FHC (1953) A Structure for Deoxyribose Nucleic Acid. Nature 171:737–738

Capitolo 2

La variabilità del genoma umano

Chiara Turchi

"Variation is the spice of life"
L Kruglyak and DA Nickerson

La variabilità genetica: mutazioni e polimorfismi

Ogni individuo è diverso l'uno dall'altro, e la maggior parte di queste differenze ha una base genetica: differenze nel fenotipo sono causate da differenze nel genotipo. Alcune di queste differenze riguardano caratteristiche fisiche molto evidenti quali i capelli, il colore degli occhi e della pelle; altre sono meno palesi ma più importanti quali il gruppo sanguigno, il sistema HLA, fattori che influiscono sulla risposta ai farmaci o sulla probabilità di contrarre malattie infettive o cardiovascolari. Alcune di queste differenze hanno un effetto dominante, poiché è necessaria una sola copia del gene mutato perché il carattere si manifesti fenotipicamente; altre sono recessive ed entrambe le copie del gene devono essere mutate perché il fenotipo si manifesti. Molte volte più geni influenzano un carattere (poligenia) e fattori non genetici (ambientali) possono interferire e modulare in modo diverso l'effetto dei geni (multifattorialità).

Quindi il rapporto tra genotipo e fenotipo non è sempre così semplice: vi sono molte differenze tra le persone che non sono su base genetica, ma dovute completamente o in parte a processi stocastici durante lo sviluppo, o dovute a influenze da parte dell'ambiente; a volte diversi alleli mutanti dello stesso gene possono avere effetti diversi, e alleli di altri geni possono influenzare il fenotipo: la distinzione tra caratteri monogenici e caratteri complessi (multifattoriali) non è netta.

Sebbene vi siano molte differenze tra un genoma umano e un altro, la maggior parte di queste differenze influisce molto poco o per niente sul fenotipo: molte delle differenze genetiche tra gli individui e tra le popolazioni usate in genetica evoluzionistica e in genetica forense sono di questo tipo. Tali variazioni sono spesso dette mutazioni neutre, poiché si pensa che non influiscano sulla fitness evoluzionistica, e quindi la loro frequenza non è influenzata dalla selezione naturale.

Abbiamo già spiegato che la diversità genetica è dovuta a due eventi che si verificano nel processo di divisione delle cellule germinali (meiosi): l'assortimento indipendente dei cromosomi e il *crossing-over*. Questi eventi fanno sì che le cellule figlie originatesi contengano un patrimonio genetico aploide diverso tra loro. Un'altra importante fonte di variabilità genetica è la mutazione, definita come un qualsiasi cambiamento nella sequenza del DNA, e che ricopre un ampio spettro di eventi con differenti incidenze e meccanismi molecolari. Si parla, infatti, di mutazione sia quando il cambiamento riguarda un singolo nucleotide (sostituzioni, inserzioni e delezioni), sia quando si verificano piccole inserzioni e delezioni di poche basi, ma anche nel caso di inserzioni, delezioni, duplicazioni e inversioni di regioni del DNA lunghe alcune megabasi, di espansione o contrazione nel numero di elementi di DNA ripetuti in tandem, di inserzioni di elementi transponibili, di traslocazioni di segmenti cromosomici e qualsiasi tipo di anomalie nel numero dei cromosomi.

Una semplice differenza di basi tra due sequenze di DNA può essere denominata in vari modi e questo può dar luogo a confusione. Il termine generico di mutazione è spesso usato quando ci si riferisce a una variazione patogenica, ed è quindi usata in contrasto con polimorfismo, che descrive un cambiamento di sequenza nel gene che non ha alcun effetto o funzione. Questa distinzione viene utilizzata prevalentemente in genetica medica. Ad ogni modo, vi sono ovvi problemi in questa definizione, poiché è molto difficile, se non impossibile, sapere se un cambiamento nella sequenza del DNA causa o meno un cambiamento fenotipico. Inoltre mutazioni che causano malattie sono presenti, in alcune popolazioni, con frequenze superiori all'1% e perciò possono essere classificate come polimorfismi. Si parla infatti di polimorfismo quando nella popolazione esistono almeno due forme alleliche e l'allele più raro è presente con una frequenza uguale o superiore all'1%; con il termine variante, invece, è chiamato un allele con frequenza al di sotto dell'1%. Chiaramente, poiché le frequenze alleliche spesso variano tra le popolazioni, una variante per una popolazione potrebbe essere un polimorfismo per un'altra.

Non tutte le mutazioni vengono trasmesse da una generazione all'altra e contribuiscono al cambiamento evoluzionistico: solo le mutazioni che si verificano nella linea germinale (cellule che danno origine ai gameti, cellule uovo e spermatozoi) verranno ereditate dalle generazioni successive, mentre quelle che si verificano nelle cellule somatiche potranno avere conseguenze serie, come il cancro, ma non avranno ruolo in termini evoluzionistici; inoltre tali mutazioni per poter essere ereditate non devono essere letali o inficiare la fertilità dell'individuo.

Vediamo ora più in dettaglio i tipi di variazioni genetiche che si verificano a livello della sequenza nucleotidica del DNA: i polimorfismi di sequenza e i polimorfismi di lunghezza. In primo luogo andremo a descrivere le caratteristiche generali di tali polimorfismi, per poi andare ad approfondire quelle più comunemente in uso nella comunità forense.

Polimorfismi di sequenza: single nucleotide polymorphisms (SNPs)

La differenza più semplice tra due sequenze di DNA omologhe è la sostituzione nucleotidica, in cui una base viene cambiata con un'altra. Quando una pirimidina viene sostituita con una pirimidina o una purina con una purina, la differenza viene chiamata transizione; quando una purina viene sostituita da una pirimidina, o viceversa, abbiamo una transversione. Questi tipi di differenze sono esempi di SNPs (*single nucleotide polymorphisms*). Le inserzioni o delezioni (*indel*) di una singola base sono incluse nella categoria degli SNPs, anche se il meccanismo attraverso il quale si originano e il trattamento analitico differiscono da quelle delle sostituzioni nucleotidiche.

Come ogni polimorfismo gli SNPs sono formati da alleli diversi: poiché nell'uomo le forme trialleliche e tetraalleliche sono rarissime mentre la quasi totalità è costituita da due alleli, in bibliografia vengono spesso menzionati come "polimorfismi biallelici".

Due processi fondamentali danno origine alla mutazione per sostituzione: l'errata incorporazione di nucleotidi durante la replicazione del DNA e la mutagenesi causata da modificazione chimica delle basi o da danni fisici dovuti a radiazioni ultraviolette o ionizzanti.

Quando una cellula diploide si divide, tutto il suo DNA deve essere replicato affinchè ogni cellula figlia contenga due copie del genoma aploide. La replicazione del DNA, il processo che accompagna questo passaggio, avviene con elevata fedeltà. Una nuova base è incorporata se si appaia con la base esistente nel DNA stampo a singola elica. Ad ogni modo, l'esistenza del corretto numero di legami idrogeno tra le basi è insufficiente per assicurare che una A si leghi solo con una T e una C solo con una G: infatti la DNA polimerasi, l'enzima responsabile della sintesi del DNA, richiede anche la corretta geometria delle coppie di basi prima che si formi il legame con il filamento che si sta generando. A volte può capitare che venga incorporata una base sbagliata, a causa di una rara forma chimica transiente delle basi che ne altera le capacità di appaiamento. In realtà la DNA polimerasi ha anche attività di "correzione delle bozze" (attività esonucleasica): in pratica esamina la base incorporata e, se non la riconosce come giusta, la elimina e prova di nuovo ad abbinare il corretto nucleotide complementare. Questo sistema di controllo permette di diminuire la probabilità di errata incorporazione di basi: errori nella replicazione si verificano con una frequenza di 10^{-9}-10^{-11} per nucleotide. L'integrità del materiale genetico è costantemente insidiata da processi chimici e fisici che alterano le basi o danneggiano la struttura fisica della molecola del DNA. Ci sono processi chimici spontanei che si verificano in tutte le cellule e che portano alla modificazione o alla perdita delle basi: un esempio è la deaminazione della citosina, in seguito alla quale si produce l'uracile, il quale si appaia con l'adenina. Questo fenomeno è molto frequente ed è stato calcolato che circa 400 citosine al giorno vengano deaminate in una cellula umana. Danni alla molecola di DNA possono essere causati anche da agenti mutageni chimici. Alcuni esempi sono gli analoghi delle basi, agenti che modificano le basi, agenti intercalanti, agenti *cross-linking*. Anche le radiazioni UV possono modificare la struttura del DNA formando dei legami tra timine adiacenti sullo stesso filamento, formando i cosiddetti dimeri di timina; le radiazioni ionizzanti possono invece rompere i legami tra le due eliche complementari o formare ioni reattivi (radicali liberi) all'interno della cellula e provocare sostituzioni nucleotidiche.

Agenti mutageni chimici e fisici sono importanti cause o contribuiscono all'insorgenza di molti tumori; ad ogni modo il loro effetto sulle cellule della linea germinale può essere molto diverso da quello sulle cellule somatiche. Non tutte le mutazioni che si verificano vengono trasmesse alle generazioni cellulari successive; le cellule hanno infatti la capacità di rilevare e riparare questi danni attraverso i sistemi di riparazione del DNA che permettono di correggere errori a livello di un singolo filamento, quali il *mismatch repair* e il *nucleotide excision repair*, e quelli che invece intervengono in caso di rottura della doppia elica, quali la ricombinazione omologa e l'*end-joining* non omologa.

A livello genomico, le mutazioni possono verificarsi in qualsiasi regione, sia all'interno di geni sia in regioni intergeniche, con diversi effetti sul fenotipo. Sostituzioni all'interno di geni possono essere causa di malattie ed è quindi importante conoscere gli effetti di tali cambiamenti: si può passare da una completa neutralità alla mancanza totale della proteina. Una sostituzione che non altera la codifica di un aminoacido è conosciuta come "silente" o sostituzione "sinonima", mentre una mutazione che provoca cambiamento di un aminoacido è detta "non-sinonima" o "missenso". Un cambiamento di base che trasforma un codone per un aminoacido in un codone di stop è detta "non-senso". Inserzioni o delezioni di una singola base (*indels*) dentro la regione codificante del gene determinano lo slittamento della lettura del codice genetico (*frameshift*). Questo tipo di mutazione è uno dei più dannosi, in quanto la sequenza aminoacidica viene completamente alterata.

Mutazioni al di fuori del gene possono influire sulla sua espressione alterando ad esempio il suo promotore o gli *enhancers* o i segnali di poliadenilazione; mutazioni a livello degli introni possono modificare lo *splicing* dell'RNA.

Frequenza e distribuzione degli SNPs nel genoma umano

L'interesse nei confronti degli SNPs è elevato in virtù del loro potenziale uso come marcatori molecolari negli studi di associazione gene-malattia. Sono stati fatti numerosi studi di risequenziamento - sequenziare lo stesso *locus* in diversi individui - di particolari *loci* e questo offre un ritratto della diversità degli SNPs in tali regioni. Complessivamente, la media della diversità nucleotidica (π, rappresenta la probabilità che una determinata posizione nucleotidica si trovi in condizione di eterozigosi quando comparata tra due cromosomi presi a caso nella popolazione) sia negli studi sull'intero genoma che negli studi di uno specifico locus è circa $7{,}51 \times 10^{-4}$; questo vuol dire che ci si aspetta di trovare in media 1 SNP ogni 1.331 bp circa.

Dato che il DNA aploide umano è costituito da circa $3{,}3 \times 10^9$ bp si deduce rapidamente che gli SNPs esistenti possano essere quantificati nell'ordine di più di tre milioni. In effetti sono già stati identificati 1,42 milioni di polimorfismi di un singolo nucleotide. Ma una stima dei polimorfismi presenti nel genoma umano, considerando la frequenza minima dell'1% per l'allele meno frequente, si spinge oltre 11 milioni di siti SNPs.

L'effettivo valore di π varia significativamente tra i cromosomi, da $5,19 \times 10^{-4}$ per il cromosoma 22 a $8,79 \times 10^{-4}$ per il cromosoma 15. Inoltre, c'è chi suggerisce che la densità dello SNP varia lungo il cromosoma. Regioni del genoma che mostrano alta densità di SNP potrebbero derivare da un'assegnazione errata tra sequenze che non sono omologhe ma paraloghe (altamente simili, con più del 97% di similarità), originate da duplicazioni segmentali e che costituiscono circa il 5% del genoma. Un recente studio ha mostrato che l'apparente densità media di SNP è elevata nelle regioni duplicate da 0.69 per Kb a 1.33 per Kb, suggerendo che questi SNPs siano varianti di sequenze paraloghe (PSVs).

Il "ciclo vitale" di uno SNP può essere riassunto individuando quattro fasi principali:
1. comparsa di un nuovo allele variabile attraverso una mutazione nucleotidica;
2. sopravvivenza, contro le probabilità, del nuovo allele attraverso le prime generazioni;
3. aumento sostanziale della frequenza;
4. fissazione nella popolazione.

La durata della vita di uno SNP destinato a essere fissato da un nuovo allele è stimata 284 mila anni.

Polimorfismi di lunghezza: variable number of tandem repeat (VNTR): microsatelliti, minisatelliti e satelliti

Un'altra classe di variazioni genetiche, molto più dinamica degli SNPs e *indels*, consiste in cambiamenti nel numero di sequenze di DNA ripetute disposte in tandem. Si tratta in realtà di classi eterogenee di loci sottoposti a questi cambiamenti conosciuti come *variable number of tandem repeat* (VNTR). Questi sono classificati, in accordo con la taglia delle loro unità ripetitive, il tipico numero di unità e a volte con il loro livello di variabilità, in microsatelliti, minisatelliti e satelliti.

I microsatelliti, conosciuti anche con il nome di STRs (*short tandem repeats*), sono costituiti da sequenze di DNA lunghe 2-6 bp e ripetute in tandem numerose volte. I microsatelliti costituiscono i marcatori più comunemente utilizzati in genetica forense; una dettagliata descrizione verrà esposta in seguito.

I minisatelliti sono costituiti da unità di 8-100 bp ripetute dalle 5 alle 1.000 volte. Si differiscono dai microsatelliti non solo per quanto riguarda la loro lunghezza, ma anche per la loro variabilità, i tassi di mutazione, i processi di mutazione e localizzazione cromosomica. Rappresentano infatti i loci più dinamici del nostro genoma, mostrando una ipervariabilità e un numero elevatissimo di alleli di differente lunghezza e struttura e tassi di mutazione elevati.

I satelliti sono larghe regione ripetute in tandem che vanno da centinaia di kilobasi a megabasi e sono composte da unità ripetitive di diverse dimensioni che possono mostrare una struttura complessa.

Elementi trasponibili (LINEs e SINEs) e polimorfismi strutturali (segmental duplications)

Gli elementi trasponibili sono dei segmenti di DNA capaci di spostarsi e inserirsi in diverse posizioni del genoma tramite un meccanismo chiamato trasposizione. Una cospicua parte del genoma è costituito da sequenze ripetute derivate da eventi di trasposizione. Si tratta di sequenze di DNA ripetute da poche a molte centinaia di volte chiamate *long interpersed nuclear elements* (LINEs) e *short interpersed nuclear elements* (SINEs).

Le LINEs sono lunghe sequenze di DNA - più di 5.000 coppie di basi - e codificano per due prodotti genici, uno dei quali presenta attività di trascrittasi inversa e di integrasi, permettendo la copia e la trasposizione sia di loro stesse, sia di altre sequenze non codificanti, come le SINEs. La più comune è LINE1, che è lunga 6–8 Kb, ed è rappresentata nel genoma circa 900.000 volte.

Le SINEs sono brevi sequenze di DNA - meno di 500 coppie di basi - e raramente sono trascritte, e non codificano per la trascrittasi inversa. Hanno perciò bisogno delle proteine codificate da altre sequenze, come le LINEs, per trasporre. Le sequenze SINEs più comuni appartengono alla famiglia delle sequenze Alu, lunghe circa 300 bp che, con oltre un milione di copie, costituiscono il 10% circa del genoma.

Sebbene solitamente classificate come DNA spazzatura, ricerche recenti hanno suggerito che le LINEs e le SINEs possano aver avuto sia un ruolo importante nell'evoluzione dei genomi, sia significativi effetti a livello strutturale e trascrizionale.

I polimorfismi strutturali includono inversioni, delezioni, duplicazioni, polimorfismi in lunghezza e variazioni di lunghezza dell'eterocromatina e possono essere visualizzati tramite analisi citogenetica dei bandeggi cromosomici. Recenti analisi hanno mostrato che il nostro genoma contiene regioni di duplicazioni segmentali; è stato calcolato che il 5.2% del genoma esiste come sequenze duplicate, con profonde implicazioni per l'evoluzione del nostro genoma. Questo è dovuto al fatto che tali regioni duplicate possono essere sottoposte a ricombinazione omologa non-allelica (NARH): da ciò ne deriva che il genoma non ha una struttura costante ma è altamente dinamico.

I polimorfismi del DNA in genetica forense

Lo scopo di un'analisi genetica volta all'identificazione personale è quella di poter distinguere, con una significatività statistica, un individuo rispetto a un altro.

La maggior parte delle nostre molecole di DNA (99,7%) non variano tra un individuo e un altro e solo una piccola frazione del nostro genoma (0,3%, circa 10 milioni di nucleotidi) è variabile. Questa "ridotta" variabilità del nostro patrimonio genetico rende ogni individuo unico (a eccezione dei gemelli monozigotici, che hanno un patrimonio genetico identico) e ci dà la possibilità di utilizzare l'informazione contenuta nel DNA per l'identificazione umana.

Nei paragrafi precedenti abbiamo osservato che la variabilità genetica può esplicarsi in varie modalità, che vanno da piccoli cambiamenti nucleotidici (mutazioni puntiformi) a variazioni di diverse Kb. La genetica forense non utilizza tutte queste forme di variabilità, in quanto richiede dei marcatori con caratteristiche peculiari.

In genetica forense, infatti, è molto importante avere a disposizione dei marcatori del DNA che abbiano un'elevata variabilità o un numero di marcatori meno polimorfici, ma che possano essere combinati in modo da permettere la discriminazione di individui diversi. Inoltre, poiché i campioni forensi molto spesso contengono DNA degradato, ossia ridotto in piccoli frammenti a opera di agenti chimici e/o fisici che provocano rotture a livello dei legami della doppia elica, i marcatori oltre ad avere un elevato grado di variabilità all'interno della popolazione, dovranno anche avere una lunghezza in nucleotidi ridotta, stimata al di sotto delle 400 bp.

I microsatelliti del DNA nucleare

I marcatori genetici più conosciuti e studiati in ambito forense sono rappresentati dai microsatelliti o *short tandem repeats* (STRs). La caratteristica peculiare che rende gli STRs i migliori candidati per l'analisi forense è rappresentata dalla ridotta lunghezza della sequenza di DNA che costituisce l'unità ripetuta in tandem, chiamata anche unità ripetitiva, che varia da 2 a 6 paia di basi (Fig. 2.1). Il susseguirsi delle unità ripetitive costituisce la cosiddetta "regione ripetuta" del microsatellite ed è proprio il numero di ripetizioni che varia da un individuo all'altro e che costituisce la base del polimorfismo che li rende utili nell'identificazione umana.

Gli STRs vengono classificati in base al numero di basi che costituiscono l'unità ripetitiva: si parla di ripetizioni dinucleotidiche, trinucleotidiche, tetranucleotidiche, pentanucleotidiche ed esanucleotidiche, costituite da 2, 3, 4, 5 e 6

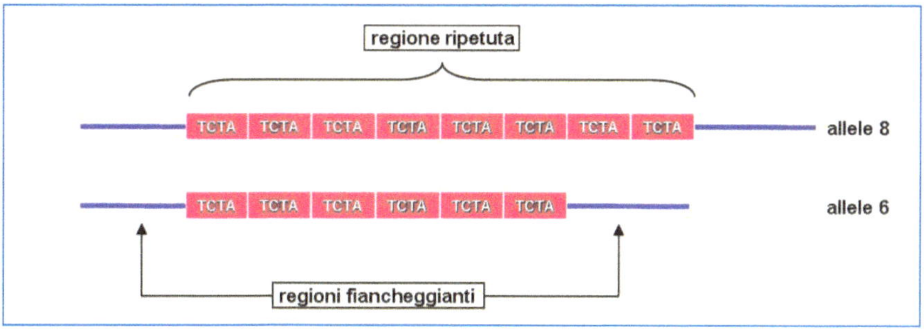

Fig. 2.1. Struttura di un STR. I due alleli differiscono nella lunghezza della regione ripetuta, costituita da 8 ripetizioni del tetranucleotide TCTA nell'allele in alto e da 6 ripetizioni in quello in basso. La regione ripetuta è delimitata dalle regioni fiancheggianti (linea blu) identiche in entrambi gli alleli. La nomenclatura degli alleli è riferita al numero di ripetizioni che essi contengono

nucleotidi rispettivamente. I microsatelliti non possono essere distinti solo sulla base della lunghezza dell'unità ripetitiva, ma anche sulle modalità in cui tali ripetizioni si susseguono lungo la molecola. Si possono avere diversi tipi di microsatelliti, tra cui ricordiamo quelli con:

- *ripetizioni semplici*, costituite da unità ripetitive identiche sia in lunghezza che in sequenza;
- *ripetizioni composte*, costituite da due o più ripetizioni semplici adiacenti;
- *ripetizioni complesse*, che possono contenere molti blocchi di ripetizioni costituiti da diverse unità ripetitive, interposte da sequenze variabili.

Alcuni microsatelliti presentano alleli che contengono delle unità ripetitive incomplete, ossia che mancano di una o due basi rispetto all'originale sequenza dell'unità ripetitiva. Si parla in questo caso di alleli non-consenso o di microvarianti. L'esempio più comune di microvariante è l'allele 9.3 del microsatellite chiamato TH01, che contiene nove ripetizioni tetranucleotidiche e una ripetizione incompleta costituita da tre nucleotidi.

La piccola taglia degli alleli dei microsatelliti del DNA (circa 100-400 bp) rispetto ai minisatelliti (circa 400-1.000 bp) rende gli STRs i migliori candidati per l'analisi forense. Infatti gli STRs possono essere facilmente amplificati tramite la reazione a catena della polimerasi (PCR), senza i problemi dovuti alla possibilità di una amplificazione differenziale degli alleli in caso di eterozigosi. Questo è dovuto al fatto che, a causa delle piccole dimensioni dell'unità ripetitiva, entrambi gli alleli di un individuo eterozigote presentano lunghezze simili. L'amplificazione tramite PCR del DNA proveniente da campioni degradati può essere effettuata meglio con prodotti di taglia più piccola. Inoltre la risoluzione elettroforetica dei frammenti di DNA che differiscono anche di una singola base può essere ottenuta più facilmente con taglie al di sotto delle 500 bp, utilizzando l'elettroforesi con gel di poliacrilamide denaturante. Quindi in genetica forense sia per ragioni biologiche che tecnico-analitiche i microsatelliti sono più adatti rispetto ai minisatelliti.

Tra i vari tipi di STRs esistenti, quelli costituiti da ripetizioni tetranucleotidiche sono più utilizzati in ambito forense rispetto a quelli con ripetizioni dinucleotidiche o trinucleotidiche. Come verrà più ampiamente discusso in seguito (vedi Capitolo 6), quando gli STRs vengono amplificati tramite PCR si verifica un fenomeno biologico che porta alla formazione delle *stutter*. Queste sono degli ampliconi (per amplicone si intende una regione di DNA prodotta nel corso della reazione di amplificazione) più corti di una o più unità ripetitive rispetto all'allele e che vengono generati durante il processo di duplicazione del DNA in seguito a uno scivolamento della polimerasi sul filamento di DNA stampo. In relazione al locus in cui si trova il microsatellite, le *stutter* possono rappresentare il 15% del prodotto della PCR con STRs tetranucleotidici, mentre possono superare il 30% con STRs dinucleotidici e trinucleotidici, rendendo più difficile l'interpretazione di profili di DNA misti (tracce in cui sono presenti materiali biologici provenienti da diversi individui). Inoltre, gli alleli dei microsatelliti tetranucleotidici sono più facilmente distinguibili, utilizzando un sistema di separazione elettroforetico basato sulla lunghezza dei frammenti di DNA.

Tenendo in considerazione l'elevato numero di microsatelliti presenti nel genoma umano, negli ultimi anni sono stati analizzati un numero considerevole di microsatelliti tetranucleotidici, al fine di verificare la loro utilità in genetica forense. In particolare si è cercato di selezionare gli STRs più corti per la tipizzazione di DNA degradato, gli STRs che presentavano basse percentuali di *stutter* per consentire anche l'analisi di tracce miste, e gli STRs che mappavano sul cromosoma Y, specifico della popolazione maschile, per analizzare tracce miste maschio-femmina, come nel caso di reperti provenienti da violenze sessuali. Di seguito sono riportati i criteri utilizzati per selezionare marcatori più significativi nell'identificazione personale:

- elevato potere discriminativo, in genere maggiore di 0.9, con eterozigosità osservata maggiore del 70%;
- diversa localizzazione cromosomica; per poter trarre vantaggio dalla regola del prodotto (vedi Capitolo 7) gli STR utilizzati nella tipizzazione del DNA nelle indagini forensi sono selezionati su cromosomi diversi per evitare qualsiasi possibilità di *linkage* (associazione) tra di loro;
- efficacia e riproducibilità dei risultati quando analizzati in reazioni di PCR multiple;
- bassa generazione di *stutter*;
- basso tasso di mutazione;
- lunghezza degli alleli compresa tra 90 e 500 bp (gli alleli più corti utilizzabili nell'analisi di campioni degradati).

Tassi di mutazione

Così come tutte le altre regioni del genoma, anche i microsatelliti sono sottoposti a mutazioni, che possono consistere in cambiamenti di singole basi o della lunghezza dell'intera regione ripetuta. Il meccanismo molecolare della mutazione si ritiene che coinvolga lo scivolamento della DNA polimerasi durante la replicazione del DNA o difetti nella riparazione del DNA. La stima di eventi mutazionali a livello dei marcatori del DNA può essere ottenuta confrontando i genotipi dei figli con quelli dei genitori. La scoperta di un allele differente tra genitori e figlio è considerata una prova di una possibile mutazione. Mutazioni nella linee germinali paterne sembrano essere più frequenti che in quelle materne. Ad ogni modo a causa delle combinazioni genotipiche può essere difficile accertare da quale genitore sia stato ereditato l'allele mutato.

Il tasso di mutazione medio è al di sotto dello 0,1%, ciò significa che occorre analizzare 1.000 coppie di genitori-figli prima che una mutazione possa essere osservata in alcuni STR. Il tasso di mutazione dei microsatelliti, stimato tramite analisi diretta su pedigree o tramite ricerca di mutanti in piccole popolazioni di molecole di DNA da sperma, si aggira attorno a 10^{-3}-10^{-4} per locus per generazione. È stato osservato che la maggior parte delle mutazioni consiste in un'inserzione o delezione di una singola unità ripetitiva (espansione o contrazione della regione ripetuta) e che il tasso di mutazione complessivo aumenta all'aumentare della lunghezza della regione ripetuta: sotto un certo numero di ripetizioni la mutazione è molto poco frequente e il tasso di mutazioni (che portano a una contrazione della regione ripetuta) aumenta quando l'allele diventa più lungo. Questo spiega come mai le lunghezze degli alleli dei microsatelliti hanno una distribuzione stabile e perché regioni ripetute molto grandi - >50 ripetizioni - sono molto rare. È stato inoltre osservato che loci con ripetizioni dinucleotidiche mutano molto più rapidamente rispetto a quelli tri- e tetranucleotidici e che regioni ripetitive ininterrotte mutano più velocemente di quelle interrotte. Nell'*American Association of Blood Banks* (AABB) *2003 Annual Report* sono riportati i tassi di mutazione osservati per i microsatelliti più comunemente utilizzati in ambito forense. In questo documento i tassi sono suddivisi in meiosi materne e paterne o, nei casi in cui non è possibile determinare da quale linea l'allele mutato sia stato ereditato, le meiosi vengono considerate insieme. Nello stesso documento sono riportati anche i tassi di mutazione di ogni singolo allele di ogni locus, poiché è stato osservato che alcuni alleli sono più soggetti a mutare rispetto ad altri.

Nomenclatura allelica dei microsatelliti

L'utilizzo dei microsatelliti nell'identificazione personale prevede non solo che si utilizzi lo stesso set di STRs, ma anche che si adotti un'unica nomenclatura allelica, al fine di poter garantire una riproducibilità e un confronto dei risultati delle tipizzazioni tra i vari laboratori.

In generale, una sequenza ripetuta di DNA è denominata in base alla struttura dell'unità ripetitiva (composizione in basi) e al numero delle ripetizioni. Ad ogni modo, poiché il DNA è costituito da due filamenti complementari, potrebbe insorgere confusione a seconda del filamento scelto come riferimento; inoltre, anche la posizione nucleotidica in cui si inizia a contare le ripetizioni può essere arbitraria.

A tal proposito la comunità forense ha sviluppato, nel corso degli anni, un comune sistema di denominazione allelica; in particolare la *DNA Commission of the International Society of Forensic Haemogenetics* (ISFH, ora conosciuta con il nome di *International Society of Forensic Genetics*, ISFG) ha redatto delle linee guida nel 1994 e nel 1997 per la designazione degli alleli (Bär W et al, 1997). Vediamo ora un riassunto delle raccomandazioni del 1997 per quanto riguarda la scelta del filamento:

- in caso di STRs che mappano all'interno di geni (ma anche nel caso in cui siano localizzati in un introne), dovrebbero essere usati i filamenti codificanti;
- nel caso di sequenze ripetute senza alcun collegamento a geni codificanti proteine, la sequenza originariamente descritta nella letteratura del primo database pubblico dovrebbe diventare il riferimento ufficiale per la nomenclatura;
- se la nomenclatura allelica è gia stata stabilita in ambito forense, ma non è in accordo con le predette linee-guida, la nomenclatura dovrebbe essere mantenuta per evitare inutili confusioni.

Di seguito sono invece riportate le raccomandazioni del 1997 per quanto riguarda la scelta del motivo ripetuto e la designazione allelica:

- la sequenza dell'unità ripetitiva dovrebbe essere determinata prendendo in considerazione il primo nucleotide all'estremità 5' che possa definire un motivo ripetuto; ad esempio, la sequenza 5'-GG TCA TCA TCA TGG-3' potrebbe essere interpretato come 3 TCA o 3 CAT; ad ogni modo solo la prima (3 TCA) è corretta perché determina la prima possibile unità ripetitiva;
- la denominazione degli alleli contenenti ripetizioni incomplete – dette microvarianti – dovrebbe contenere il numero di ripetizioni complete e, separato da un punto decimale, il numero delle coppie di basi nella ripetizione incompleta; tra le microvarianti alleliche troviamo, ad esempio, l'allele 9.3 del microsatellite TH01: questo allele contiene infatti nove tetranucleotidi AATG e uno incompleto ATG;
- i *ladder* allelici, contenenti alleli sequenziati e denominati in accordo con le raccomandazioni sopra elencate, dovrebbero essere usati come riferimento per la designazione allelica di campioni sconosciuti; i *ladder* allelici possono essere acquistati o preparati in laboratorio e dovrebbero contenere tutti gli alleli comuni.

Per *ladder* allelico si intende una miscela artificiale degli alleli più comuni, di un particolare STR, presenti nella popolazione. I *ladder* allelici vengono preparati a partire da più individui in una popolazione che possiedono alleli rappresentativi della variabilità di un determinato STR. I campioni vengono co-amplificati in modo da produrre un campione artificiale contenente gli alleli più frequenti. Le quantità degli alleli vengono bilanciate aggiustando la quantità di ogni componente così che i vari alleli siano equamente rappresentati nel *ladder*. È indispensabile che i *ladder* siano generati con gli stessi primer PCR usati per amplificare il campione sconosciuto cosicché i picchi elettroforetici degli alleli del *ladder* e quelli del campione possano allinearsi esattamente. È bene ricordare che al giorno d'oggi la maggior parte dei laboratori di genetica forense utilizza i *ladder* reperibili in commercio, forniti insieme ai kit di co-amplificazione.

I microsatelliti autosomici utilizzati nella pratica forense: i sistemi del CODIS

I microsatelliti usati al giorno d'oggi dalla comunità forense sono stati inizialmente caratterizzati e sviluppati nel laboratorio del Dr. Thomas Caskey presso il *Baylor College of Medicine* o dal *Forensic Science Service* in Inghilterra. Poco più tardi, nel 1996, l'*FBI Laboratory* sponsorizzò un vasto progetto per la determinazione di un gruppo di STRs da poter utilizzare nell'allestimento del database nazionale del DNA, meglio conosciuto come *Combined DNA Index System* (CODIS). Il progetto, che coinvolse 22 laboratori specializzati nella tipizzazione del DNA e la valutazione di 17 loci STRs, terminò nel Novembre del 1997 con la scelta di 13 loci, di seguito elencati: CSF1P0, FGA, TH01, TPOX, VWA, D3S1358, D5S818, D7S820, D8S1179, D13S317, D16S539, D18S51 e D21S11 (Tabella 2.1) (Budowle et al, 1998). Un genotipo ottenuto tipizzando i 13 microsatelliti del CODIS consente di identificare in maniera inequivocabile il sogget-

Tabella 2.1. Informazioni relative ai 13 microsatelliti del CODIS, tra cui la localizzazione cromosomica, la sequenza ripetuta, gli alleli più comuni, il numero di accesso a GenBank, in cui è possibile trovare la sequenza di DNA dell'allele di riferimento

Nome del Locus	Localizzazione cromosomica	Sequenza ripetuta	GenBank Accession	Alleli	Numero di alleli osservati
CSF1PO	5q33.1 c-fms proto-oncogene, 6° introne	TAGA	X14720	5-16	20
FGA	4q31.3 alfa-fibrinogeno, 3° introne	CTTT	M64982	12.2-51.2	80
TH01	11p15.5 tirosina idrossilasi, 1° introne	TCAT	D00269	3-14	20
TPOX	2p25.3 perossidasi tiroidea, 10° introne	GAAT	M68651	4-16	15
VWA	12p13.31 fattore di von Willebrand, 40° introne	[TCTG] [TCTA]	M258S8	10-25	28
D3S1358	3p21.31	[TCTG] [TCTA]	NT_005997	8-21	24
D5S818	5q23.2	AGAT	G08446	7-18	15
D7S820	7q21.11	GATA	G08616	5-16	30
D8S1179	8q24.13	[TCTA] [TCTG]	G08710	7-20	17
D13S317	13q31.1	TATC	G09017	5-16	17
D16S539	16q24.1	GATA	G07925	5-16	19
D18S51	18q21.33	AGAA	L18333	7-39.2	51
D21S11	21q21.1	complex [TCTA] [TCTG]	AP000433	12-41.2	82

to a cui esso appartiene: infatti la *random match probability* (probabilità che due individui non imparentati, presi a caso nella popolazione, abbiano lo stesso genotipo) ottenuta analizzando tutti i 13 loci selezionati si aggira attorno a uno su mille miliardi di individui non imparentati. Questo vuol dire che un determinato profilo genetico costituito dai 13 loci CODIS è trovato in media in un individuo su 10^{12} persone.

Utilizzando lo schema della classificazione precedentemente descritta, i 13 loci del CODIS possono essere divisi in quattro categorie:

1. ripetizioni semplici costituite da una unità ripetitiva: TPOX, CSF1P0, D5S818, D13S317, D16S539;
2. ripetizioni semplici con alleli non-consenso (ad esempio l'allele 9.3): TH01, D18S51, D7S820;
3. ripetizioni composte con alleli non-consenso: VWA, FGA, D3S1358, D8S1179;
4. ripetizioni complesse: D21S11.

I loci finora descritti sono facilmente tipizzabili utilizzando i numerosi kit disponibili in commercio. Diverse ditte specializzate hanno infatti prodotto diversi kit che consentono l'amplificazione contemporanea dei microsatelliti del CODIS in poco tempo partendo da meno di 1 ng di DNA stampo. Recentemente questi kit sono stati perfezionati e implementati con l'inserimento di altri microsatelliti per aumentare ulteriormente il potere informativo dell'analisi. Ad ogni modo, una descrizione più dettagliata delle caratteristiche di tali kit verrà illustrata nel Capitolo 5.

Il confine tra genetica forense e genetica evoluzionistica: i polimorfismi del cromosoma Y e del DNA mitocondriale

Fino ad ora sono stati decritti i microsatelliti più utilizzati in genetica forense, localizzati sui cromosomi autosomici e sottoposti alle regole mendeliane di trasmissione. In realtà vi sono numerosi altri microsatelliti che sono localizzati sul cromosoma Y, che hanno quindi un'ereditarietà esclusivamente paterna e che vengono molto spesso utilizzati in vari campi della genetica forense, tra cui l'accertamento di paternità e la ricostruzione di linee parentali. A tal proposto molto utile è anche l'analisi dei polimorfismi del DNA mitocondriale, considerato la controparte femminile del cromosoma Y in quanto viene ereditato esclusivamente per via materna (Fig. 2.2). I polimorfismi del cromosoma Y e del DNA mitocondriale sono molto importanti non solo in genetica forense, ma anche in genetica evoluzionistica, in quanto possono essere utilizzati come indicatori stabili dell'evoluzione umana: per questo motivo vengono chiamati *lineage markers*, ossia marcatori indicativi del lignaggio paterno e materno.

I marcatori genetici aploidi comprendono polimorfismi che sono presenti nel genoma mitocondriale, ereditato per via materna, e nel cromosoma Y, ereditato per via paterna. L'analisi dei marcatori aploidi è limitato nella maggior parte dei casi forensi perché essi non possiedono il potere di discriminazione dei marcatori autosomici. Ciò nonostante, ci sono alcune caratteristiche sia del mtDNA che del cromosoma Y che li rendono preziosi nell'analisi forense.

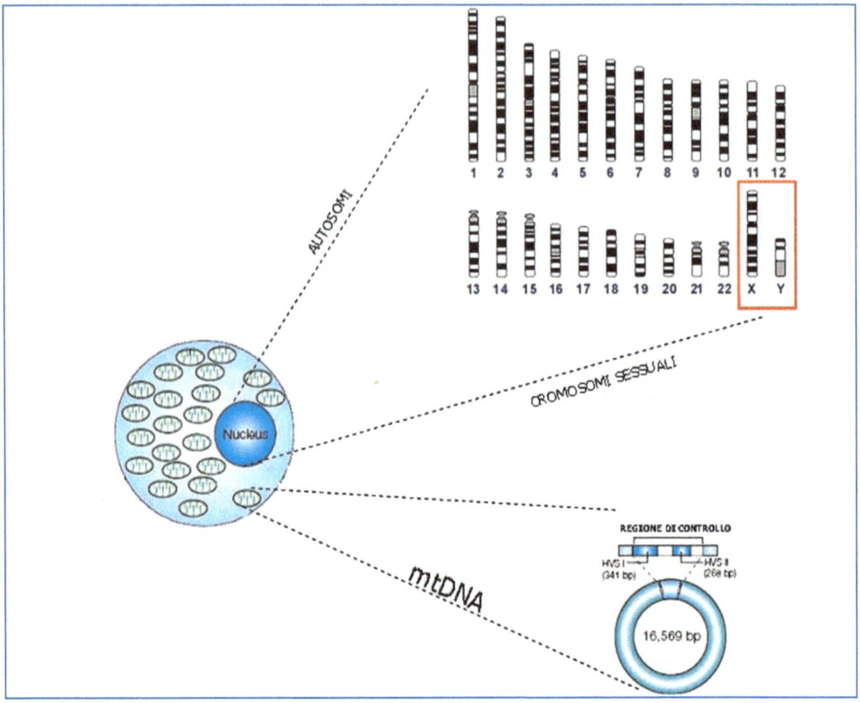

Fig. 2.2. Patrimonio genetico della cellula eucariotica: DNA nucleare, rappresentato dai cromosomi autosomici e da quelli sessuali X e Y contenuti nel nucleo, e DNA mitocondriale all'interno dei mitocondri nel citoplasma cellulare

I polimorfismi del DNA mitocondriale

I mitocondri si trovano nel citoplasma delle cellule eucariotiche e sono gli organelli addetti alla respirazione cellulare. I mitocondri producono, attraverso il processo della fosforilazione ossidativa, circa il 90% dell'energia richiesta dalle cellule. Essi contengono un patrimonio genetico, assolutamente diverso e non correlato al genoma nucleare, chiamato DNA mitocondriale (vedi Capitolo 1), che viene ereditato unicamente per via materna. L'eredità matrilineare ha come conseguenza l'assenza di ricombinazione tra diverse linee di mtDNA. La trasmissione di un tipo di DNA mitocondriale (aplotipo) è quindi costante attraverso le generazioni e i cambiamenti di sequenza che si verificano sono attribuibili all'accumulo di mutazioni lungo le linee germinali femminili, che evolvono indipendentemente l'una dall'altra nella popolazione.

Il DNA mitocondriale ha un tasso di mutazione più elevato rispetto al DNA nucleare: alcune regioni del genoma mitocondriale sembrano evolvere con un tasso 6-7 volte maggiore rispetto ai geni nucleari a singola copia. Il più elevato grado di variazione nel DNA mitocondriale tra gli individui si riscontra a livello della regione di controllo (detta anche *D-loop*) lunga 1.122 bp compresa tra la posizione 16.024 e la posizione 576. Per questo motivo la regione di controllo del DNA mitocondriale umano è la regione più comunemente usata nelle indagini forensi. Due regioni all'interno della regione di controllo, denominate *hypervariable region 1* (HVR1) e *hypervariable region 2* (HVR2) sono di solito analizzate in forense, in quanto caratterizzate da un elevato polimorfismo, rappresentato da numerose mutazioni (in particolare sostituzioni nucleotidiche, ma anche da inserzioni o delezioni) lungo tutta la regione e che portano alla formazione di sequenze diverse all'interno della popolazione. Convenzionalmente la regione HVR1 è compresa tra la posizione 16.024 e la 16.365, mentre la regione HVR2 tra la posizione 73 e la 340; polimorfismi possono trovarsi anche in altre regioni del *D-loop*, come ad esempio tra le posizioni 438 e 574 denominata HVR3 (Fig. 2.3). Nell'analisi forense dell'mtDNA vengono determinate le sequenze delle regioni HVR1 e HVR2 in ogni campione, poi confrontate con la sequenza di riferimento di Cambridge (rCRS) (Anderson et al, 1981; Andrews et al, 1999). Le differenze rispetto alla sequenza di riferimento vengono annotate riportando la posizione nucleotidica e il tipo di base mutata.

È stata stimata una variabilità di circa 1-2% della regione di controllo (su 610 esaminati, 7-14 nucleotidi sono diversi) tra individui non imparentati. Ad esempio, considerando l'aplotipo risultante dall'unione delle due regioni HVR1

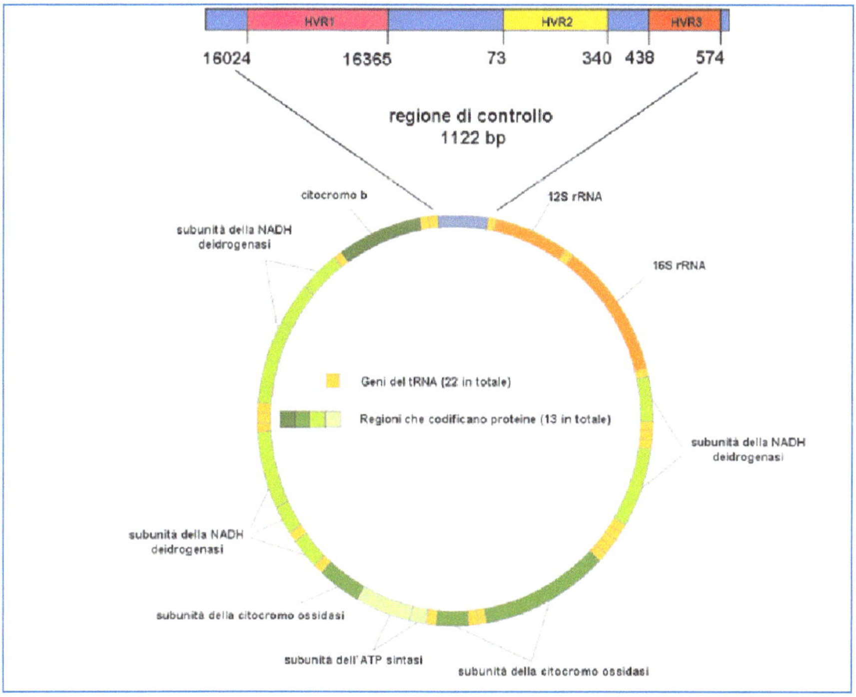

Fig. 2.3. Schema del genoma mitocondriale umano, in cui è evidenziata la regione di controllo con le tre regioni ipervariabili

e HVR2, gli individui caucasici europei differiscono in media in otto posizioni nucleotidiche.

Considerando la replicazione clonale del genoma mitocondriale, generalmente tutte le molecole di mtDNA in un individuo sono identiche (omoplasmia); tuttavia, a causa dell'alta frequenza di mutazione e dell'elevato numero di copie di mtDNA per cellula, il verificarsi di una mutazione in alcune di esse non è raro e conduce alla coesistenza di più popolazioni diverse (in genere due) di mtDNA in uno stesso mitocondrio, cellula, tessuto, organo o individuo, condizione nota con il nome di eteroplasmia. Le mutazioni sono trasmesse attraverso le generazioni in proporzioni variabili, secondo un meccanismo chiamato *bottleneck* genetico, e vengono accumulate e segregate durante la vita di un individuo. Dato il gran numero di molecole di mtDNA presenti all'interno della cellula, i livelli di eteroplasmia possono variare, in modo quasi continuo, dall'1% al 99%. Si ritiene che tutti gli individui siano eteroplasmici a un certo livello, molti dei quali sotto il limite di rilevazione delle tecniche analitiche di sequenziamento del DNA.

L'origine e le modalità di trasmissione dell'eteroplasmia attraverso le generazioni sono stati oggetto di numerosi studi, e purtroppo non sono stati del tutto chiariti. Questo perché l'eteroplasmia del DNA mitocondriale può verificarsi, in ogni individuo, a livello di:
- tessuto istologico: ogni cellula del tessuto contiene un singolo tipo di mtDNA (aplotipo), ma cellule diverse dello stesso tessuto contengono differenti tipi di mtDNA;
- cellula: una cellula contiene diversi tipi di mtDNA, ma ogni singolo mitocondrio contiene un solo tipo di mtDNA (in questi casi il mitocondrio è definito omoplasmico);
- mitocondrio: il mitocondrio stesso contiene diversi tipi di mtDNA.

Si conoscono due diversi tipi di eteroplasmia: di sequenza e di lunghezza. L'eteroplasmia di sequenza consiste nella presenza di due diverse basi nucleotidiche in uno stessa posizione della molecola di DNA, mentre si osserva eteroplasmia di lunghezza quando le due molecole di DNA differiscono nel numero di basi. La presenza di eteroplasmia può complicare l'interpretazione dei risultati nella pratica forense, ma in altri casi può avvalorare l'utilità del DNA mitocondriale, come avremo modo di vedere nel prossimo paragrafo.

Analisi dei polimorfismi del DNA mitocondriale nella pratica forense

La tipizzazione del DNA mitocondriale risulta molto utile in diverse situazioni che si incontrano in ambito forense. Le applicazioni, rispetto al DNA nucleare, sono ridotte sia come tipologia sia come potere discriminativo (come avremo modo di parlare nei capitoli successivi) ma sono in relazione alle due più importanti caratteristiche biologiche del genoma mitocondriale: l'elevato numero di copie e l'assenza di ricombinazione. L'elevato numero di copie, rispetto al DNA nucleare, lo rendono indispensabile nell'analisi di reperti in cui il materiale cellulare è ridotto oppure è stato sottoposto a fenomeni di degradazione: è questo il caso dei reperti antichi, come i resti scheletrici, o di materiale biologico mal conservato o esposto ad agenti chimici o fisici. Un altro tipo di reperto che viene tipizzato quasi esclusivamente attraverso l'analisi del DNA mitocondriale è rappresentato dalle formazioni pilifere, in particolare i capelli che spesso vengono rinvenuti sulla scena del crimine. I capelli, escludendo la parte del bulbo pilifero che contiene cellule in attività proliferativa, sono costituiti da cellule cheratinizzate e prive di nucleo, per cui l'unico materiale genetico a disposizione è quello mitocondriale, contenuto nel citoplasma cellulare.

Come già detto in precedenza, l'ereditarietà materna e l'assenza della ricombinazione fanno sì che la trasmissione di un tipo di DNA mitocondriale (aplotipo) sia costante attraverso molte generazioni. L'unica fonte di variabilità genetica è il verificarsi di una mutazione a livello nucleotidico, che altera l'aplotipo originario in tutte le generazioni successive. Escludendo eventi mutazionali attraverso le generazioni, soggetti imparentati per via materna (madre-figlio/a, sorella-fratello, cugine, nonna-nipote) condividono la stessa molecola di mtDNA. L'eredità materna può quindi essere utile per la ricostruzione della linea parentale materna e per sostenere o confutare l'identità di campioni putativi tramite la loro comparazione con campioni di riferimento provenienti dalla stessa discendenza materna.

Oltre a seguire le raccomandazioni della comunità scientifica (vedi Capitolo 7), la valutazione del profilo mitocondriale al fine di decidere se due campioni appartengono alla stessa linea materna coinvolge anche molte considerazioni dal punto di vista biologico. Infatti, a causa dell'elevato tasso di mutazione del genoma mitocondriale, non è infrequente trovare delle differenze di DNA tra individui della stessa linea materna, anche madre e figlio: se si riscontrano differenze (*mismatches*) tra due campioni queste automaticamente non escludono l'appartenenza alla stessa linea parentale, sebbene il peso della prova sia ridotto.

La presenza di eteroplasmia non invalida l'uso del DNA mitocondriale in campo forense; al contrario se la stessa eteroplasmia è osservata in entrambi i campioni indagati, la sua presenza rafforza il peso della prova, aumentando la probabilità che i due campioni provengano dallo stesso lignaggio materno. L'esistenza di eteroplasmia è considerata certa quando le due basi, visibili chiaramente al di sopra del rumore di fondo della sequenza, sono osservate in entrambi i filamenti di DNA sequenziati (*forward* e *reverse*). Inoltre, dato che la presenza di eteroplasmia varia in relazione al tessuto biologico analizzato – nei capelli e nel tessuto muscolare vi è un'incidenza maggiore di tale fenomeno – è possibile, confrontando tessuti diversi di uno stesso individuo, osservare diversi livelli di eteroplasmia. Quindi nella pratica forense è bene tenere in considerazione anche i tipi di tessuti biologici analizzati.

I polimorfismi del cromosoma Y

Il cromosoma Y umano è un cromosoma acrocentrico di piccola grandezza (vedi Capitolo 1), lungo circa 58 Mb, la cui sequenza completa è stata resa pubblica nel 2003 (Skaletsky et al, 2003). Nonostante siano morfologicamente distinti, i cromosomi X e Y sono in grado di appaiarsi durante la meiosi nelle cellule maschili e di andare incontro a *crossing-over*: l'appaiamento avviene all'interno di determinate piccole regioni di omologia tra i due cromosomi, note come regioni pseudoautosomiche. Il resto del cromosoma Y non andrà quindi incontro al fenomeno meiotico del *crossing-over* e della ricombinazione genetica.

Il cromosoma Y è prevalentemente formato da eterocromatina costitutiva, composta da differenti tipi di DNA non codificante mediamente o altamente ripetitivo, detto anche "DNA satellite". Tra le famiglie di sequenze polimorfiche, due sono le più frequenti sul cromosoma Y: i minisatelliti e i microsatelliti (STRs). Molto frequenti sono anche i polimorfismi che interessano un singolo nucleotide (SNPs).

Fino a oggi sono stati scoperti sul cromosoma Y 215 loci STRs, per cui è stato necessario standardizzare il loro utilizzo in tutti i laboratori di genetica forense. La comunità scientifica forense ha approvato un set di microsatelliti che presentano un'elevata variabilità e quindi un elevato grado di informatività. Questo set di marcatori è conosciuto come *minimal haplotype* (minHt) (vedi *Y-STR Haplotype Reference Database* - YHRD) ed è costituito dai seguenti microsatelliti: DYS19, DYS389I, DYS389II, DYS390, DYS391, DYS392, DYS393, DYS385ab (Fig. 2.4) (Kayser et al, 1997).

Il microsatellite DYS385 mostra due prodotti di PCR maschio-specifici. Molto probabilmente le sequenze ripetute sono duplicate nel cromosoma Y con

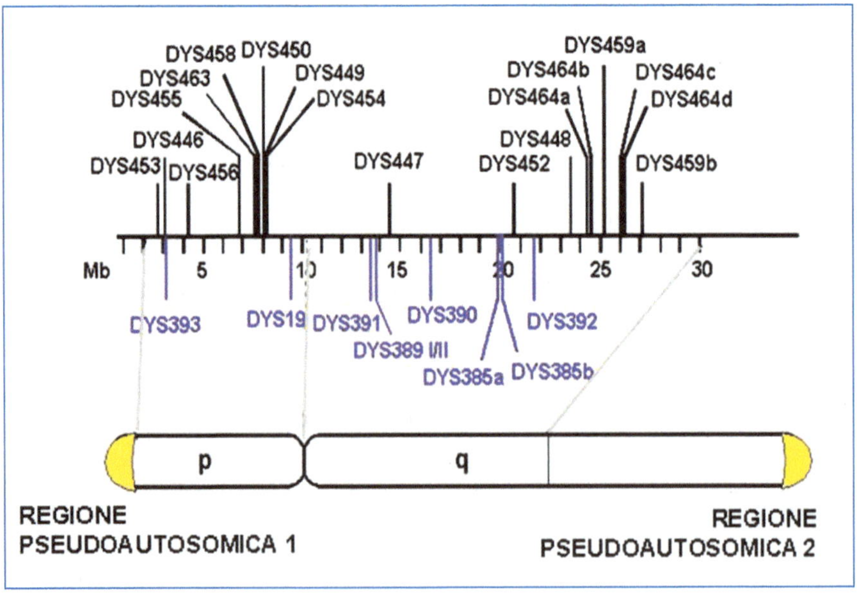

Fig. 2.4. STRs del cromosoma Y. I loci dell'aplotipo minimo sono in blu

gli stessi siti fiancheggianti, e vengono co-amplificati alleli a lunghezza variabile da due loci indipendenti. Un'altra caratteristica è stata osservata nel locus DYS389: dallo stesso set di *primers* possono essere amplificati due prodotti di differenti dimensioni: DYS389I e DYS389II. L'analisi della sequenza mostra che il sito di appaiamento riconosciuto dal *primer forward* è duplicato, così il prodotto più grande DYS389II include 3 motivi ripetuti CTGT/CTAT, mentre il più piccolo DYS389I ne include solo due. La differenza nella lunghezza degli alleli generati nel locus DYS389 è di circa 100 bp, quindi gli alleli possono essere assegnati inequivocabilmente a ciascuno dei due loci. Tutti gli altri loci sono singoli e presentano le stesse caratteristiche strutturali (ripetizioni trinucleotidiche, tetranucleotidiche e pentanucleotidiche) degli STRs autosomali.

Il grande interesse rivolto negli ultimi anni ai microsatelliti del cromosoma Y ha portato all'incremento del numero di microsatelliti utilizzati nella pratica forense. L'aplotipo minimo è stato esteso ad altri loci Y-STR (DYS438, DYS439, DYS437, DYS448, DYS456, DYS458, DYS635, YGATAH4.1) per incrementare il potere discriminativo (Tabella 2.2).

Tabella 2.2. Informazioni relative ai 16 microsatelliti del cromosoma Y, tra cui la sequenza ripetuta e il numero di accesso a *GenBank*, in cui è possibile trovare la sequenza di DNA dell'allele di riferimento

Locus	Alleli	Sequenze ripetitive	Sequenza NCBI
DYS19	10-19	TAGA	AC017019
DYS385 a/b	7-28	GAAA	AC022486
DYS389 I	9-17	(TCTG) (TCTA)	AC004617
DYS389 II	24-34	(TCTG) (TCTA)	AC004617
DYS390	17-28	(TCTA) (TCTG)	AC011289
DYS391	6-14	TCTA	AC011302
DYS392	6-17	TAT	AC011745
DYS393	9-17	AGAT	AC006152
DYS437	13-17	TCTA	AC002992
DYS438	6-14	TTTTC	AC002531
DYS439	9-14	AGAT	AC002992
DYS447	22-29	TAAWA	AC005820
DYS448	20-26	AGAGAT	AC025227
DYS456	13-18	AGAT	AC010106
DYS458	13-20	GAAA	AC010902
DYS635 (C4)	17-27	TSTA composto	AC004772
Y GATAH4.1	8-13 (25-30)	TAGA	AC011751

L'utilizzo dei microsatelliti del cromosoma Y in casi di paternità e nelle identificazioni prevede il calcolo delle frequenze degli aplotipi. Per questo motivo gli STR scelti dalla comunità forense sono tipizzati in differenti popolazioni e le distribuzioni alleliche ottenute sono state raccolte in vari database, il più completo dei quali è il YHRD, che raccoglie più di 79.000 aplotipi da ogni parte del mondo (*release* 30, aggiornato al 21 agosto 2009).

Il tasso di mutazione dei microsatelliti del cromosoma Y è simile a quello dei microsatelliti autosomici, ed è stimato attorno a $2,8 \times 10^{-3}$. Le mutazioni sul cromosoma Y si accumulano lungo la discendenza paterna attraverso le generazioni; quindi, se non viene considerata la possibilità di eventi mutazionali, il confronto diretto tra soggetti maschi appartenenti allo stesso lignaggio può risultare in una falsa esclusione. Il cromosoma Y contiene inoltre molti polimorfismi di sequenza (SNPs), i quali rappresentano uno strumento prezioso in ambito forense.

Più di 200 mutazioni bialleliche sono state scoperte e caratterizzate tramite lo *screening* di 21 popolazioni. Il *Y Chromosome Consortium* ha genotipizzato 74 linee cellulari che hanno mostrato circa 600 mutazioni, dando luogo a più di 300 aplogruppi (così vengono identificati gli aplotipi gerarchici). La forma ancestrale degli alleli è stata dedotta usando le sequenze ortologhe del cromosoma Y delle grandi scimmie antropomorfe. A differenza dei microsatelliti, l'utilizzo degli SNPs del cromosoma Y non è ancora stato standardizzato dalla comunità forense: non è stato individuato il set di polimorfismi da indagare, non è stata standardizzata una metodologia e non è stato allestito alcun database di frequenze ufficialmente approvato. La Società Internazionale di Genetica Forense (ISFG) ha recentemente istituito una commissione di esperti con l'intento di risolvere queste problematiche.

Analisi dei polimorfismi del cromosoma Y nella pratica forense

La capacità di individuare in modo specifico DNA maschile rende la regione polimorfica del cromosoma Y un'inestimabile aggiunta al pannello standard di loci autosomici utilizzati in genetica forense. La tipizzazione degli aplotipi del cromosoma Y è particolarmente importante per l'analisi delle tracce miste (costituite da materiale biologico proveniente da due o più individui), in particolare nei casi di violenza sessuale. Inoltre, l'analisi del cromosoma Y si è rivelato un utile strumento per la ricostruzione di linee parentali, in quanto può permetterci di risalire ai lignaggi paterni, anche di epoche passate.

L'analisi dei microsatelliti del cromosoma Y può essere effettuata con successo con tracce miste con un rapporto femmina:maschio fino a 2.000:1. La presenza di DNA maschile può essere inoltre rilevata quando si analizzano tamponi vaginali, anche quando non sono stati osservati spermatozoi. L'analisi degli Y-STR può essere utilizzata per rilevare la presenza di due profili maschili: in questo caso l'interpretazione della traccia mista dipende dalla prevalenza di uno dei due profili sull'altro.

La tipizzazione del cromosoma Y viene utilizzata anche per l'analisi di accertamento di paternità ed è particolarmente utile nei cosiddetti casi deficitari, nei quali il padre presunto non è disponibile per l'analisi. In questi casi ogni familiare di sesso maschile, imparentato per via paterna con il padre presunto, può essere utilizzato come riferimento. Nei casi di identificazione il cromosoma Y viene utilizzato nel riconoscimento di resti umani tramite il confronto con familiari della stessa discendenza paterna.

Così come il DNA mitocondriale, il cromosoma Y risulta utile nell'analisi di DNA degradato. Anche nei casi in cui è possibile l'estrazione di materiale genetico dal nucleo delle cellule, la qualità può essere compromessa da frammentazione chimica a opera delle nucleasi o da disgregazione fisica per fattori ambientali. Molto spesso le molecole di DNA sono ridotte in frammenti non più lunghi di 100-120 bp, il che rende impossibile la tipizzazione di un numero di STRs sufficientemente informativo. Ma in che modo allora il cromosoma Y può esserci d'aiuto in queste circostanze? Abbiamo detto nei paragrafi precedenti che, oltre ai microsatelliti, vi è un'altra classe di marcatori polimorfici: gli SNPs. Il vantaggio di questi polimorfismi è che la loro analisi può essere limitata alle poche decine di nucleotidi che circondano il polimorfismo, che interessa un singolo cambiamento di base, attraverso tecniche che verranno discusse più dettagliatamente nel Capitolo 5.

Il basso tasso di mutazione, l'ereditabilità esclusivamente paterna e l'assenza di ricombinazione rendono gli SNPs del cromosoma Y utili anche nel settore delle indagini sulla parentela. I polimorfismi dell'Y consentono infatti l'analisi della relazione di paternità lungo la linea ereditaria maschile del presunto padre, anche in assenza di questo. Essi consentono di identificare resti di persone scomparse attraverso la comparazione del relativo profilo Y con quello di anche un solo individuo imparentato per la linea ereditaria paterna. L'analisi di profili Y (isolata o in combinazione con un limitato numero di marcatori autosomici) permette di trarre indicazioni utili in un ampio spettro di questioni identificative.

La distribuzione non casuale del cromosoma Y tra le popolazioni, causata soprattutto della pratica diffusa di patrilocalità (caratterizzata dalla tendenza delle donne a trasferirsi, dopo il matrimonio, nel luogo di nascita o residenza degli uomini), ha prospettato la possibilità di utilizzare il cromosoma Y per desumere l'origine geografica del materiale biologico recuperato da una scena del crimine e di resti umani, anche se ad oggi questo tipo di applicazione non è perentoria.

Genetica evoluzionistica

La genetica evoluzionistica umana studia le differenze tra un genoma umano e un altro e le implicazioni che questa diversità ha nella comprensione del passato e del presente della specie umana. Queste stesse differenze a livello del genoma costituiscono le basi della genetica antropologica, della genetica medica e della genetica forense. La disponibilità di polimorfismi del DNA in cui vige la totale assenza di riassortimento da ricombinazione, e che quindi vengono trasmessi sotto forma di aplotipo, si è rivelata una straordinaria opportunità per superare importanti difficoltà nella ricostruzione di linee evolutive in seno alle popolazioni umane.

Il basso tasso di mutazione degli SNPs del cromosoma Y li rende molto utili nell'individuazione di linee filogenetiche paterne stabili e per ricostruire le configurazioni ancestrali con le quali esplorare la storia dell'evoluzione umana e ricomporre le relazioni familiari attraverso l'analisi patrilineare. Parallelamente al cromosoma Y, il DNA mitocondriale è un registro molecolare della storia e delle migrazioni delle donne che lo hanno trasmesso alle generazioni successive.

È in questo ambito che si demarca la linea di confine tra la genetica forense e la genetica evoluzionistica: gli stessi marcatori del DNA, che hanno permesso la ricostruzione dell'evoluzione umana nel corso delle ere passate e che hanno consentito di stabilire i momenti in cui i vari popoli si sono diversificati a partire dai progenitori comuni, sono gli stessi che oggi utilizziamo per identificare i lignaggi attualmente esistenti, linee paterne e materne che sono sopravvissute nel tempo e che costituiscono l'attuale popolazione mondiale.

Lo studio delle variazioni del mtDNA e degli SNPs del cromosoma Y nelle popolazioni ha portato all'identificazione di specifiche mutazioni (neutrali o moderatamente deleterie) stabili e continente-specifiche che definiscono determinati gruppi di aplotipi, i cosiddetti aplogruppi. Per aplogruppo si intende un insieme di differenti molecole che hanno avuto un'origine comune e che, a causa dell'ereditarietà uniparentale, si sono successivamente evolute in modo indipendente le une dalle altre. Gli aplogruppi rappresentano marcatori ereditari per la classificazione delle molecole di mtDNA e del cromosoma Y di una popolazione e l'identificazione molecolare degli aplogruppi insieme all'analisi della loro distribuzione etnico-geografica hanno fornito dati importanti sull'origine dell'*Homo Sapiens Sapiens* e sui processi genetici e demografici che hanno generato le attuali popolazioni.

L'importanza dei database del DNA

Dove trarre informazioni statistiche, soprattutto frequenze alleliche, aplotipiche e genotipiche per poter interpretare i risultati ottenuti con una tipizzazione individuale? L'esigenza di creare dei database del DNA nasce in risposta a tale quesito e l'interesse della genetica forense è focalizzato sui loci autosomici, su quelli del CODIS (*Combined DNA Index System*) e gli altri impiegati per l'identificazione, oltre ai loci del cromosoma Y e del mtDNA, ma online sono ormai disponibili database per quasi ogni sistema genetico umano e non umano.

Esistono molteplici tipi di database, che si differenziano sia nell'informazione in essi contenuta che nelle loro finalità e obiettivi. Questa precisazione è importante alla luce dei numerosi dibattiti di natura etica e sociale sulle modalità di allestimento e soprattutto di utilizzo dei database genetici. È bene perciò distinguere tre tipi principali di database utili in genetica forense: i database di sequenze nucleotidiche, i database di frequenze aplotipiche e i database criminali di frequenze aplotipiche e genotipiche.

Database di sequenze nucleotidiche: calcolo delle frequenze alleliche

Questo tipo di database consiste in una raccolta di sequenze di DNA di diverse regioni del genoma provenienti da molti individui anonimi. Database di questo tipo sono utili perché dal loro contenuto è possibile estrapolare la frequenza con cui uno specifico allele in un locus, microsatellite o SNPs, è presente in una determinata popolazione. Un database di frequenze alleliche è costituito misurando la ricorrenza di un allele all'interno di una data popolazione. Raccomandazioni della comunità scientifica internazionale stabiliscono che un database debba contenere almeno 200 alleli per locus (ovvero debba raccogliere almeno 100 individui) per essere utilizzato per generare stime statistiche; ovviamente più ampio è il database e più esso sarà rappresentativo della popolazione. Sebbene non sia raccomandabile inserire soggetti imparentati per linea diretta, come madre\padre e figlio, è anche bene precisare che un database di sistemi aploidi che escluda volutamente soggetti con relazione familiare accertata potrebbe sottostimare determinati aplotipi.

In alcuni casi l'origine etnica del materiale biologico rinvenuto sulla scena del crimine è nota: se ad esempio una donna aggredita descrive il suo assalitore come un individuo con la carnagione chiara, risulta logico utilizzare il database di frequenze alleliche caucasiche per calcolare la frequenza del profilo. In altri contesti potrebbero non esservi queste informazioni. Negli Stati o regioni in cui è documentato che coesistono differenti substrati etnici è pratica comune utilizzare il database di frequenze più conservativo, ovvero con la maggiore stima di frequenza per un determinato allele o genotipo.

Tuttora le risorse a disposizione del genetista forense per accedere alle frequenze alleliche sono poche e frammentarie; più spesso è necessario estrapolare autonomamente le informazioni su loci e relativi alleli dalla letteratura che raccoglie i dati di popolazione. Esistono comunque alcuni utili strumenti online: il database sicuramente più completo e aggiornato è *GenBank*, all'interno del quale vengono raccolti più di 85 miliardi di paia di basi di sequenze genomiche, sia umane che degli altri esseri viventi finora studiati. Di particolare interesse nel nostro campo sono gli strumenti "*Entrez Nucleotide*" e "*dbSNP*", che permettono di avere ogni informazione di sequenza su microsatelliti e polimorfismi binari.

Esistono poi molti altri database completi e aggiornati su sequenze genomiche, come l'*EMBL Nucleotide Sequence Database* e l'osservatorio sugli SNPs dell'*International HapMap Project*. L'*Allele Frequency Database* (ALFRED), curato dalla Università di Yale negli USA, offre un compendio sulle frequenze nelle varie popolazioni di alcuni dei più frequenti polimorfismi impiegati nei vari settori della genetica umana. Strettamente a uso forense è invece lo *Short Tandem Repeat DNA Internet DataBase*, a cura del *National Institute of*

Standards and Technology americano (NIST), che raccoglie le informazioni sui microsatelliti di uso comune in genetica forense con sequenza, frequenze alleliche, condizioni di PCR per poter amplificare gli STR con reazioni singole o in multiplex e infine una lista aggiornata di varianti alleliche osservate nei laboratori di tutto il mondo. Il sito, seppur un poco confusionario nel layout grafico, è completo persino dei riferimenti bibliografici per ogni dato pubblicato.

Database di frequenze aplotipiche

Questo tipo di database raccoglie interi profili genetici e non sequenze nucleotidiche. Si tratta di database popolazionistici, costituiti da genotipi provenienti da contributori volontari anonimi. I database di popolazione, diversi dai database criminali, vengono utilizzati per stimare la rarità di un profilo in una popolazione per fornire delle indicazioni sulla forza della prova del DNA in tribunale.

Il *Y-STR Haplotype Reference Database* (YHRD) contiene oltre 79.000 aplotipi del cromosoma Y di individui provenienti da più di 500 diverse popolazioni (*release* 30, 21 agosto 2009). Il sito raccoglie dati da ogni laboratorio che abbia soddisfatto un preliminare requisito di qualità e che fornisca aplotipi con almeno 9 dei loci raccomandati (*minimal haplotype*, minHt) per i test di paternità e identificazione in tribunale. Questo database è utilizzato dai genetisti forensi per confrontare il profilo che si è ottenuto da un esame genetico con quelli presenti al suo interno, e verificare così se è unico, raro o più frequente e in quale popolazione. È evidente quanto questo strumento sia prezioso non solo a fini strettamente forensi, permettendo di calcolare stime quantitative di *match*, ma anche per trarre dati sulle frequenze dei vari loci.

La frequenza di aplotipi mitocondriali, o mitotipi, è raccolta in diversi database popolazionistici, alcuni dei quali sono molto estesi. Il database EMPOP (*EDNAP – European DNA Profiling Group – Mitochondrial DNA Population Database Project*) raccoglie ad oggi più di 5.100 aplotipi della regione di controllo del mtDNA provenienti da tutto il mondo, a cui vengono applicati stringenti controlli di qualità, per prevenire e verificare la presenza di errori (Parson et al, 2004). Il progetto deriva da una collaborazione scientifica tra l'Istituto di Medicina Legale (GMI) dell'Innsbruck Medical University e i laboratori di ricerca di tutto il mondo che studiano l'mtDNA in ambito forense. L'aspetto peculiare di questo database, che lo rende unico rispetto agli altri database esistenti, è che l'aplotipo rimane permanentemente collegato all'elettroferogramma relativo al suo sequenziamento.

Un altro database di aplotipi mitocondriali è l'*FBI Forensic mtDNA Database*, diviso in sezione criminale e sezione accessibile al pubblico. Infine, una raccolta completa dei polimorfismi e delle mutazioni del genoma mitocondriale umano è ben rappresentata nel database MITOMAP, a uso clinico e forense.

Database di profili genetici

Questo tipo di database colleziona profili genetici associati alle generalità degli individui a cui tali profili appartengono e sono, quindi, riservati a soli fini investigativi (database criminali governativi).

I database criminali del DNA sono ormai presenti nella quasi totalità dei Paesi occidentali, e affiancano i più datati database di impronte digitali. Non c'è uniformità di norma per la strutturazione dei vari database e ogni Stato decide se e quali tipologie di criminali inserire nel database e per quanto tempo debbano rimanervi. In Europa molti dei Paesi che hanno un database criminale pensano di implementare il numero di loci STR con l'introduzione di microsatelliti di nuova validazione e altamente informativi; a tale scopo si è scelto di affidare agli *European Network of Forensic Science Institutes* (ENFSI) il compito di coordinare gli esercizi collaborativi per validare i nuovi sistemi prima della diffusione dei kit commerciali.

Una delle note dolenti dei database esistenti è la precisione: nessun database è perfetto e ognuno di essi contiene e conterrà sempre errori; il punto focale è quale sia il tasso di errore di un dato database e quali possano essere le conseguenze. Sicuramente la più immediata conseguenza è che vengano a prodursi false esclusioni di un dato profilo. Stime effettuate sul database criminale governativo sud-australiano hanno stabilito che il tasso di errore, inaccettabilmente elevato, oscilla tra il 5 e il 10%. Nuove discussioni stanno inoltre nascendo dalle proposte di sfruttare i più estesi database criminali, come quello inglese, per studi antropologici e altre inferenze di carattere forense. La principale critica è che se il database è composto da soli soggetti sospettati di crimini, esso non può essere considerato un campione rappresentativo dell'intera popolazione, poiché i crimini non hanno una distribuzione geografica e sociale casuale.

Letture consigliate

Anderson S, Bankier AT, Barrell BG et al (1981) Sequence and organization of the human mitochondrial genome. Nature 290(5806):457-465

Andrews RM, Kubacka I, Chinnery PF et al (1999) Reanalysis and revision of the Cambridge reference sequence for human mitochondrial DNA. Nat Genet 23(2):147

Bär W, Brinkmann B, Budowle B et al (1997) DNA recommendations. Further report of the DNA Commission of the ISFH regarding the use of short tandem repeat systems. International Society for Forensic Haemogenetics. Int J Legal Med 110(4):175-176

Budowle B, Moretti TR, Niezgoda SJ, Brown BL (1998) CODIS and PCR-based short tandem repeat loci: law enforcement tools. In Promega Corporation (ed) Genetic Identity Conference Proceedings of the Second European Symposium on Human Identification, pp. 73-88. Madison, WI

Kayser M, Caglià A, Corach D et al (1997) Evaluation of Y-chromosomal STRs: a multicenter study. Int J Legal Med 110(3):125-133, 141-149

Jobling MA, Tyler-Smith C (2004) Human evolutionary genetics: origins, peoples & disease. Garland Publishing

Parson W, Brandstätter A, Alonso A et al (2004) The EDNAP mitochondrial DNA population database (EMPOP) collaborative exercises: organisation, results and perspectives. Forensic Sci Int 139(2-3):215-226
Skaletsky H, Kuroda-Kawaguchi T, Minx PJ et al (2003) The male-specific region of the human Y chromosome is a mosaic of discrete sequence classes. Nature 423(6942):825–837

Siti Internet

Allele Frequency Database (ALFRED): www.alfred.med.yale.edu
American Association of Blood Banks (AABB) 2003 Annual Report: http://www.aabb.org/Documents/Accreditation/Parentage_Testing_Accreditation_Program/ptannrpt03.pdf
EMBL Nucleotide Sequence Database: www.ebi.ac.uk
EMPOP (EDNAP-European DNA Profiling Group- Mitochondrial DNA Population Database Project): www.empop.org
FBI Forensic mtDNA Database: www.fbi.gov/hq/lab/fsc/backissu/april2002/miller1.htm
GenBank: www.ncbi.nlm.nih.gov/Genbank/
International HapMap Project, osservatorio sugli SNPs: www.snp.cshl.org
MITOMAP: www.mitomap.org
Short Tandem Repeat DNA Internet DataBase: www.cstl.nist.gov/biotech/strbase
Y-STR Haplotype Reference Database (YHRD): www.yhrd.org

Capitolo 3

Dalla teoria alla pratica: i reperti biologici

Valerio Onofri

Sopralluogo: tecniche e tecnologie

Cosa è una prova fisica? Come può essere registrata, raccolta e preservata? Come possono essere estrapolate delle informazioni da essa? Come vanno interpretate le informazioni ottenute?

Il sopralluogo giudiziario consiste nell'ispezione e nella descrizione di una località dove è stato commesso un delitto o un crimine, ha lo scopo di stabilire l'esistenza e il tipo di reato, i mezzi e le modalità di esecuzione dello stesso, quando, come e da chi il fatto è stato commesso (articoli 348 e 359 del Codice di procedura penale italiano).

Il fine dell'investigazione scientifica è quello di rispondere a tre priorità essenziali: "fissare" la scena del crimine, ricostruire le circostanze del delitto, raccogliere elementi utili a identificare i responsabili. Da queste premesse si comprende che, anche senza aver preso visione della narrativa specialistica o delle molteplici serie televisive di successo, il sopralluogo è la fase più importante di tutta l'attività del genetista forense, il quale deve svolgere il proprio ruolo di concerto con le forze di polizia. Eseguire un esame della scena con leggerezza o imperizia porta nel primo caso a ignorare o sottovalutare del materiale biologico prezioso e rapidamente degradabile, mentre nel secondo produce, fatto ancor più grave, la compromissione dello scenario o, peggio, la contaminazione biologica delle tracce esistenti. Tale premessa è d'obbligo per ricordare che l'operato degli esperti in questa fase dovrà essere riassunto in conclusioni rigorosamente scientifiche perché possa poi avere rilevanza probatoria.

La complessa attività di investigazione scientifica comincia perciò dal sopralluogo sulle cosiddette scene del crimine. Parliamo al plurale dal momento che più spesso nell'ambito di uno stesso crimine è necessario ispezionare numerosi ambienti, sia aperti che chiusi, per raccogliere le informazioni necessarie alla ricostruzione degli accaduti e recuperare quanti più elementi per le successive indagini biologiche.

A tal proposito è bene fare una appunto su un problema che emerge a riguardo di omicidi e suicidi o presunti tali. Il ruolo del personale medico e paramedico che interviene per primo sul posto è quello di rianimare i soggetti a meno di evidenti segni di morte certa: decapitazione, stato di avanzata decomposizione, presenza di macchie ipostatiche o *rigor mortis*. È evidente tuttavia che nella maggior parte dei casi in cui non si palesano queste caratteristiche, gli operatori del 118 si adoperano su corpi già cadaverici manipolandoli, spesso in maniera invasiva, e alterando lo scenario del delitto; in questo modo investigatori e medici legali non osservano più una fotografia realistica del delitto, e la ricostruzione dell'evento, la determinazione dei tempi, il recupero di residui e tracce addosso o nei pressi del cadavere è difficoltoso e spesso impossibile. Di certo in questi casi non ci si può riferire a imperizia, dal momento che sia gli operatori di primo soccorso sia gli investigatori rivendicano il diritto a svolgere le proprie specifiche competenze; è doverosa premura, tuttavia, la sensibilizzazione di questo problema perché si stabiliscano nel nostro Paese linee guida o norme atte a risolvere tale questione.

Non esiste regolamentazione o standardizzazione dell'attività di sopralluogo in Italia. Piuttosto, vengono seguite delle linee guida generali basate sulla perizia e sull'esperienza degli operatori. I reparti scientifici delle forze dell'ordine, a tal riguardo, costituiscono il punto di riferimento per ciò che riguarda il management della scena del crimine, anche in virtù della possibilità di impiegare tecnologie all'avanguardia. La competenza specifica nelle tecniche e nelle conoscenze delle scienze forensi, la garanzia di poter assicurare alti standard di qualità del proprio operato, la conoscenza di norme di sicurezza e lo spirito collaborativo con tutte le componenti dello staff investigativo sono le prerogative fondamentali perché ci si possa cimentare nel sopralluogo.

Sul campo

Innanzitutto la scena va congelata con misurazioni planimetriche degli ambienti, riprese fotografiche e riprese video d'insieme, e quindi sempre più dettagliate.

Sulla scena si è alla ricerca di quante più prove e indizi si possano raccogliere, e in un normale sopralluogo possono esservi varie decine di reperti. Molti di essi si riveleranno non significativi ai fini investigativi, mentre altri faranno esultare chi li sottopone ad analisi, con il fermo pensiero di aver risolto il caso. A tal proposito è bene puntualizzare che una prova fisica, un reperto, non sempre può essere associato a una persona, luogo o oggetto; non possono cioè essere "individualizzate". Nella maggior parte dei casi infatti ci si può solo limitare a "identificare" una prova fisica, di cui poi poter confermare al massimo la compatibilità con un soggetto, e comunque stabilire l'associazione non a uno e un solo soggetto bensì a un gruppo o classe. Rinvenire fibre tessili, un frammento di vernice o una traccia di sangue senza poterne estrapolare un profilo di DNA altamente informativo sono esempi di identificazione. Al contrario, un frammento di plastica o nastro adesivo con margine perfettamente corrispondente a un riferimento, un'impronta digitale completa, un profilo di DNA sono prove individualizzate.

Il sopralluogo alla ricerca di prove biologiche procede per fasi cronologiche:

1. osservazione della scena;

2. fissazione tramite fotografie e video-riproduzioni;
3. esecuzione di schizzi e misurazione degli ambienti;
4. registrazione e documentazione della posizione delle prove fisiche;
5. ricerca di tracce minime o latenti.

In particolare, la ricerca delle prove fisiche non va effettuata in modo confuso o solo nelle vicinanze della vittima. Ogni dettaglio potrebbe essere determinante per la ricostruzione del crimine. Per tale motivo la ricerca deve essere effettuata in modo sistematico, adottando ad esempio un criterio a spirale, suddividendo l'area in griglie, effettuando ricerche per linee parallele o seguendo un criterio centrifugo. Allo stesso modo, l'ispezione deve curare prima oggetti grandi passando progressivamente a quelli più piccoli. Un approccio di ricerca metodico riduce così il dispendio di energie e massimizza l'efficacia nel recuperare anche i minimi dettagli.

Chi vanta esperienza nei sopralluoghi tecnici conosce molto bene l'importanza della precocità del primo accesso alla zona. Prima si interviene sulla scena, più probabile è che eventuali prove non vengano distrutte e che le prove biologiche presenti in minime quantità possano essere processate velocemente e con maggiore successo. Ciò nonostante è spesso necessario ritornare, anche più volte, sulla scena, ad esempio in seguito a nuovi indizi emersi durante gli esami autoptici, le prime analisi di laboratorio o indicazioni emerse dalle indagini.

Sulla scena del crimine possono essere presenti un'ampia varietà di substrati biologici: sangue (Fig. 3.1), sperma, capelli e un'ampia varietà di fonti di cellule epiteliali isolate, come saliva, forfora, sudore, filtri di sigarette, stoviglie e bicchieri, urina, vomito, feci, impronte digitali o plantari. I vari supporti garantiscono mediamente quantità di cellule diverse e diversamente conservabili (Tabella 3.1). Tracce fresche permettono di ottenere profili genetici anche a partire da poche cellule. Al contrario, da sorgenti biologiche datate o corrotte da agenti fisici o chimici (temperature elevate, sostanze chimiche e inibitori della Taq polimerasi) è necessario aumentare la quantità di DNA estratto per aumentare di conseguenza la frazione di DNA utilizzabile, e quindi non degradato, per ottenere profili. Tuttavia, se il livello di degradazione è elevato non sarà comunque possibile generare profili genetici, anche se la traccia biologica è relativamente recente.

La sorgente di DNA che più spesso si rinviene è di natura ematica, preponderante nei casi di crimini violenti. La saliva richiede invece tecniche più minuziose per essere rilevata, dal momento che non è visibile a occhio nudo. Si ricerca su bicchieri, posate e stoviglie, impronte di morsi; inoltre è prezioso individuare le forme che i suoi imbrattamenti disegnano nei casi di soffocamento, imbavagliamento e, tipicamente, all'interno di passamontagna dei sospettati di rapina. Importante è anche l'analisi macroscopica delle tracce di liquido seminale, soprattutto nei casi di violenza sessuale o sospetta tale, prima ancora della sua individualizzazione tramite il DNA. La stessa procedura è utile, con le tecniche di cui parleremo in seguito, per definire aree impregnate di sudore, presenti ad esempio nelle aggressioni in cui si afferra con violenza la vittima. Esiste infine un'ampia gamma di reperti da cui poter estrapolare matrici cellulari isolate.

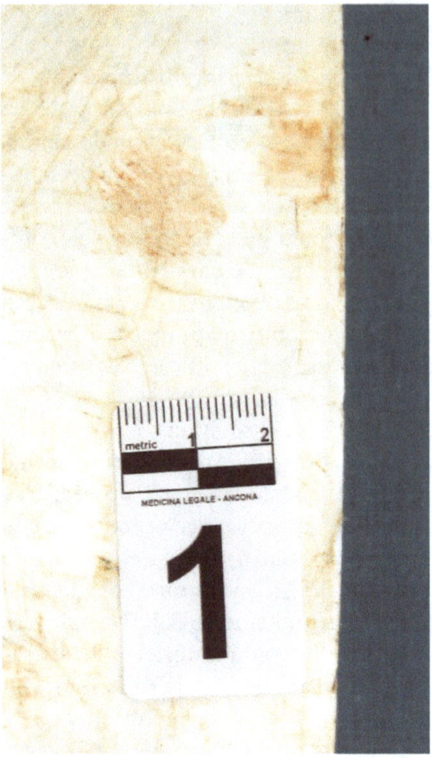

Fig. 3.1. Traccia ematica sul bordo di un secchio di plastica; si è poi rivelata appartenente alla vittima di un'aggressione con un'ascia, poi arsa viva. Le creste papillari disegnate dal sangue hanno permesso di identificare l'impronta digitale del presunto aggressore

Tabella 3.1. Contenuto indicativo medio di DNA rinvenibile in alcuni tipici campioni biologici forensi. La quantità di DNA è comunque influenzata da fattori ambientali

Tipologia di campione	Quantità di DNA
Sangue intero	20.000-40.000 ng/ml
Traccia	250-500 ng/cm^2
Sperma	150.000-300.000 ng/ml
Tampone vaginale post-coitale	10-3.000 ng
Formazione pilifera (con radice)	1-750 ng/radice
Formazione pilifera caduta	1-10 ng/radice
Saliva	1.000-10.000 ng/ml
Tampone buccale	100-1500 ng
Urina	1-20 ng/ml
Osso	3-10 ng/mg
Tessuto	50-500 ng/mg

Parliamo tipicamente di mozziconi di sigarette, bicchieri o tazzine, residui di forfora, polsini, colletti e indumenti intimi, spazzolini da denti e persino impronte digitali. Non ultime le formazioni pilifere che, soprattutto se strappate e quindi con la radice e il bulbo pilifero integri, sono fonti di grandi quantità di DNA.

Tecnologie sempre più fini permettono di incrementare di anno in anno la soglia di sensibilità delle analisi molecolari del DNA. Ciò è senza dubbio un gran vantaggio per i genetisti forensi, dal momento che è oggi possibile ottenere profili utili anche da fonti minime di materiale biologico. Tuttavia tale potenzialità può risultare uno svantaggio dal momento che, allo stesso modo delle tracce di interesse, anche le contaminazioni esterne vengono esaltate dalle analisi di laboratorio. Diventa essenziale dunque la protezione, intesa sia come protezione della scena sia come auto-protezione degli operatori nel sopralluogo. Non di rado, infatti, gli stessi investigatori dispensano inconsapevolmente le proprie cellule o, più spesso, le proprie impronte digitali.

Sicurezza della scena

Una scena sicura deve rispondere a due requisiti: essere preservata da persone o cose che possano alterare le condizioni in cui si è svolto il crimine stesso ed essere isolata con cura per evitare che il luogo stesso possa divenire fonte di pericolo per i presenti. Bisogna infatti sottolineare che la sicurezza non riguarda solo i problemi di contaminazione ma soprattutto di sicurezza personale.

Incidenti in edifici privati, industriali o pubblici, aerei o navali, possono esporre a rischio di esplosione, rischio chimico o biologico, o addirittura combinazione di più rischi. Negli ultimi anni ad esempio l'allerta nei confronti della possibilità di disastri di massa causati da terrorismo è altissima. Per questa ragione non dovrebbe essere permesso ad alcun operatore forense di accedere, se non dopo che l'ambiente sia stato messo in sicurezza e solo con adeguata protezione.

Sicurezza personale

Previene la contaminazione dovuta all'operatore stesso, come abbiamo già detto. Inoltre, intervenire sullo scenario di un crimine, ancor più se si tratta di un crimine violento, vuol dire esporsi potenzialmente a rischi: ambientali, talvolta chimici o microbiologici, più spesso biologici; la prevenzione diventa quindi essenziale, e va attuata sin dall'accesso più esterno della scena indossando tute sterili, calzari e mascherine protettive e ovviamente guanti monouso; l'immagine romantica del medico legale in giacca e cravatta narrata nello stile di Andrea Camilleri è superata (Rutty et al, 2003).

Particolare attenzione e preparazione vanno inoltre prestate nei casi di sospetto attentato terroristico, potenzialmente con rischio chimico o batteriolo-

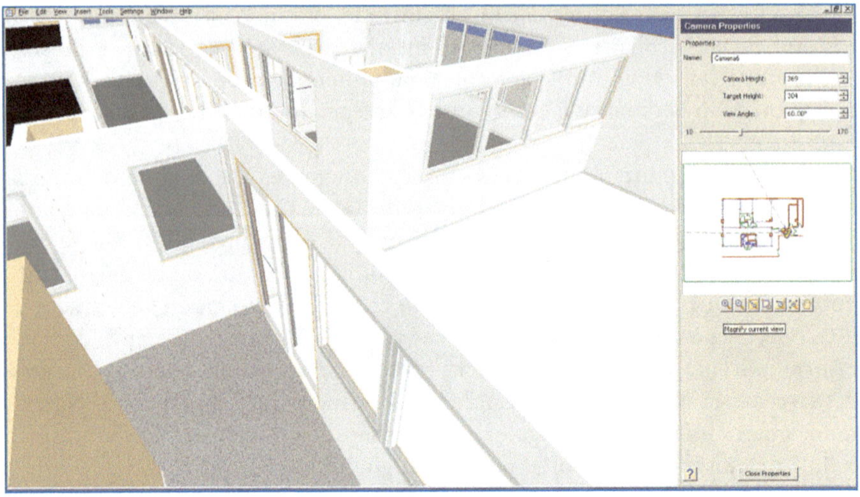

Fig. 3.2. Esempio di ricostruzione di un ambiente con la tecnica del *rendering* 3D. Queste tecniche consentono di visualizzare con maggiore cura la dinamica di un crimine e di visualizzare in maniera più chiara la ricostruzione dell'evento

gico, condizione questa in cui è necessario l'intervento di reparti d'intervento addestrati per queste emergenze che si attengono alle linee guida internazionali appositamente approntate.

Raccogliere annotazioni e reperti sulla scena del crimine non è sufficiente, è necessario registrare fedelmente ciò che si osserva per poter documentare in tribunale con quanta più precisione sia possibile. A tal proposito possono essere effettuati schemi semplificati della posizione di oggetti, corpi e macchie ematiche, anche utilizzando le riprese fotografiche (il cosiddetto *sketching* fotografico). Inoltre accorrono oggi in aiuto software che permettono di eseguire ricostruzioni fedeli della scena e delle vittime basati su tecniche CAD (*Computer-Aided Drawing*), sia a due sia a tre dimensioni (*rendering*), che aiutano ad esempio a meglio comprendere traiettorie di proiettili o macchie ematiche e le dinamiche dell'accaduto (Fig. 3.2).

Raccolta, conservazione e archiviazione dei reperti

L'efficacia della presentazione delle prove in tribunale è anche profondamente influenzata dalle modalità di raccolta e conservazione dei reperti. La loro integrità, sia scientificamente sia legalmente, deve essere preservata sin dalla scena del sopralluogo. I metodi di raccolta specifici dipendono dallo stato di conservazione e dalle condizioni del campione. In generale, una quantità considerevole di materiale biologico dovrebbe sempre essere asportata per assicurarsi di recuperare una sufficiente quantità di DNA per i successivi test genetici; nonostante ciò è buona prassi mantenere un'adeguata quantità di materiale a disposizione per duplicare l'analisi o per consentire alle controparti di poter effettuare lo stesso test, quando autorizzato. Durante la fase di raccolta del campione è inoltre determinante limitare l'asportazione di sporco, grasso o altri materiali di natura ignota nell'area circostante, poiché potrebbero impedire alcune successive analisi genetiche.

La raccolta e la conservazione di reperti sono passaggi cruciali dello svolgimento di un'indagine. Nelle aule di tribunale, infatti, l'ammissione di una prova può essere messa in discussione se la prova stessa non risponde al requisito di un'accurata documentazione fotografica prima del prelievo del reperto; inoltre, l'evidenza di aver raccolto o condizionato impropriamente un reperto e la possibilità di averlo esposto a contaminazione può essere utilizzata per screditare i risultati delle analisi del DNA.

Tenendo in considerazione che gli odierni sistemi di estrazione e di PCR sono alquanto sensibili, un problema notevole può essere rappresentato dai fenomeni di contaminazione, soprattutto perché possono condurre a false esclusioni oppure a profili misti artificiali piuttosto che false inclusioni.

Reperti biologici come sangue, sperma, tessuti, ossa, capelli, urine e saliva possono essere recuperati direttamente dai corpi, dagli indumenti, dagli oggetti o dagli ambienti della scena del crimine. I fluidi corporei vengono raccolti facendoli aderire a specifici supporti cellulosici o sintetici (tamponi o carte da filtro speciali e sterili) oppure aspirati e depositati in provette se sono ancora allo stato liquido. Una volta che sono stati depositati su supporto diventano "tracce" biologiche. I reperti non fluidi, come capelli o tessuti, possono essere asportati per contatto diretto. Reperti che siano trasferiti da una persona, un oggetto o un ambiente attraverso un intermediario (persona o oggetto) costituiscono il cosiddetto "trasferimento secondario". Trasferimenti secondari possono, ma non necessariamente, stabilire un legame diretto tra soggetto e crimine. Quasi sempre tali reperti, indicati anche come "microtracce", contengono esigue quantità di DNA e richiedono tipizzazioni più sensibili (*low copy number PCR*, mtDNA, miniSTRs).

In linea di principio, tutte le tracce biologiche rinvenute sulla scena hanno o possono avere in seguito una valenza probatoria. Molte di esse potranno essere sottoposte all'analisi del DNA, ma non per tutte sarà necessario. Di una "rosa" di schizzi ematici non è certo determinante il risultato genetico di ognuno, quanto piuttosto l'analisi delle dimensioni, della forma e della traiettoria (*Blood Pattern Analysis*, BPA). Le tecniche e le nuove tecnologie permettono oggi di portare in tribunale grandi quantità di prove. Paradossalmente in molti casi questo dato non aiuta a delineare le dinamiche di un crimine. Una mole importante di tracce biologiche potrebbe appesantirne l'analisi e l'interpretazione dei risultati; inoltre potrebbe risultare un fattore limitante, offrendo alla difesa critiche e osservazioni riguardo lo scambio di campioni, contaminazione, deviazioni dai protocolli indicati, interpretazione ambigua dei risultati.

In aula spesso si discute su un elemento critico legato alle tracce di materiale biologico: l'età delle stesse. L'informazione che offre una macchia di sangue o di sperma, ad esempio, è grande ma a volte il suo significato può essere facilmente sminuito dal momento che non è possibile stabilire quando essa sia stata prodotta. Ad esempio, se durante un sopralluogo si riesce a datare una traccia e a dimostrare che essa è strettamente associata al crimine in oggetto, può essere in ipotesi datato il crimine stesso. Al contrario, se si conosce con esattezza il momento del crimine e si riesce a datare una traccia a esso associata, la datazione della traccia biologica stessa potrebbe escludere il sospettato dalle accuse. Alcuni sforzi sono stati profusi nell'intento di stimare l'età di una traccia, soprattutto delle macchie ematiche (Anderson et al, 2005; Alvarez et al, 2006),ma si tratta di metodi ancora troppo selettivi per essere applicati alla maggior parte dei casi. Sebbene in un prossimo futuro si potranno sviluppare o migliorare tecniche per la stima in questione, allo stato attuale rimane estremamente improbabile eseguire una valutazione sull'età di una traccia.

Ricerca delle tracce biologiche

Fonti di luce forensi

La luce è una forma di energia elettromagnetica di cui solo una piccola parte dell'intero spettro è costituito da onde visibili, e quindi luce bianca. L'occhio umano riesce a percepire l'intero spettro del visibile, da 400 a 700 nm, tuttavia mostra maggiore sensibilità intorno a 550 nm; la sensibilità risulta minima nel violetto, sotto 450 nm, e nella regione del rosso, sopra 650 nm.

Le cosiddette fonti di luce forensi sono sistemi di emissione di luce in grado di filtrare la stessa in singole bande di lunghezza d'onda. Questo sistema di filtrazione consente di esaltare la rilevazione delle prove attraverso fenomeni di interazione luminosa che includono la fluorescenza, l'assorbimento e la luce obliqua. La maggior parte dei fluidi biologici è dotata di fluorescenza naturale (luce emessa solo durante l'eccitazione); se latenti, la loro posizione, forma e intensità possono essere evidenziate solo con fonti di luce forense.

Il primo *screening* nella ricerca di tracce biologiche viene eseguito con l'ausilio di sistemi dotati di lampade a emissione di luce nel *range* dell'ultravioletto e del visibile capaci di esaltare l'osservazione, la registrazione fotografica e la raccolta dei reperti. Tali strumenti (Crimescope CS16, Minicrimescope 400 o Polilight) permettono l'individuazione di impronte digitali e palmari, orme, liquidi biologici (Fig. 3.3), formazioni pilifere e fibre, contusioni, ematomi e lesioni cutanee, tracce di sostanze stupefacenti e persino documenti o denaro contraffatti.

Lo strumento è dotato di una sorgente luminosa (lampada ad alogenuro metallico da 400 C), una guida d'onda liquida lunga 2 metri e larga 10 millimetri; successivi filtri permettono all'operatore di selezionare singole lunghezze d'onda, in genere da 365 a 630 nm. Occhiali con diversi filtri (bianchi >400 nm, arancio>550 nm, rossi>590 nm) consentono inoltre di poter adoperare la lampada senza incorrere in danni alla vista.

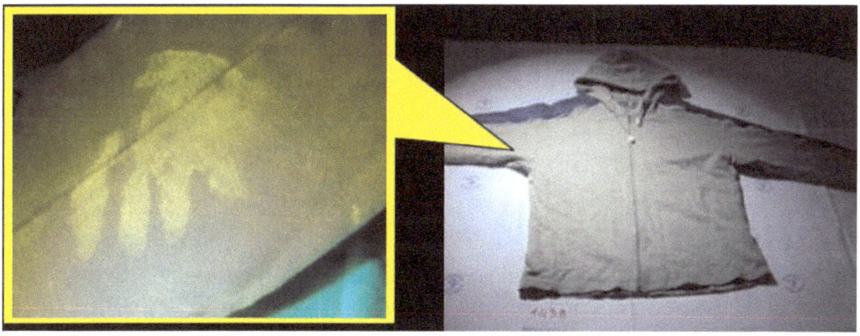

Fig. 3.3. Evidenziazione di un imbrattamento di sudore tramite fonte di luce forense (455 nm). La successiva analisi del DNA ha consentito di ottenere il profilo genetico dell'aggressore

Microscopia

Dopo l'osservazione macroscopica a occhio nudo, l'analisi di piccole tracce di presunta natura biologica può essere notevolmente esaltata grazie all'utilizzo delle tecniche microscopiche. In particolare viene comunemente impiegato lo stereomicroscopio. La principale differenza tra uno stereomicroscopio e un comune microscopio ottico composto è che, mentre il secondo osserva il campione da un'unica direzione, lo stereomicroscopio consente di vedere l'oggetto da due angoli leggermente diversi, in modalità analoga alla visione binoculare umana. La visione degli oggetti è basata principalmente sull'uso della luce riflessa e il suo potere varia tipicamente da 5 a 50X di ingrandimento, molto inferiore quindi rispetto a un comune microscopio ottico composto. L'utilizzo della microscopia è di particolare importanza nell'identificazione dell'origine delle formazioni pilifere e nella loro comparazione.

Test orientativi e di specie per sangue, saliva e sperma

Un'ampia serie di cosiddetti "*presumptive test*", o test orientativi, è oggi disponibile per l'analisi di tracce di presunta natura biologica. A differenza dei test di specie descritti successivamente, i test orientativi non consentono di confermare con certezza la presenza né di affermare la natura di un determinato campione biologico; permettono unicamente di escludere la presenza di una determinata sostanza, dal momento che una certa varietà di composti offre un risultato altrettanto positivo. Poiché non si tratta di test confermativi ma di esclusione, tutti i saggi eseguiti con test orientativi devono essere confermati da altri metodi.

La loro utilità ai fini investigativi è importante non solo per scremare la gran quantità di tracce non biologiche che possono essere rinvenute sulla scena, ma soprattutto per la ricostruzione della dinamica, fornendo importanti prove circostanziali o probatorie.

Questi test devono essere sicuri, economici semplici da effettuare e da interpretare, il più possibile sensibili così da ridurre al minimo la quantità di campione necessario per il test. Infine il test non dovrebbe inficiare le successive analisi di estrazione e amplificazione del DNA.

Sangue

Test catalitici

I metodi di ricerca delle tracce di sangue traggono vantaggio dall'attività perossidasica del gruppo eme presente nell'emoglobina contenuta negli eritrociti (in un microlitro di sangue sono presenti fino a 5.000 globuli rossi).

Sulle singole tracce di presunta natura ematica vengono in genere impiegate strisce reattive (Roche Combur Test®, Hemastix®) impregnate di un idroperossido organico (dimetil-diidro-perossiesano) e di un indicatore colorimetrico (tetrametilbenzidina), che vira dal giallo al verde-blu se è presente l'emoglobina che ne catalizza l'ossidazione.

Il test è molto sensibile, tanto da rilevare presenza di sangue diluito fino a centomila volte. Tuttavia esiste un'ampia gamma di composti, come le catalasi e perossidasi animali o vegetali, detergenti contenenti ipocloriti, metalli (soprattutto rame e ferro) che hanno un'analoga attività perossidasica e possono pertanto produrre dei falsi positivi.

Sulle presunte tracce ematiche latenti viene usualmente impiegato il test del Luminol. Il composto è una soluzione alcalina (pH 10.4-10.8) di luminolo (3-aminoftalidrazina) e sodio carbonato in cui la componente perossidica è data da sodio perborato o idroperossido (Fig. 3.4), quest'ultimo tuttavia limita l'evidenziazione della sorgente ematica a poche decine di secondi. La soluzione descritta viene nebulizzata finemente sull'area (possono essere trattate anche superfici molto estese, come ad esempio interi ambienti domestici) e la reazione con l'emoglobina produce una emissione blu brillante visibile maggiormente in condizioni di buio ambientale; reazioni positive possono essere ottenute anche se le macchie di sangue sono state lavate (Fig. 3.5). Come il test della benzidina, anche il test del Luminol produce risultati falsi positivi se sono presenti perossidasi, ipocloriti e ossidi metallici. Ciò nonostante un occhio esperto può discernere tra la luminescenza fortemente brillante del sangue e quella più scintillante, disomogenea e più effimera delle altre sostanze. Limiti notevoli della tecnica sono la tossicità della soluzione, i cui singoli componenti risultano irritanti, la brevità della reazione luminescente, la difficoltà di esecuzione del test su superfici lisce e su tracce minime che possono essere irrimediabilmente diluite in seguito al test.

Esistono inoltre altri metodi per la rilevazione di sangue latente; alcuni impiegano fluoresceina in reazioni meno sensibili, più indaginose sebbene più durevoli e attuabili in condizioni di luminosità normale (Tobe et al, 2007). La diffusione di queste sostanze si deve comunque al minore impatto sulla salute dell'operatore rispetto al Luminol, sebbene recentemente sia stata dimostrata la sua sostanziale innocuità (Larkin et al, 2008).

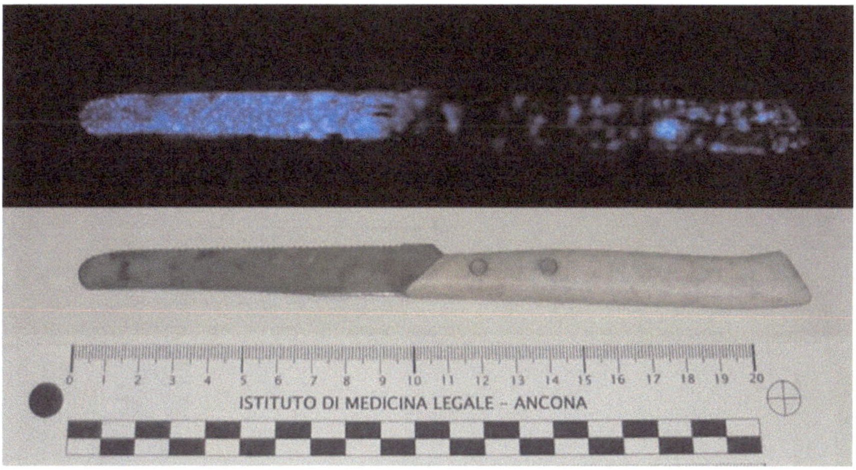

Fig. 3.4. Evidenziazione con Luminol della presenza di sangue latente su un coltello apparentemente pulito. La natura umana dell'emoglobina è stata poi confermata con test immunocromatografico e il DNA estratto dalla lama coincideva con quello della vittima dell'aggressione

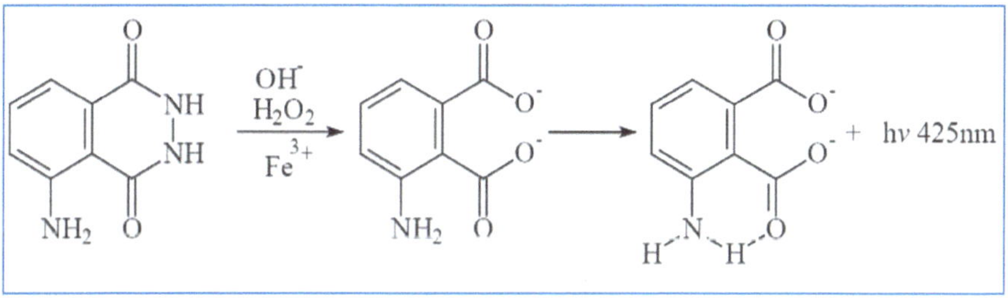

Fig. 3.5. La reazione del luminolo in presenza di emoglobina

Test immunocromatografici

I test catalitici orientativi offrono la possibilità di stabilire l'eventuale presenza di sangue, o meglio di emoglobina, senza tuttavia poterne stabilire la specie di appartenenza. Test specifici per la diagnosi di specie umana del sangue consistono in reazioni immunocromatografiche impiegate di routine per la ricerca del sangue occulto nelle feci e ormai di larga diffusione tra i laboratori di indagini scientifiche.

Il test utilizza anticorpi monoclonali mobili anti-emoglobina umana coniugati con una sostanza cromogena (Fig. 3.6a). Dopo aver seminato una piccola aliquota della traccia ematica, se è presente sangue umano il complesso emoglobina-anticorpo migra lungo la membrana fino a incontrare una striscia reattiva sulla quale sono immobilizzati anticorpi policlonali anti-emoglobina umana. Il complesso concentra le particelle di cromogeno formando una

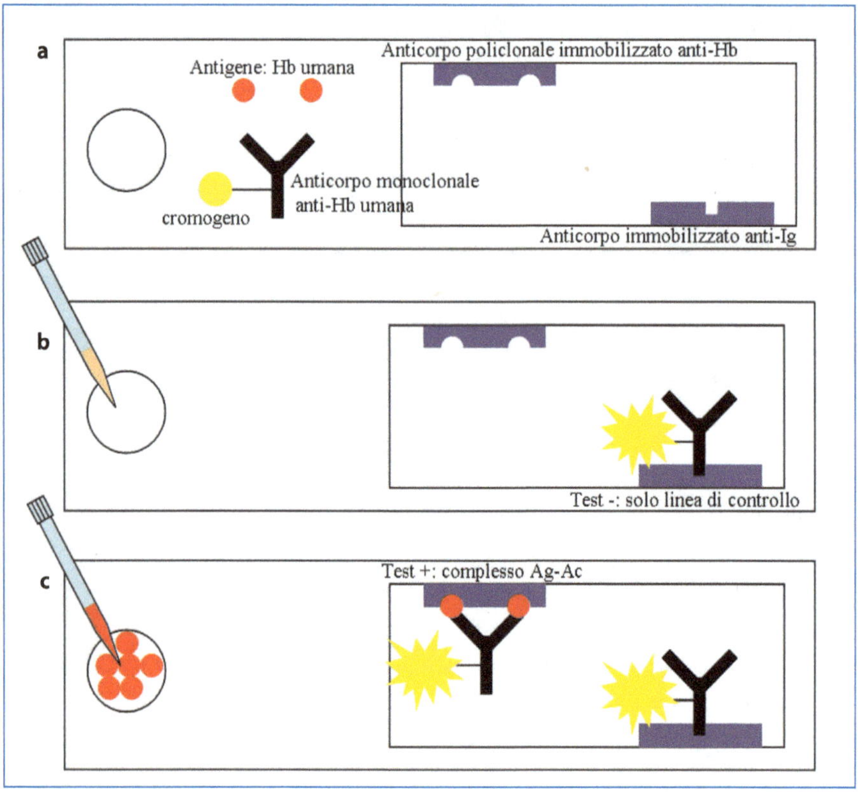

Fig. 3.6. Principio di funzionamento di un test immunocromatografico per la rilevazione di sangue umano. Spiegazione nel testo

linea colorata nell'arco di pochi minuti (Fig. 3.6c). La verifica che la reazione è proceduta correttamente è data dagli anticorpi monoclonali mobili non legati che, continuando la migrazione verso una seconda striscia reattiva con anticorpi anti-Ig immobilizzati, determinano una seconda banda colorata di controllo (Fig. 3.6b).

Analisi istologica

L'analisi cellulare della traccia di sangue può infine fornire informazioni utili riguardo la provenienza della stessa, se necessario. Ai fini investigativi potrebbe essere determinante conoscere se è probabile che si tratti di sangue epistassico (presenza di cellule epiteliali della mucosa nasale), sangue mestruale (presenza di cellule della mucosa endometriale, dell'epitelio della mucosa vaginale oltre che flora batterica) o rettale (cellule epiteliali mucinose). Recentemente vengono testate metodologie più fini basate su saggi di PCR quantitativa per l'analisi dei profili di espressione di geni tessuto-specifici per stabilire la provenienza delle tracce biologiche.

Saliva

Il rilevamento di saliva, ancor di più la forma e la dimensione degli aloni che essa produce, può essere importante ai fini investigativi su indumenti (passamontagna, sciarpe), lenzuola e cuscini, segni dovuti a morsi, nastro adesivo o altri oggetti per l'imbavagliamento. Una forte luminescenza viene emessa da macchie salivari se osservate a basse lunghezze d'onda.

Test solo orientativi sono presenti per la rilevazione dell'α-amilasi, un enzima digestivo che catalizza l'idrolisi dei legami α-1,4 glucosidici producendo zuccheri semplici. In isoforme diverse, è presente ad alte concentrazioni nella saliva (chiamata anche ptialina) e nel succo pancreatico, ma in minime quantità può essere riscontrata anche nel sudore, nel sangue, nello sperma, nelle urine e nel latte materno.

È possibile valutare l'attività idrolitica, e quindi la presenza, dell'amilasi misurando la densità ottica dei prodotti di reazione. Più rapidi e meno costosi, test colorimetrici e immunologici vengono utilizzati in chimica clinica per diagnosticare le pancreatiti acute, e sono utilizzati in campo forense come test orientativi. I primi si basano sull'utilizzo di una soluzione contenente un substrato, microsfere di amido purificato coniugato a cromogeni, la cui idrolisi a opera dell'amilasi nella traccia produce sottoprodotti con densità ottica tale da poter essere osservata a occhio nudo, ovvero rilevata con tecniche spettrofotometriche. I secondi, di almeno due ordini di grandezza più sensibili, sono saggi immunocromatografici con anticorpi monoclonali anti-α-amilasi umana.

La tecnica permette di ottenere risultati alquanto sensibili, in grado di rilevare la presenza di poche decine di ng/mcl di amilasi, ovvero pochi nL di saliva. Ciò rappresenta un indubbio vantaggio nell'ottica di non consumare del materiale prezioso per le successive analisi del DNA. Come i test orientativi per il sangue, anche questi saggi non consentono a tutt'oggi di poter distinguere una traccia di saliva umana da quella di alcuni animali, ad esempio i roditori domestici. In commercio esistono altresì sistemi più grossolani e meno sensibili costituiti da speciali carte da filtro già impregnate di substrato e cromogeno con le quali è sufficiente tamponare la traccia di saliva per ottenere un risultato colorimetrico.

L'esame del DNA può in definitiva essere ritenuto il test confermativo più stringente per la presenza di saliva umana.

Sperma

L'analisi dello sperma è determinante nei casi di sospetta violenza sessuale. La sua composizione può essere semplificata a due componenti, il liquido seminale e gli spermatozoi. Il primo è costituito da un fluido ricco di proteine prodotto principalmente dalla prostata e dalle vescicole seminali. I secondi sono gameti maschili, ovvero cellule sessuali, che alcuni uomini producono in quantità molto limitate o non riescono a produrne affatto a causa di difetti di nascita, malattie, interventi di vasectomia. Per questo motivo l'analisi dello sperma deve sempre contemplare analisi di ricerca sia del liquido seminale sia degli spermatozoi.

La principale fonte di ricerca delle tracce di sperma sono le sorgenti luminose forensi, dal momento che lo sperma, insieme alla saliva, tende a emettere maggiore fluorescenza rispetto agli altri fluidi corporei. Le aree evidenziate tramite sorgente luminosa vengono quindi testate prima con metodi catalitici, quindi immunocromatografici e citologici.

Il principale test orientativo per la presenza di liquido seminale consiste nella rilevazione della fosfatasi acida prostatica (PAP) o dell'antigene prostatico specifico (PSA), enzimi prostatici presente in grandi quantità nel liquido seminale; in quantità 50-100 volte inferiore è presente anche nel sangue, nella saliva, nelle urine e nelle secrezioni vaginali. Questo test impiega usualmente α-naftil fosfato e diazo blu come agente colorimetrico. A pH 5.2 la fosfatasi acida catalizza l'idrolisi dell' α-naftil fosfato liberando α-naftolo che reagisce con il sale cromogeno; la positività è data dal viraggio al color porpora.

I campioni risultati positivi alle analisi orientative per la presenza di liquido seminale possono essere sottoposti ad analisi specifiche per confermare la presenza di spermatozoi, tramite la colorazione istologica o la ricerca di proteine specifiche dello sperma.

Vari sono i metodi di colorazione comunemente utilizzati, sebbene i più diffusi siano la colorazione con ematossilina-eosina (Fig. 3.7) e la più specifica colorazione "*Christmas Tree*" che utilizza la colorazione *nuclear fast red* (rosso, colora i nuclei delle cellule epiteliali) e la picro indigo carminio (verde\blu, colora i citoplasmi). I fattori limitanti della rilevazione citologica degli spermatozoi sono principalmente il tempo trascorso dal momento dell'aggressione e la quantità iniziale di materiale spermatico, anche se la colorazione "ad albero di natale" sembra essere più efficace delle altre.

È possibile inoltre approntare colorazioni immunoistochimiche che, utilizzando anticorpi monoclonali anti-sperma umano, permettono di ottenere un test confermativo estremamente specifico, soprattutto nel caso di tracce miste complesse.

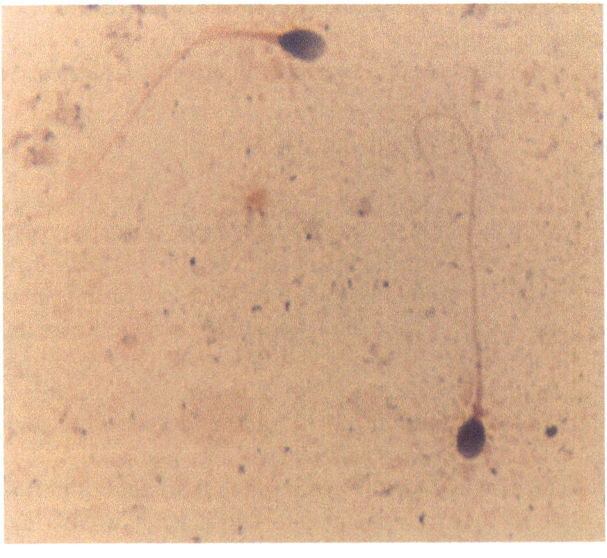

Fig. 3.7. Microfotografia di due spermatozoi. Estratto da traccia su indumento risultata positiva sia all'osservazione con fonte di luce forense, sia al test immunocromatografico per la presenza di p30-, ematossilina-eosina, immersione 1000x

Poiché in rari casi l'assenza di spermatozoi all'analisi citologica potrebbe non escludere la presenza di sperma (ad esempio in soggetti oligo- o azoospermici), i test confermativi più specifici sono rappresentati dalla ricerca della proteina specifica dello sperma umano PSA (antigene prostatico specifico), noto anche come p30 (presente in piccole tracce anche nel latte materno umano e in alcun tumori della mammella) o della semenogelina (Sg), secreta dalle vescicole seminali (presente in minime tracce anche nei muscoli, nei reni, nel colon e nel tumore al polmone).

Da qualche tempo esistono in commercio metodi immunocromatografici per la rilevazione rapida che sfruttano la presenza di anticorpi immobilizzati anti-p30 o anti-Sg. Questi test sono rapidi (10 minuti), poco costosi e molto sensibili (fino a 2 ng/mL di PSA, diluizioni di 50.000 volte per la Sg).

Letture consigliate

Alessandrini F, Cecati M, Pesaresi M et al (2003) Fingerprints as evidence for a genetic profile: morphological study on fingerprints and analysis of exogenous and individual factors affecting DNA typing. J Forensic Sci 48(3):586-592

Allery JP, Telmon N, Mieusset R et al (2001) Cytological detection of spermatozoa: comparison of three staining methods. J Forensic Sci 46(2):349-351

Alvarez M, Ballantyne J (2006) The identification of newborns using messenger RNA profiling analysis. Anal Biochem 357(1):21-34

Anderson S, Howard B, Hobbs GR, Bishop CP (2005) A method for determining the age of a bloodstain. Forensic Sci Int 148(1):37-45

Barni F, Berti A, Rapone C, Lago G (2006) Alpha-amylase kinetic test in bodily single and mixed stains. J Forensic Sci 51(6):1389-1396

Bevel T, Gardner RM (2008) Bloodstain pattern analysis with an introduction to crime scene reconstruction, 3rd edn. CRC Press, Boca Raton, Florida

Fisher BAJ (2004) Techniques of crime scene investigation, 7th edn. CRC Press, Boca Raton, Florida

Goodwin W, Linacre A, Hadi S (2007) An introduction to forensic genetics. John Wiley & Sons Ltd, Chichester

Interpol bioterrorism incident pre-planning and response guide; disponibile *online*: www.interpol.int/Public/BioTerrorism

Jusola J, Ballantyne J (2007) mRNA profiling for body fluid identification by multiplex quantitative RT-PCR. J Forensic Sci 52(6):1252-1262

Larkin T, Gannicliffe C (2008) Illuminating the health and safety of luminol. Sci Justice 48(2):71-75

Lee HC, Ladd C (2001) Preservation and collection of biological evidence. Croat Med J 42:225–228

Mozayani A, Noziglia C (2006) The forensic laboratory handbook. Humana Press, Totowa, New Jersey

Pang BC, Cheung BK (2008) Applicability of two commercially available kits for forensic identification of saliva stains. J Forensic Sci 53(5):1117-1122

Rutty GN, Hopwood A, Tucker V (2003) The effectiveness of protective clothing in the reduction of potential DNA contamination of the scene of crime. Int J Legal Med 117(3):170-174

Tagliabracci A, Domenici R, Pascali V, Pesaresi M (2007) Linee guida metodologico-accertative criteriologico-valutative. Indagini genetico-forensi di paternità e identificazione personale. Piccin, Padova

Tobe SS, Watson N, Daéid NN (2007) Evaluation of six presumptive tests for blood, their specificity, sensitivity, and effect on high molecular-weight DNA. J Forensic Sci 52(1):102-109

Capitolo 4

Estrazione, analisi qualitativa e quantitativa del DNA

Nicoletta Onori

Estrazione del DNA: principi

Per il buon esito di qualunque analisi di biologia molecolare occorre necessariamente una buona preparazione di DNA genomico. L'estrazione del DNA dal campione biologico repertato è però probabilmente una delle fasi più delicate in genetica forense. Durante la fase estrattiva infatti il campione di DNA è più suscettibile di contaminazione da parte di DNA esogeno rispetto a tutti i passaggi successivi di processamento; per questo motivo molti laboratori preferiscono analizzare il campione in tempi e talvolta luoghi differenti rispetto al materiale di riferimento. L'estrazione del DNA oggetto di indagine consiste nella purificazione del materiale genetico da tutte quelle sostanze superflue contenute nel campione da analizzare che potrebbero costituire un ostacolo nelle fasi successive di processamento. Tra i possibili contaminanti si possono annoverare le proteine che impaccano e proteggono il DNA nella cellula, l'RNA, enzimi quali le DNasi, che potrebbero portare alla frammentazione del materiale genetico rendendolo così inutilizzabile, i sali, i residui organici, i detergenti, le tinture, ecc. (Tabella 6.1 nel Capitolo 6). In genetica forense in particolar modo, il problema della contaminazione rappresenta una costante dovuta alle caratteristiche del materiale repertato, spesso sporco e di varia natura. In aggiunta, la scarsa disponibilità di DNA da sottoporre ad analisi e la sua possibile provenienza da parte di più soggetti costituiscono le maggiori problematiche.

Il DNA può essere estratto da qualsiasi tessuto costituito da cellule nucleate, occorre tuttavia precisare che le tecniche di purificazione variano in base al tipo di materiale biologico da analizzare, ad esempio un campione di sangue intero non sarà trattato come una traccia di sangue, un capello o un frammento d'osso. Differenti tecniche di estrazione sono state quindi sviluppate nel corso degli anni per purificare le molecole di DNA da proteine e altre sostanze cellulari ma le regole generali su cui si basano possono essere schematizzate in tre punti principali: una prima fase di frammentazione e lisi delle membrane cellulari che consente il rilascio degli acidi nucleici, una seconda fase di denaturazione delle proteine e una terza di separazione del DNA dalle proteine e di rimozione di tutti quei contaminanti che potrebbero interferire con le successive fasi di analisi del campione. Per poter ottenere risultati ottimali in un'indagine genetica occorre quindi una buona purificazione del DNA estratto del quale vanno però valutate, prima delle successive fasi analitiche, anche qualità e quantità, che potrebbero pregiudicarne l'analisi.

Di seguito vengono riportati alcuni esempi di metodiche di purificazione del DNA usate in campo forense. La scelta di queste tecniche, fra le innumerevoli disponibili per l'estrazione del DNA, deriva dalla loro capacità di produrre estratti particolarmente puri (cioè con un minimo quantitativo di inibitori) e di piccoli volumi, consentendo quindi di non diluire troppo il già esiguo materiale genetico presente nel campione.

Estrazione organica, con resine chelanti, in fase solida, con resine magnetiche

Come già detto, numerosi metodi di estrazione sono stati sviluppati, dai più classici come l'estrazione organica in fenolo-cloroformio, ai vari kit commerciali, che hanno il pregio di evitare l'utilizzo di reagenti chimici pericolosi, oltre a quello di accorciare notevolmente i tempi di purificazione, a scapito però della resa finale.

L'estrazione organica è una lunga e laboriosa procedura che prevede l'aggiunta seriale di numerose sostanze chimiche, le prime delle quali costituite da un detergente (spesso Sodio Dodecil Solfato, SDS) e proteinasi K, che rispettivamente lisano la membrana cellulare e digeriscono le proteine che compattano la molecola di DNA. Successivamente viene addizionata una miscela di fenolo-cloroformio che separa fisicamente, dopo centrifugazione, la componente organica (contenente le proteine) da quella acquosa (contenente gli acidi nucleici); le proteine denaturate formano infatti uno strato bianco all'interfaccia tra la fase fenolica inferiore e la fase acquosa superiore, nella quale il DNA è più solubile. La successiva precipitazione degli acidi nucleici in etanolo è indispensabile per concentrare le soluzioni di DNA ed eliminare i residui di fenolo e cloroformio che interferirebbero nelle successive analisi molecolari. Nonostante quello organico sia il metodo di eccellenza, in grado di garantire un elevato recupero di DNA ad alto peso molecolare, nella pratica odierna si preferiscono altri sistemi più rapidi e sicuri per l'operatore, poiché tale processo si rivela essere molto laborioso oltre che tossico; in aggiunta, i molteplici trasferimenti del campione incrementano notevolmente il rischio di contaminazione.

Una procedura alternativa per l'estrazione di DNA prevede l'utilizzo di una sospensione di una resina chelante che può essere aggiunta direttamente al campione sia esso sangue, saliva, sperma o traccia. Il Chelex® 100 (Bio-Rad Laboratories) è una resina a scambio ionico composta da copolimeri di stirene e divinilbenzene contenenti coppie ioniche che fungono da gruppi chelanti attraverso il legame a ioni metallici polivalenti, quali il calcio e il magnesio. La rimozione del magnesio dalla miscela di reazione mediante il legame al Chelex inattiva le proteine che compongono l'architettura cellulare, destabilizzando così l'intera cellula, e le nucleasi, proteggendo in questo modo le molecole di DNA dalla frammentazione. Dopo l'aggiunta di Chelex e di proteinasi K il campione viene incubato a 56°C per lisare la cellula, così da permettere la liberazione di DNA, e successivamente posto in acqua bollente per alcuni minuti per inattivare la proteinasi e garantire la completa rottura cellulare. L'estrazione mediante resine chelanti risulta essere un metodo vantaggioso per la tipizzazione tramite PCR poiché può essere realizzata con grande rapidità in una sola provetta, senza trasferimenti di campione, riducendo così i potenziali rischi di errore e di contaminazione. L'esposizione a temperature di 100°C però, oltre a distruggere la membrana cellulare e le proteine, denatura il DNA, che resta a singolo filamento a causa del pH alcalino della sospensione di Chelex® 100 (pH 9.0-11.0), e di conseguenza inutilizzabile per procedure quali quantizzazione mediante gel di agarosio.

Per ovviare a questi inconvenienti da anni il mercato propone e perfeziona metodiche di estrazione sempre più rapide, efficienti, riproducibili e facilmente automatizzabili. Il metodo di elezione per la purificazione di DNA genomico è quello delle "*spin columns*", provette contenenti resine di silice in grado di adsorbire gli acidi nucleici sulla loro superficie in presenza di sali caotropici, che distruggono i legami idrogeno denaturando le proteine. Tale sistema combina l'efficacia della cromatografia con la velocità della centrifugazione o dell'aspirazione sottovuoto, che spingono il passaggio del liquido attraverso la membrana, alla quale resta legato il 90-95% del DNA presente nella soluzione, permettendo di conseguenza un'analoga percentuale di rimozione di contaminanti. Per la sua realizzazione il campione viene lisato con un opportuno *buffer* e caricato sulla colonnina: gli acidi nucleici vengono adsorbiti selettivamente sulla membrana di silice a pH prossimo a 7.5 e in presenza di elevate concentrazioni di sali caotropici. Tutto ciò che non si è legato alla membrana di silice viene eliminato per centrifugazione o aspirazione sottovuoto. Dopo alcuni lavaggi il DNA viene efficacemente eluito mediante opportuno *buffer* in condizioni alcaline e a basse concentrazioni saline (Fig. 4.1).

Un altro approccio all'estrazione di materiale genomico in fase solida sfrutta lo stesso legame di DNA a matrici di silice, le quali ricoprono una resina paramagnetica. In questo modo la purificazione può avvenire in un'unica provetta tramite la semplice aggiunta e rimozione di soluzioni di lavaggio. Dopo una fase iniziale di lisi, le molecole di DNA vengono reversibilmente legate alle sferette magnetiche in soluzione a pH prossimo a 7.5 e in presenza di sali caotropici. Un magnete viene utilizzato per mantenere le sferette, legate al DNA, sulla parete della provetta, lasciando tutte le impurità in soluzione, quindi facilmente rimovibili per aspirazione con micropipetta. Le sferette magnetiche vengono sottoposte a vari lavaggi per purificare ulteriormente il DNA a esse legato da impurità e sali. Il DNA viene infine eluito in Buffer TE (Tris-EDTA) mediante riscaldamento della soluzione per alcuni minuti. La quantità di materiale genetico estratto dipende dal numero e dalla capacità delle sferette magnetiche utilizzate (Fig. 4.2).

Alcune tipologie di campioni particolarmente complessi necessitano di

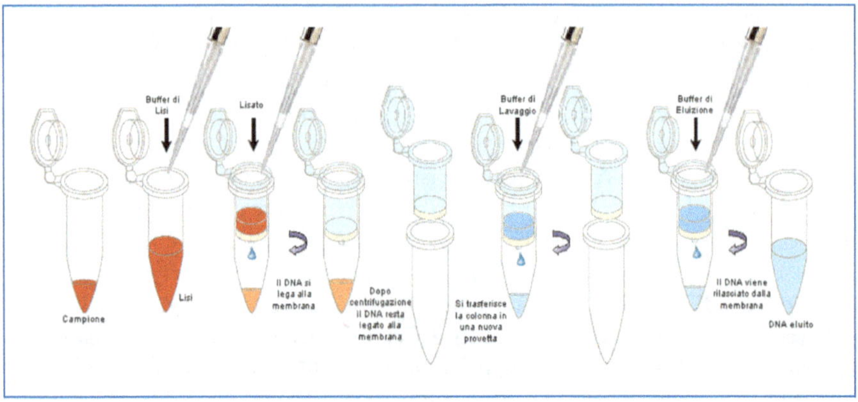

Fig. 4.1. Estrazione in fase solida mediante *spin columns*. Il campione, dopo una prima fase di lisi, viene posto in colonnina e centrifugato. Il DNA, ora legato alla membrana di silice, viene sottoposto a successivi lavaggi mediante opportuni buffer e a centrifugazione. Il DNA viene a questo punto eluito grazie a un tampone di eluizione in grado di liberare il DNA dalla membrana di silice

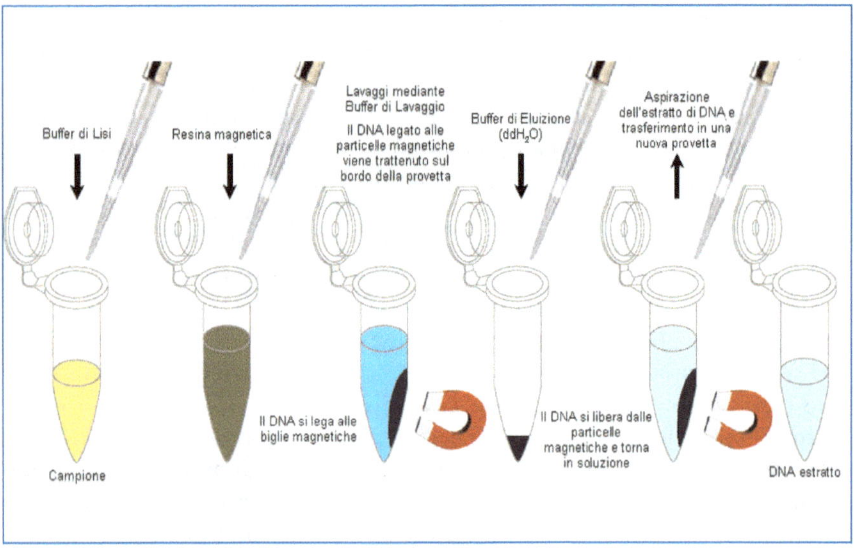

Fig. 4.2. Estrazione in fase solida mediante resine magnetiche. Al campione, dopo una prima fase di lisi, viene aggiunta la resina magnetica; il DNA si lega alle sferette magnetiche che vengono mantenute sulla parete della provetta mediante supporto calamitato. I contaminanti vengono eliminati per aspirazione con micropipetta e il DNA lavato con l'impiego di buffer di lavaggio. Il DNA purificato da contaminanti viene eluito mediante Buffer TE o opportuno buffer in grado di liberare il DNA dalle sferette magnetiche e di riportarlo in soluzione

essere trattate prima della successiva fase di estrazione del DNA. Campioni forensi derivanti da violenza sessuale, ad esempio, sono caratterizzati dalla compresenza di cellule epiteliali femminili e cellule spermatiche. Queste ultime sono caratterizzate da una maggiore resistenza alla lisi con proteinasi K, poiché questa in condizioni moderate non riesce a rompere i ponti bisolfuro presenti tra le cisteine delle proteine acrosomiche. Un pretrattamento leggero con proteinasi K permette quindi di lisare le sole cellule epiteliali vaginali e di separarle fisicamente dagli spermatozoi tramite microcentrifugazione. Questa procedura consente di estrarre e di analizzare il DNA della vittima e dell'aggressore separatamente, rendendo più facile l'interpretazione del profilo di DNA di quest'ultimo.

Un'altra tipologia di campione che necessita di una preventiva fase di preparazione prima della vera e propria estrazione del DNA è costituita da tessuti duri, come ad esempio ossa compatte e denti; per permettere la purificazione del materiale genetico in essi contenuto, questi devono essere prima polverizzati e successivamente decalcificati per alcuni giorni con EDTA per liberare il DNA dalla matrice minerale a cui è legato; a questo punto il materiale cellulare può essere sottoposto a lisi ed estrazione, in genere mediante metodica organica o in fase solida.

Automazione dei processi estrattivi

L'automazione del processo di estrazione di DNA è stata una delle maggiori problematiche in genetica forense, per la quale il processamento simultaneo e manuale di numerosi campioni rappresenta un compito laborioso e a rischio di possibili cross-contaminazioni fra i campioni in esame. Le prime apparecchiature per l'automazione della fase di estrazione di DNA si rivelarono in realtà strumentazioni semiautomatiche poiché prevedevano per il loro funzionamento l'intervento manuale dell'operatore in alcune fasi di processamento, oltre a limitarsi alla sola estrazione da campioni di sangue. La disponibilità di nuove tecnologie per la purificazione di materiale genetico, basate sulle proprietà delle membrane di silice e delle resine magnetiche di adsorbire sulla loro superficie molecole di DNA in condizioni acide, ha fornito i presupposti per l'automatizzazione del processo di purificazione degli acidi nucleici. L'utilizzo congiunto di membrane di silice o di sferette magnetiche con una stazione di lavoro robotica rende ora infatti possibile la completa automazione dell'estrazione di DNA da differenti tipologie di campioni. L'impiego di queste apparecchiature richiede da parte dell'operatore la sola preparazione di poche provette con il campione da purificare ed evita completamente di centrifugare o filtrare il campione stesso, diminuendo così il rischio di manipolare campioni potenzialmente infetti e di contaminazione degli stessi da parte di DNA esogeno.

Differenti apparecchiature sono state prodotte da varie ditte, con diverse proprietà e capacità di processare un maggior o minor numero di campioni. Il meccanismo su cui si basano queste strumentazioni, le procedure di esecuzione e la facilità di utilizzo sono però pressoché simili. Gli estrattori automatici che sfruttano colonnine sostituiscono l'operatore attraverso bracci meccanici che effettuano tutte le operazioni di centrifugazione, trasferimento delle *spin columns* e introduzione dei *buffer* di lisi, lavaggio ed eluizione. Nel caso di estrattori a particelle magnetiche – metodica più comune in strumentazioni automatizzate – il campione viene inserito all'interno di cartucce monouso, poi introdotte nello strumento che viene azionato. La soluzione di sferette magnetiche viene aggiunta al campione, che viene lasciato per qualche minuto in posa per consentire la lisi e al DNA di legarsi alle sferette stesse. La miscela di DNA e sferette viene trasferita, attraverso magneti, in provette contenenti i *buffer* di lavaggio. Dopo successivi lavaggi il campione viene trasferito in una soluzione di *Buffer* TE o acqua deionizzata e le sferette, libere da DNA, rimosse per trasferimento attraverso i magneti; il DNA così ottenuto è pronto per la reazione di PCR. Queste procedure consentono in tempi molto rapidi l'estrazione simultanea di un numero di campioni che può arrivare fino a 96 con garanzie di massima riproducibilità, qualità e produttività.

Quantizzazione del DNA estratto

Lo scopo principale quando si effettua una quantizzazione di DNA è determinare la quantità di DNA amplificabile. La determinazione della quantità di DNA in un campione è essenziale per la buona riuscita di una analisi mediante tecnica PCR, per la quale una precisa quantità di DNA è più efficace: un eccesso di DNA stampo può portare infatti all'ottenimento di una quantità di prodotti di amplificazione troppo elevata, che potrebbe comprometterne la corretta interpretazione dopo elettroforesi capillare, mentre una ridotta quantità può condurre all'ottenimento di profili incompleti, poiché la polimerasi in tali campioni fallisce nella corretta amplificazione del DNA per effetti stocastici. Una reazione di PCR può infatti fallire a causa di una inadeguata quantità di DNA, oltre che per la presenza di inibitori co-estratti, di DNA altamente degradato o una combinazione di tutti questi fattori. Questo è particolarmente importante per campioni forensi dei quali è difficile a priori conoscere lo stato di conservazione, nonché la quantità del materiale genetico presente (vedi Capitolo 6).

Esame spettrofotometrico

I primi metodi per la quantizzazione spettrofotometrica del DNA si basavano sulla misura della frazione di luce di lunghezza d'onda pari a 260nm assorbita da un campione posto in soluzione acquosa: l'analisi spettrofotometrica sfrutta infatti la massima assorbanza di luce degli acidi nucleici a 260 nm, mentre per le proteine l'*optimum* è a 280 nm e 230 nm. La purezza di un estratto di DNA, oltre alla concentrazione dello stesso, possono quindi essere determinate utilizzando una relazione fra le densità ottiche (OD) della soluzione a differenti lunghezze d'onda. Per DNA puro, il rapporto fra densità ottiche osservate a 260/280 nm avrà un valore prossimo a 1.8, valori superiori indicano generalmente contaminazione da parte di RNA, mentre valori inferiori a 1.8 spesso sono segnali della presenza di proteine o residui di fenolo. In alternativa, la presenza di questi ultimi due contaminanti può essere evidenziata da rapporti fra densità ottiche a 230/260 nm superiori a 0.5. Determinata la purezza del campione di DNA è possibile effettuare un'accurata determinazione della sua concentrazione sapendo che in una cuvetta con un cammino di 1 cm il DNA a doppio filamento alla concentrazione di 50 µg/ml ha un assorbimento pari a 1.0 a 260 nm. Per risalire alla concentrazione iniziale di dsDNA della soluzione sarà quindi sufficiente moltiplicare il valore della densità ottica ottenuta a 260 nm (OD_{260} nella formula) per il valore corrispondente all'unità di assorbanza (50 µg/ml) e per il fattore di diluizione utilizzato per ottenere la soluzione sottoposta all'analisi:

$$\text{concentrazione DNA } (\mu g/ml) = OD_{260} \times 50\mu g/ml \times \text{fattore di diluizione}$$

Va detto che l'entità dell'assorbimento varia in funzione della natura del DNA: infatti DNA denaturato assorbe più di quello a doppio filamento.

Questo sistema di quantizzazione, estremamente rapido, preciso e di facile utilizzo non consente però di definire la provenienza del DNA presente in soluzione (umano, batterico, ecc.) né lo stato di degradazione ma costituisce comunque un valido strumento preliminare alle fasi successive di processamento del campione.

Talvolta la quantità di DNA non è sufficiente per una quantizzazione mediante esame spettrofotometrico o è seriamente contaminato con altre sostanze che assorbendo la luce ultravioletta impediscono un'accurata analisi mediante assorbimento a 260 nm.

Esame mediante elettroforesi in gel d'agarosio

Un rapido metodo alternativo per la quantizzazione di DNA sfrutta la capacità di polimerizzazione dell'agarosio producendo matrici con una serie di pori in grado di trattenere, rallentandole, molecole di DNA e la proprietà del Bromuro di Etidio di intercalarsi fra le basi della doppia elica e di emettere fluorescenza se esposto alla luce ultravioletta.

Il termine elettroforesi si riferisce al processo di trasporto di cariche elettriche da parte di molecole; nel caso del DNA, i gruppi fosfato di cui è costituito hanno carica negativa e in presenza di un campo elettrico, quindi, le molecole di DNA si allontaneranno dall'elettrodo negativo (catodo) migrando verso il polo positivo (anodo) con una velocità proporzionale alla differenza di potenziale applicata. Come noto, il movimento di ioni in un campo elettrico genera calore che, se non dissipato, viene assorbito dal sistema. Tale calore porta a una deformazione del gel con conseguente difficile interpretazione delle bande in esso visibili, per questo motivo eccessive differenze di potenziale sono da evitare; la differenza di potenziale ottimale dovrebbe infatti generare un campo elettrico di circa 1-10 V/cm. Dopo la preparazione del gel, degli standard di concentrazione sono caricati in parallelo rispetto al campione per permettere una stima della concentrazione di DNA in quest'ultimo per semplice confronto visivo. A seguito della deposizione dei campioni, agli elettrodi della cameretta elettroforetica viene applicata una differenza di potenziale; la presenza di un campo elettrico permette la migrazione delle molecole di DNA verso il polo positivo e la loro separazione in base alle dimensioni: le più piccole si muoveranno più rapidamente attraverso i pori del gel mentre le più grandi verranno trattenute maggiormente tra le maglie dello stesso e di conseguenza rallentate. La visualizzazione avviene mediante esposizione del gel a raggi UV: a lunghezze d'onda di circa 312 nm infatti il Bromuro di Etidio emette fluorescenza proporzionalmente alla quantità di DNA a doppio filamento in cui si è intercalato. La quantizzazione avviene per confronto visivo, o attraverso appositi rilevatori, tra l'intensità del segnale luminoso della banda del campione e delle bande di DNA standard a concentrazione nota. In aggiunta, può essere stimata anche la taglia e la qualità del DNA estratto: DNA ad alto peso molecolare (HMW DNA) può essere infatti visualizzato in gel come un'unica banda, mentre DNA degradato può apparire come uno *smear*, cioè uno striscio continuo fluorescente, costituito dalla distribuzione continua dei frammenti sul gel (Fig. 4.3).

Come già detto, l'utilizzo di gel di agarosio consente una rapida valutazione della concentrazione e della qualità di DNA a doppia elica presente nel campione, ma si limita a una semplice approssimazione, spesso sottostimata, della stessa senza definire l'origine del materiale genetico (umana, batterica, ecc.). Lo svantaggio di tale tecnica risiede non solo nella sua imprecisione e nella sua scarsa sensibilità ma anche nell'impiego di reagenti mutageni, quali il Bromuro di Etidio, che richiedono particolari attenzioni durante la manipolazione congiunte all'utilizzo di protezioni e di cappe d'aspirazione per garantire la messa in sicurezza dell'operatore. Recentemente sono stati sviluppati prodotti alternativi al Bromuro di Etidio, non tossici e non mutageni, che consentono anche un incremento nella sensibilità del saggio.

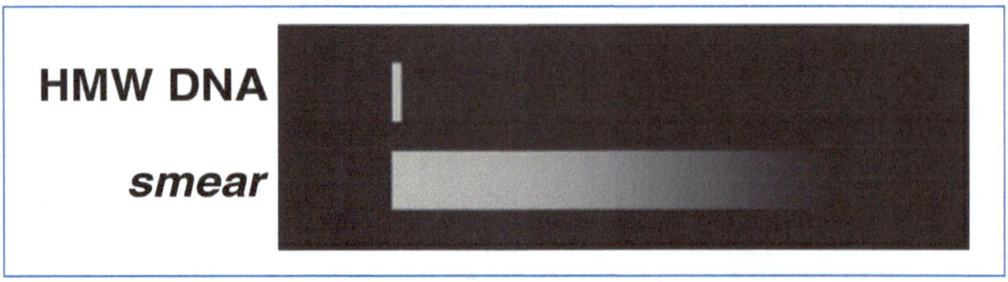

Fig. 4.3. Gel di agarosio. Visualizzazione di DNA ad alto peso molecolare (HMW DNA) e degradato su gel di agarosio

Tecniche di quantizzazione enzimatica

Una delle migliori e più precise alternative alla quantizzazione mediante elettroforesi su gel di agarosio è la procedura definita *slot-blot*. Un esempio di questo tipo di saggio è rappresentato dal kit QuantiBlot® Human DNA Quantitation Kit (Applied Biosystems), tale test è specifico per DNA di primati grazie all'utilizzo di una sonda di 40 paia di basi complementare alla sequenza alfa satellite del DNA D17Z1 localizzata sul cromosoma 17. La quantizzazione mediante *slot-blot* fu inizialmente sviluppata con sonde radioattive ma poi fu commercializzata servendosi di rilevazione chemiluminescente o colorimetrica. La tecnica *slot-blot* implica la cattura di DNA genomico su una membrana di nylon, sulla quale viene poi addizionata una sonda biotinilata primate-specifica che si legherà a qualsiasi frammento di DNA complementare legato alla membrana. Il successivo legame della streptavidina, coniugata con una perossidasi, alla porzione della sonda contenente biotina (per la quale ha una forte affinità), dà luogo a una reazione di ossidazione di un cromogeno che forma un precipitato colorato direttamente sulla membrana (metodo colorimetrico) o, in alternativa, l'ossidazione catalizzata dalla perossidasi di un reagente chemiluminescente origina un'emissione di protoni rilevabili attraverso autoradiografia. L'intensità del segnale colorimetrico o chemiluminescente del campione viene confrontato con quella di un set di standard a concentrazione nota (Fig. 4.4). Tale confronto può essere effettuato visivamente, e quindi influenzato dalla soggettività dell'analista, o tramite una fotocamera CCD

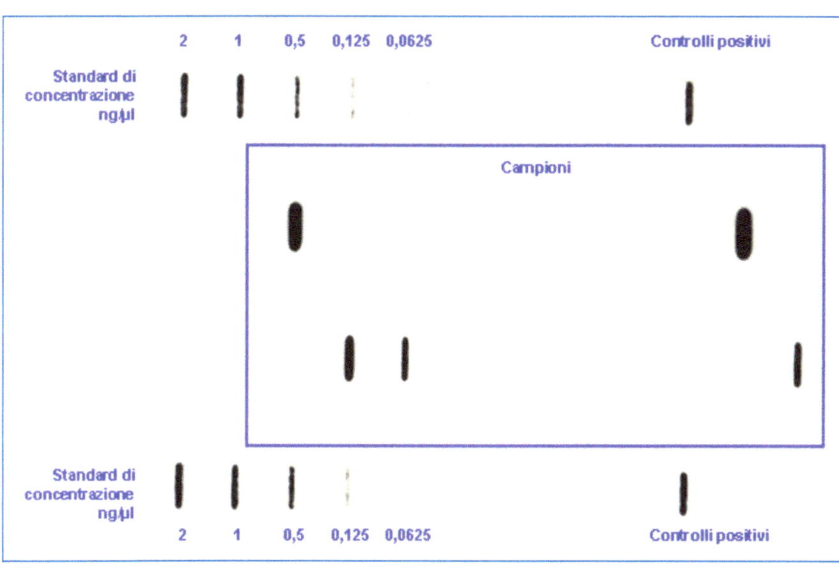

Fig. 4.4. Quantizzazione mediante tecnica *slot-blot*. I campioni caricati al centro vengono quantizzati per confronto visivo con gli standard di concentrazione caricati ai lati. Tale tecnica consente di quantizzare DNA umano grazie all'impiego di una sonda primate-specifica

(*Charged-Coupled Device*, dispositivo ad accoppiamento di carica). Generalmente è possibile analizzare un massimo di circa 30 campioni contemporaneamente con un range di sensibilità di 2 ng/μl fino a un minimo (non sempre rilevabile) di 0.016 ng/μl (10-0.08 ng in 5 μl caricati). La sua precisione e la capacità di quantizzare DNA, sia a singolo che a doppio filamento, l'hanno resa in passato una tecnica largamente utilizzata in campo forense, ma la sua incapacità di definire la qualità del campione oltre alla laboriosità della tecnica (per la sua realizzazione sono necessarie infatti molte ore) ne costituiscono i principali svantaggi.

Un altro kit commerciale (AluQuant™, Promega Corporation) elencabile fra i metodi di quantizzazione enzimatica sfrutta la proprietà del DNA umano di possedere, interdisperse e in grande abbondanza, delle sequenze ripetute *Alu*. La sonda riconosce e si attacca a queste regioni; l'ibridazione tra sonda e target provoca una serie di reazioni enzimatiche che termina con l'ossidazione della luciferina e conseguente produzione di luce. L'intensità luminosa è letta da un luminometro ed è proporzionale alla quantità di DNA presente nel campione. Le concentrazioni sono derivabili per confronto con una curva standard. Il range di sensibilità di questa tecnica è di 0.1-50 ng e può essere completamente automatizzato. Lo svantaggio di tale tecnica risiede nella sua incapacità di definire la qualità del campione, ossia del suo stato di degradazione e di contaminazione da parte di DNA batterico.

Real-time PCR

La *Real-time* PCR è un test sensibile e affidabile in grado di stimare accuratamente sia la quantità che la qualità di DNA presente in un campione. È una PCR quantitativa che analizza di ciclo in ciclo la variazione del segnale fluorescente durante una reazione di amplificazione. La determinazione della concentrazione iniziale dell'estratto mediante *Real-time* PCR avviene durante la fase esponenziale della reazione stessa, nella quale la duplicazione del campione avviene in maniera esponenziale (vedi Capitolo 5). La strumentazione per *Real-time* PCR utilizza per i calcoli quello che viene definito *Cycle threshold* (Ct, ciclo soglia) che è il ciclo di amplificazione nel quale la fluorescenza supera un valore soglia che rappresenta il rumore di fondo osservabile anche nei primi cicli di amplificazione. Minore è il numero di cicli necessari a superare questo valore e maggiore sarà stato il numero di molecole di DNA sottoposto a reazione di PCR e di conseguenza la concentrazione di DNA presente inizialmente nel campione (Fig. 4.5).

Tale analisi si effettua in un'unica provetta, con il vantaggio di evitare rischi di cross-contaminazione dovuti all'apertura della stessa. Sono stati proposti differenti approcci per l'esecuzione della *Real-time* PCR dei quali i più comuni prevedono l'utilizzo di una sonda marcata con due differenti coloranti che emettono fluorescenza a diverse lunghezze d'onda (TaqMan®), o l'utilizzo di un colorante intercalante altamente specifico per DNA a doppio filamento (SYBR®

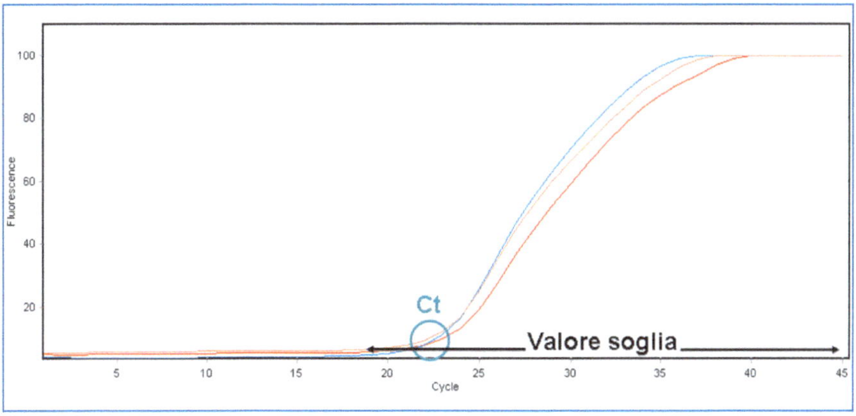

Fig. 4.5. Esempio di quantizzazione mediante *Real-time* PCR. I campioni in esame superano il valore soglia all'inizio del ventiduesimo ciclo di amplificazione che costituisce quindi il loro Ct (*cycle threshold*, ciclo soglia)

Green). Mentre la sonda si ibridizza in maniera specifica alla regione di DNA oggetto di interesse tra i due *primers*, il SYBR® Green rileva la formazione di qualunque prodotto a doppio filamento di PCR (dimeri di *primers*, prodotti di amplificazione aspecifici, ecc.).

La sonda TaqMan® è costituita da una specifica sequenza di DNA alle cui estremità sono legati un colorante *Reporter* (R) e un *Quencher* (Q), rispettivamente in 5' e in 3'. Di questi due fluorocromi uno è definito donatore (R) mentre l'altro accettare (Q); se lo spettro di emissione del donatore si sovrappone a quello di assorbimento dell'accettore e se le due molecole si trovano in stretta vicinanza, il donatore quando eccitato non emette luce ma trasferisce l'energia all'accettore per risonanza, tale processo viene definito FRET (*Fluorescence Resonance Energy Transfer*, trasferimento di energia per risonanza dovuta a fluorescenza). Ne consegue che finché la sonda è intatta e il *Reporter* è in prossimità del *Quencher*, il trasferimento di energia tra i due coloranti risulta in un annullamento della fluorescenza del *Reporter*. Durante la polimerizzazione, la sintesi del filamento complementare degrada le sonde TaqMan® ibridate alla sequenza bersaglio, grazie all'attività 5'-esonucleasica della polimerasi, e il *Reporter* così rilasciato (libero quindi dal legame al *Quencher*) può emettere fluorescenza rilevabile.

Attualmente sono disponibili in commercio kit per la quantizzazione di DNA genomico in campioni forensi che sfruttano il principio delle sonde TaqMan®: alcuni di questi sono prodotti dalla ditta Applied Biosystems (Quantifiler® Human DNA Quantification Kit, Quantifiler® Y Human Male Quantification Kit e Quantifiler® Duo DNA Quantification Kit, per la quantizzazione di DNA umano genomico, della sola frazione maschile o di entrambi, rispettivamente), l'altro è stato invece sviluppato dalla Promega Corporation (Plexor® HY System che consente di quantizzare contemporaneamente DNA umano totale e del cromosoma Y). Questi sistemi offrono il vantaggio di contenere al loro interno un IPC (*Internal PCR Control*, controllo interno di PCR) a concentrazione fissa che viene amplificato in parallelo al campione, consentendo di verificare durante la reazione di PCR che questa sia stata allestita correttamente; nel caso infatti di campioni che hanno prodotto risultati negativi per DNA umano, la positiva amplificazione del controllo interno consente di verificare che tutti i componenti dell'amplificazione abbiano funzionato correttamente; in caso contrario, la mancata amplificazione dell'IPC potrebbe indicare il malfunzionamento della strumentazione e/o dei reagenti di amplificazione o la presenza di inibitori della reazione di PCR nel campione stesso. Benché il saggio TaqMan® sia il metodo basato su sonda più utilizzato, nella pratica forense esistono altri sistemi alternativi quali *molecular beacons* o *scorpion primers* per il riconoscimento specifico di una precisa sequenza bersaglio.

La tecnica della *Real-time* PCR risulta al giorno d'oggi la più precisa e affidabile per stimare con grande sensibilità la quantità di DNA presente in un campione da sottoporre a successive analisi di biologia molecolare.

Letture consigliate

Butler JM (2005) Forensic DNA typing – biology, technology, and genetics of STR markers, 2nd edn. Elsevier Academic Press, Burlington

Gill P, Jeffreys AJ, Werrett DJ (1985) Forensic application of DNA "fingerprints". Nature 318:577-579

Goodwin W, Linacre A, Hadi S (2007) An introduction to forensic genetics. Wiley Press, West Sussex

Holland PM, Abramson RD, Watson R, Gelfand H (1991) Detection of specific polymerase chain reaction product by utilizing the 5'-3' exonuclease activity of Thermus Aquaticus DNA polymerase. Proc Natl Acad Sci USA 88(16):7276-7280

Rapley R, Whitehouse D (2007) Molecular forensics. Wiley Press, West Sussex

Sambrook J, Fritsch EF, Maniatis T (1989) Molecular cloning: a laboratory manual, 2nd edn. Cold Spring Harbor Laboratory Press, Plainview

CAPITOLO 5

Tecniche per l'analisi dei polimorfismi

Nicoletta Onori

La reazione a catena della polimerasi (PCR)

Introduzione alla PCR, principi di funzionamento e applicazioni

L'ideazione e la pubblicazione nel 1985 della tecnica della reazione a catena della polimerasi (*Polymerase Chain Reaction*, PCR) da parte di Kary Mullis e dei membri dello *Human Genetics Group* della *Cetus Corporation* ha rivoluzionato la biologia molecolare. Le scienze forensi hanno tratto grandi benefici dallo sviluppo di questa nuova tecnica, in grado di produrre milioni di copie di una specifica sequenza di DNA in poche ore; poiché infatti il materiale genetico rinvenibile sulla scena del crimine è spesso scarso sia in quantità che in qualità, sarebbe stato impossibile analizzare molti campioni forensi prima di questa innovazione.

Si tratta di una reazione enzimatica nella quale una regione del DNA è replicata in maniera esponenziale a opera di una DNA polimerasi. Questo processo avviene mediante cicli continui di riscaldamento e raffreddamento del campione, durante i quali una copia della sequenza bersaglio viene prodotta sullo stampo delle molecole che la contengono. I prodotti di amplificazione ottenuti sono delimitati da corti oligonucleotidi (*primers*) complementari alla sequenza di interesse. Una reazione di amplificazione prevede generalmente il ripetersi di tre fasi – denaturazione, *annealing* (o ibridazione) e allungamento – che si succedono per circa 30 volte producendo approssimativamente un miliardo di copie della regione *target* dello stampo per ogni molecola di DNA di partenza.

Durante la fase di denaturazione, che avviene a temperature di 94-95°C, i filamenti di DNA si separano per effetto del calore che rompe i legami idrogeno tra le coppie di basi. La temperatura viene poi abbassata, in base alla coppia di *primers* usata, per permettere ai *primers* di riconoscere le sequenze complementari sullo stampo di DNA e appaiarsi a esse e infine regolata a 72°C per consentire alla polimerasi di lavorare in condizioni ottimali aggiungendo deossinucleotidi al filamento crescente. Nel successivo ciclo di riscaldamento, queste molecole neoformate vengono a loro volta denaturate e i singoli filamenti che le compongono forniscono un sito di appaiamento per i *primers* fungendo da stampo per una nuova sintesi di DNA.

In questo modo si avrà un incremento esponenziale nel numero di copie della sequenza *target* di DNA e il numero di molecole generate sarà duplicato a ogni ciclo di PCR. Idealmente, procedendo come sopra, dopo *n* cicli da ogni molecola di DNA stampo presente nella miscela di reazione verrà prodotto un numero massimo teorico di molecole di DNA a doppia elica pari a 2^n: dopo 20 cicli l'amplificazione porta quindi ad avere più di un milione di copie.

$$N = N_0 2^n$$

Numero di ampliconi = Numero iniziale di molecole per 2 elevato alla n cicli

In realtà, la reazione di PCR si compone di tre fasi determinate dal progressivo esaurimento dei reagenti necessari alla reazione stessa:

1. fase esponenziale: nella quale l'accumulo del prodotto avviene in maniera esponenziale duplicandosi a ogni ciclo; la reazione in questa fase è molto specifica e precisa;
2. fase lineare: nella quale i reagenti iniziano a esaurirsi comportando un rallentamento della reazione di PCR e la perdita dell'andamento esponenziale; questa fase è caratterizzata da una elevata variabilità dovuta alla diversa cinetica dei campioni;
3. fase di *plateau*: questa è la fase finale della reazione di PCR durante la quale non si ha più duplicazione del campione poiché l'enzima presente è quasi totalmente occupato nella sintesi di DNA e gli ampliconi generati iniziano ad appaiarsi fra loro; quando questo *self-annealing* diviene significativo e la quantità di enzima si fa limitante, la reazione si satura perdendo anche la sua linearità (Fig. 5.1).

Questo processo di amplificazione esponenziale consente di preparare il campione amplificato per ulteriori fasi di analisi, consentendone l'identificazione, la caratterizzazione e, in alcuni casi, la quantificazione. La PCR infatti svolge tradizionalmente sia la funzione analitica, per valutare la presenza o assenza di determinate sequenze geniche nel campione in esame, sia quella preparativa, nella quale il campione amplificato serve come bersaglio per ulteriori tecniche di biologia molecolare. I prodotti di PCR possono in tal modo essere sequenziati per valutarne la sequenza nucleotidica, ibridati con specifiche sonde, clonati, tagliati con enzimi di restrizione, impiegati in sistemi di analisi quantitativa, sottoposti a tecniche di *screening* per la ricerca di mutazioni, ecc.; i campi di applicazione della PCR sono quindi enormi. La tecnica viene sfruttata, ad esempio, in medicina per la diagnosi di infezioni virali o batteriche, per l'evidenziazione di cellule tumorali e per il controllo dell'efficacia di terapie anticancro o per la diagnosi clinica di malattie causate da mutazioni. In biologia la PCR viene usata per le analisi di paleontologia e di antropologia molecolare e in numerosi campi dell'ingegneria genetica. Fondamentale è poi il suo utilizzo per lo studio del genoma di organismi non coltivabili e per lo studio di

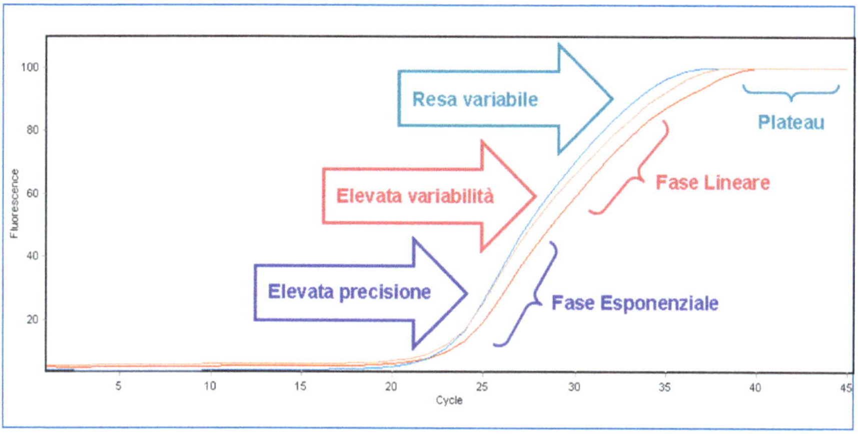

Fig. 5.1. Grafico dell'incremento della concentrazione di DNA durante le fasi di una reazione di PCR

popolazioni in ecologia. Indispensabile è naturalmente l'uso della PCR in medicina legale per l'identificazione individuale (DNA *fingerprinting*).

Reagenti e strumentazioni

Nell'evoluzione della reazione a catena della polimerasi due innovazioni hanno largamente semplificato questa procedura: l'automatizzazione dei cicli di temperatura e l'introduzione della DNA polimerasi termostabile di *Thermus aquaticus* (*Taq* polimerasi). Il metodo originale prevedeva infatti l'impiego di un frammento della DNA polimerasi I di *Escherichia coli* (detto frammento di *Klenow*) ottenuto tramite digestione enzimatica. Questa polimerasi è però termolabile per cui si inattiva ogni volta che il campione viene sottoposto a denaturazione a temperature di 94-95°C, di conseguenza a ogni ciclo era necessaria l'aggiunta di nuovo enzima. L'isolamento della DNA polimerasi di *Thermus aquaticus*, microrganismo che vive in sorgenti termali alla temperatura di 75°C, ha permesso di ovviare a questo inconveniente rimanendo attiva per più di 40 cicli di PCR. Inoltre la sua termoresistenza permette di impiegare temperature elevate (55-72°C) durante gli *step* di *annealing* e di allungamento, aumentando così la specificità di legame dei *primers*, con una netta riduzione di amplificazione di sequenze non-bersaglio a favore di una amplificazione più stringente (vedi paragrafo – Ottimizzazione della PCR). Alle più basse temperature necessarie alla DNA polimerasi di *E. coli* i *primers* possono infatti appaiarsi in siti del DNA con sequenze leggermente diverse da quella bersaglio (*mismatch*); se questi *mismatch* dei *primers* si trovano su filamenti opposti del DNA in posizioni molto vicine può verificarsi un'amplificazione aspecifica. Un ulteriore vantaggio della *Taq* polimerasi è costituito dalla sua capacità di amplificare frammenti di lunghezza superiore alle 400 bp (limite per il frammento di *Klenow*) fino a un massimo di 10 Kb. La *Taq* polimerasi manca però dell'attività 3'-5' esonucleasica (*proofreading* o correzione di bozze) per cui l'enzima non è in grado di correggere eventuali errori di incorporazione di nucleotidi. Ciò fa sì che la *Taq* polimerasi presenti un tasso di errore compreso tra 1×10^{-4} e 1×10^{-5} nucleotidi, valore che generalmente risulta ininfluente per la maggior parte delle applicazioni successive.

L'utilizzo della *Taq* polimerasi ha reso possibile la completa automazione del processo di amplificazione, grazie anche all'impiego di apparecchi termostatici ciclici o termociclatori. Questi strumenti consentono infatti di sottoporre, in maniera automatica, il campione di DNA ai rapidi riscaldamenti e raffreddamenti necessari per effettuare la reazione di amplificazione. Prima della diffusione di queste macchine era necessario disporre di bagnetti pre-regolati alle tre temperature corrispondenti ai tre *step* della reazione di amplificazione (denaturazione, *annealing* e allungamento) nei quali la provetta veniva immersa manualmente.

I principali componenti di una reazione di amplificazione sono costituiti da due *primers*, corte sequenze oligonucleotidiche che definiscono, fiancheggiandola, la regione di DNA che si intende copiare e che vengono aggiunti alla miscela di reazione in alte concentrazioni rispetto allo stampo per guidare la PCR, un DNA stampo che verrà amplificato, i quattro deossinucleotidi (dNTPs, i "mattoni" elementari che costituiscono gli acidi nucleici) e naturalmente la DNA polimerasi, che dispone i dNTPs nella corretta sequenza complementare a quella del DNA di interesse. Tutti i reagenti e le relative concentrazioni ottimali per la realizzazione di una reazione di PCR sono riportati in Tabella 5.1. Le condizioni per una reazione di amplificazione standard sono mostrate in Tabella 5.2.

L'allestimento di opportuni controlli di qualità permette di valutare la sensibilità e la specificità della metodica, nonché di evidenziare la presenza di falsi

Tabella 5.1. Elenco dei reagenti necessari alla reazione di PCR e relative concentrazioni ottimali

Reagente	Concentrazione
Tris-HCl, pH 8.3	10-50 mM
$MgCl_2$ (Cloruro di Magnesio)	1.2-2.5 mM
KCl (Cloruro di Potassio)	fino a 50 mM
dNTPs (Deossinucleotidi Trifosfati)	200 μM di ogni dATP, dTTP, dCTP e dGTP
DNA polimerasi termostabile	0.5-5 U
BSA (Sieroalbumina Bovina)	fino a 100 μg/mL
Primers	0.2-1.0 μM di ciascun primer
DNA templato	0.5-2.5 ng di DNA genomico

Tabella 5.2. Condizioni standard di una reazione di amplificazione

Denaturazione	Denaturazione	*Annealing*	Allungamento	Estensione
94°C	94°C	55°C	72°C	72°C
5 minuti	1 minuto	1 minuto 25-35 cicli	1 minuto	2 minuti

positivi o falsi negativi. Il "controllo negativo" è composto dalla miscela di reazione senza l'aggiunta di DNA stampo, al posto del quale viene aggiunto un bianco di estrazione, acqua o *buffer*, e serve per evidenziare eventuali contaminazioni che potrebbero riferirsi sia alla fase di estrazione del materiale genomico sia al momento di preparazione della PCR. Il "controllo positivo" consiste invece in un campione nel quale la sequenza bersaglio è sicuramente presente. Tale controllo non dovrebbe contenere un numero di copie di sequenza *target* troppo alto, al fine di evitare di contaminare altri campioni o sottostimare eventuali cali di sensibilità della reazione con produzione di falsi negativi. Il controllo positivo è un utile indicatore del fallimento o della mancata immissione di uno dei reagenti durante la fase di allestimento della PCR.

Ottimizzazione della PCR

In base all'esito della reazione di amplificazione può essere necessario ottimizzare le condizioni di PCR. Da una semplice analisi in gel di agarosio è infatti possibile valutare l'efficienza e la specificità della reazione: se questa è avvenuta correttamente, sul gel si potrà visualizzare un'unica intensa banda della lunghezza attesa, se al contrario sul gel compaiono bande inattese o manca la banda relativa all'amplificato, la reazione necessita di ottimizzazione.

Diversi fattori intervengono nella buona riuscita di una reazione di amplificazione, primo fra tutti è il disegno dei *primers*, che devono seguire poche semplici regole:

- essere lunghi 18-28 nucleotidi per permettere una buona specificità per un'unica sequenza bersaglio;
- avere temperature di *melting* (Tm, ovvero la temperatura di dissociazione del *duplex primer*/stampo) che differiscano al massimo di 2-5°C fra loro;
- contenere approssimativamente lo stesso numero di purine e pirimidine;
- non essere complementari a regioni ripetute, causa di possibili slittamenti sullo stampo;
- non essere in grado di generare strutture secondarie per complementarietà interna;
- non contenere sequenze all'estremità in 3' che possano permettere l'appaiamento con altri *primers* in soluzione e generare quindi prodotti di estensione definiti "dimeri di *primers*".

La concentrazione con cui i *primers* vengono comunemente usati si attesta tra 0.1-1.0 μM; una concentrazione di *primers* troppo elevata potrebbe portare all'amplificazione di aspecifici, mentre una troppo scarsa quantità di *primer* renderebbe la PCR inefficace. Per allestire una PCR si renderà quindi necessaria un'ottimizzazione della concentrazione dei *primers* tramite diluizioni graduali degli stessi per valutarne la specificità e l'efficienza a diverse condizioni di concentrazione.

Determinante inoltre per la buona riuscita di una PCR è la concentrazione di enzima introdotto nella miscela di reazione: una quantità eccessiva di DNA polimerasi riduce infatti la specificità dell'amplificazione stessa, favorendo la sintesi di DNA a partire da errate interazioni tra *primer* e stampo.

Un'altra variabile chiave per la realizzazione di una PCR è costituita dal *buffer* di reazione, indispensabile per garantire il corretto funzionamento della DNA polimerasi. In particolare, la concentrazione di $MgCl_2$ può influire profondamente sia sulla specificità che sulla efficienza della reazione. Elevate concentrazioni di Mg^{2+} tendono infatti a stabilizzare la doppia elica del DNA, impedendo così la completa denaturazione dei prodotti di amplificazione a ogni ciclo, con una discreta riduzione della resa. Un eccesso di questo ione può anche stabilizzare l'incorretto *annealing* dei *primers* in regioni non bersaglio, con conseguente sovrapproduzione di prodotti di amplificazione indesiderati e diminuzione della specificità della reazione. Al contrario, concentrazioni molto basse di ioni Magnesio, inferiori a 0.5 μM, influiscono sulla fase di allungamento poiché il Mg^{2+} costituisce un importante cofattore per l'attività enzimatica della DNA polimerasi. Oltre alla concentrazione degli ioni Magnesio, anche il pH fornito dal *buffer* di reazione svolge una funzione cruciale, poiché la *Taq* polimerasi mostra maggiore fedeltà a pH acidi.

Per quanto riguarda i deossinucleotidi, i "mattoni" che permettono alla polimerasi di generare copie della sequenza bersaglio, questi vengono di norma utilizzati alla concentrazione di 200 μM ciascuno. Un aumento di questa concentrazione comporta un incremento del tasso di errore della *Taq* polimerasi e una riduzione della disponibilità di ioni Magnesio per il legame di questi ultimi con i gruppi fosfato dei dNTPs carichi negativamente, mentre scarse concentrazioni di deossinucleotidi potrebbero influire sull'efficienza di amplificazione. Per il successo e la fedeltà della reazione di PCR è inoltre fondamentale che i quattro dNTPs siano presenti in concentrazioni equimolari.

Altri fattori in grado di influenzare enormemente la resa e la specificità della reazione sono rappresentati dai tempi di allungamento, che devono consentire alla polimerasi di generare l'intero amplicone, e dalla temperatura di *annealing*, dalla quale dipende il riconoscimento univoco fra *primer* e sequenza bersaglio. In generale, più è elevata la temperatura di *annealing* e più specifico sarà l'appaiamento tra *primer* e stampo e maggiore sarà quindi la probabilità di ottenere l'amplificazione della sola regione di interesse, poiché temperature inferiori consentono una maggiore tollerabilità di *mismatch*, con conseguente produzione di aspecifici. Temperature troppo elevate conducono però all'insuccesso della reazione di amplificazione, rendendo instabile l'ibrido *pri-*

mer-stampo. Alcune volte si rende quindi necessario effettuare numerose prove al fine di testare differenti temperature e condizioni per ottenere un'amplificazione ottimale della sequenza bersaglio. Al giorno d'oggi sono disponibili in commercio termociclatori dotati di blocco riscaldante in grado di generare un gradiente di temperatura, permettendo così la simultanea amplificazione di aliquote dello stesso mix di reazione e dello stesso campione a temperature differenti, consentendo di conseguenza la determinazione della temperatura di *annealing* ottimale in un'unica reazione.

Una soluzione alternativa al problema della produzione di aspecifici è data dalla *touchdown PCR*. Questa metodica sfrutta la minore stabilità degli appaiamenti spuri rispetto a quelli corretti a causa dei *mismatch* di sequenza. La *touchdown PCR* inizia con una temperatura di *annealing* più elevata rispetto alla Tm (temperatura di *melting*), la temperatura viene poi abbassata di un grado ogni due cicli durante i primi cicli di PCR. Questo sistema garantisce che si verifichi il corretto appaiamento dei *primers* allo stampo prima di ogni possibile evento di *annealing* aspecifico. Poiché la concentrazione di prodotto desiderato durante i primi cicli incrementa in maniera esponenziale, il suo accumulo sarà favorito rispetto alla produzione di artefatti anche alle temperature di *annealing* meno stringenti dei cicli successivi.

In alcuni casi però l'elevata specificità dei *primers* e delle temperature di *annealing* ottimali non sono sufficienti a impedire la formazione di aspecifici, poiché questi si originano prima che inizi la reazione stessa di PCR. Può succedere infatti che la provetta contenente la miscela di reazione e il campione venga lasciata, anche solo per poco tempo, a temperatura ambiente prima di essere posizionata nel termociclatore. Durante tale permanenza i *primers* potrebbero ibridarsi in maniera non specifica alla sequenza di DNA o fra loro, generando substrato per l'enzima che mostra attività polimerasica anche a temperature inferiori a quella ottimale. I prodotti così generati saranno disponibili anche nei successivi cicli di amplificazione impegnando di conseguenza l'enzima che amplificherà la regione *target* meno efficientemente. Per questo motivo sono state messe a punto *Taq* polimerasi inerti, attivate solo dopo esposizione al calore. Con questo sistema, definito *Hot Start PCR*, in condizioni di temperature meno stringenti (come quella ambiente) l'incorretto appaiamento dei *primers* non origina quindi aspecifici.

La reazione di amplificazione dei microsatelliti del DNA nelle indagini forensi: PCR multiple, kit commerciali

Le applicazioni della reazione a catena della polimerasi non risiedono solo nella sua capacità di produrre molteplici copie di una regione di DNA, ma anche nella possibilità di farlo simultaneamente con più sequenze *target*. Questo processo di co-amplificazione viene comunemente definito "*multiplex PCR*" (PCR multipla) e per essere eseguito richiede la semplice aggiunta alla miscela di reazione di più di una coppia di *primers*, che devono però essere compatibili; le loro temperature di *annealing* devono cioè necessariamente essere simili e non devono inoltre essere presenti regioni di complementarietà fra questi oligonucleotidi di innesco che potrebbero impegnarli a generare dimeri, sottraendoli quindi alla reazione di amplificazione della sequenza bersaglio. L'ottimizzazione di una reazione di PCR multipla è quindi molto più difficoltosa di quella di una reazione in singolo, in quanto più eventi di *annealing* devono avvenire simultaneamente per produrre ampliconi fra loro bilanciati. Le variabili cruciali durante la messa a punto di una reazione in *multiplex* sono quindi la sequenza e la concentrazione dei *primers*, la concentrazione degli ioni Magnesio, nonché le temperature e i tempi di allungamento, che devono consentire alla DNA polimerasi di copiare interamente tutti i *target* di DNA.

Per scopi identificativi in genetica forense è importante analizzare nel minor tempo possibile dei *markers* di DNA altamente informativi in grado di discriminare campioni spesso degradati o comunque difficili da trattare. Come già detto nel Capitolo 2, i polimorfismi d'elezione nelle indagini forensi sono costituiti dagli *Short Tandem Repeats* (STRs), polimorfismi di lunghezza la cui ridotta taglia (100-400 bp) ne consente l'amplificazione in *multiplex*. L'ostacolo maggiore nell'allestimento di PCR multiple è però rappresentato dal numero totale di loci analizzabili simultaneamente; il disegno dei *primers* deve infatti consentire un'adeguata separazione degli ampliconi generati per poter esaminare correttamente tutti i loci senza sovrapposizioni. Quasi tutti i moderni kit commerciali per la tipizzazione di STRs hanno ovviato a questo inconveniente grazie all'impiego di *primers* marcati con fluorocromi. Questo ha permesso di poter amplificare simultaneamente microsatelliti di dimensioni sovrapponibili utilizzando coloranti differenti che vengono poi separati da opportuni filtri ottici.

Numerosi kit commerciali sono stati sviluppati per consentire la co-amplificazione di molteplici STRs fra i quali i più noti, nonché più informativi per l'elevato numero di loci analizzati, sono rappresentati dall'*AmpFlSTR® Identifiler™* (*Applied Biosystems*) e dal *PowerPlex®16* (*Promega*). Questi consentono in un'unica reazione di amplificare i 13 sistemi del CODIS (vedi Capitolo 2) unitamente al marcatore sessuale per l'Amelogenina e a due ulteriori loci STR specifici per ogni kit. Oltre ai suddetti kit ne sono disponibili altri sul mercato, fra i quali il più innovativo è rappresentato dal kit *AmpFlSTR® MiniFiler™* (*Applied Biosystems*), il quale consente di aumentare la probabilità di ottenere profili anche da campioni particolarmente degradati grazie alla ridotta taglia degli ampliconi generati (Fig. 5.2). I prodotti di PCR sono infatti ottenuti mediante l'impiego di *primers* ridisegnati per appaiarsi a ridosso della regione ripetuta dell'STR (producendo quindi miniSTRs, ampliconi di taglia ridotta per la tipizzazione di STR), consentendo quindi di amplificare anche i frammenti più corti disponibili a seguito di un processo degradativo. I loci scelti per la produzione di questo kit commerciale sono stati infatti selezionati prendendo in considerazione quei sistemi STRs che, amplificati con il kit *AmpFlSTR® Identifiler™* (*Applied Biosystems*), generano ampliconi più lunghi di 200 bp, per incrementare il recupero di dati da questi microsatelliti e quindi l'ottenimento di un profilo genetico da campioni degradati.

Poiché la maggior parte dei crimini sono commessi da uomini, molto utile in campo forense è l'analisi dei polimorfismi del cromosoma Y. Kit PCR per la tipizzazione di loci STRs del cromosoma Y che consentono, in un'unica sessione di analisi, di amplificare i loci costituenti l'aplotipo minimo (vedi Capitolo 2), sono a disposizione della comunità forense, con l'aggiunta di qualche *locus* addizionale, come nel caso del kit *AmpFlSTR® Yfiler™* (*Applied Biosystems*) (Fig. 5.2).

Per la corretta genotipizzazione del campione le ditte produttrici forniscono insieme al kit commerciale un *ladder* allelico, ovvero una miscela artificiale di tutti gli alleli più comuni presenti nella popolazione, prodotto con gli stessi *primers* presenti nel kit e che serve da riferimento per l'assegnazione allelica del campione, oltre a uno standard di lunghezza (*size standard*), ovvero una miscela di frammenti di lunghezza nota, colorati con un fluorocromo differente rispetto a quelli impiegati per la costruzione del kit, che viene fatta correre in elettroforesi insieme al campione per attribuire a ogni punto del tracciato elettroforetico una lunghezza espressa in paia di basi (vedi Capitolo 6).

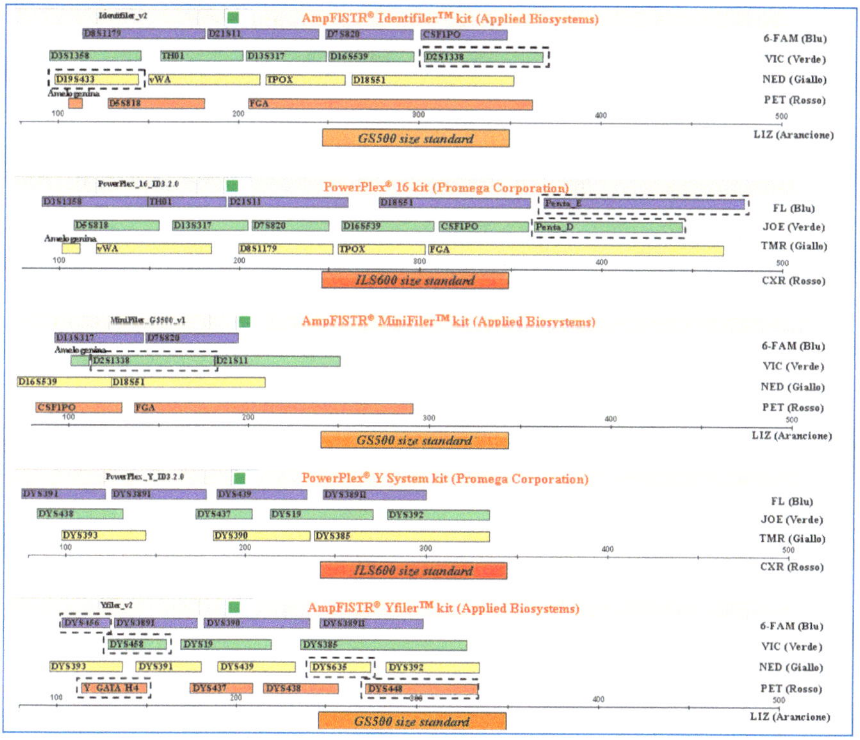

Fig. 5.2. Kit commerciali più comunemente utilizzati nella pratica forense. Sono indicati i fluorocromi impiegati e il range medio di lunghezza dei prodotti di amplificazione generati espresso in paia di basi (bp). Nei riquadri tratteggiati vengono indicati gli STRs addizionali specifici del kit; nei riquadri posti sotto la lista dei loci presenti nei kit sono indicati gli standard di lunghezza (*size standard*) utili per la definizione della taglia del campione in elettroforesi

Fattori che influenzano la qualità della reazione PCR in casi forensi

Il materiale biologico che costituisce prova nelle indagini forensi può essere stato esposto a severe condizioni ambientali e climatiche per giorni, mesi o addirittura anni. Infatti i laboratori di genetica forense si trovano spesso a dover trattare campioni che si discostano molto dall'ideale: la degradazione, la presenza di inibitori e la scarsa quantità di DNA nel campione costituiscono i principali fattori in grado di compromettere l'esito dell'amplificazione.

Come già detto, la permanenza del campione in condizioni non conservative degrada il DNA in esso contenuto. Gli ambienti umidi, il caldo, l'attacco batterico ed enzimatico rappresentano i principali responsabili di questa frammentazione chimico-fisica del DNA. La PCR per poter avvenire richiede che il frammento contenente la regione da amplificare sia integro a partire dalle estremità in cui si andranno a legare i *primers*, altrimenti la reazione di estensione della polimerasi si bloccherà in corrispondenza della rottura sullo *strand* di DNA. Quindi maggiore è il grado di degradazione e più interruzioni si produrranno sulle molecole di DNA, e di conseguenza sempre meno saranno le sequenze bersaglio di taglia maggiore integre disponibili per la reazione di PCR (Fig. 5.3); esiste infatti una relazione inversa fra la taglia del locus da amplificare e il successo dell'amplificazione di DNA degradato.

Un profilo simile a quello ottenibile tipizzando DNA degradato è spesso prodotto anche da campioni contenenti inibitori della PCR. Questi possono essere di varia natura come ad esempio ematina, melanina, polisaccaridi, composti umici, urea, coloranti tessili, ecc. (vedi Tabella 6.1) e venire co-estratti insieme al DNA del campione. La presenza di inibitori limita l'attività della polimerasi con conseguente produzione di profili incompleti per la perdita dei loci a più alto peso molecolare; in caso di inibizione o di degradazione, quindi,

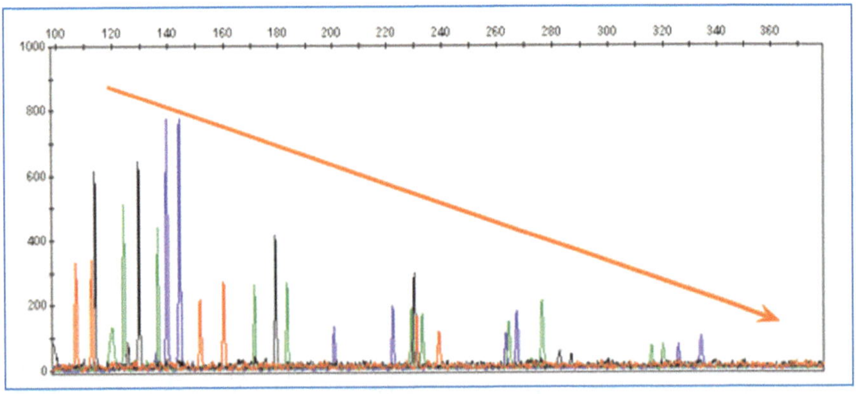

Fig. 5.3. Impatto della degradazione del DNA sulla reazione di amplificazione degli STRs. Il segnale viene generalmente perso per prodotti di PCR più lunghi quando la tipizzazione degli STRs viene condotta su DNA degradato a causa della ridotta disponibilità di frammenti di tali dimensioni

l'utilizzo di STRs di taglia ridotta (miniSTRs) può notevolmente favorire il recupero dell'informazione di questi *markers*. In alcuni casi la tipizzazione di questi campioni "difficili" può portare addirittura al completo fallimento della reazione di PCR, e per questo controlli interni possono essere utili per identificare i falsi negativi dovuti alla presenza di inibitori.

Amplificazione di low copy number (LCN) DNA

In genetica forense la problematica più comune riguarda la scarsa quantità di DNA presente nel campione: in alcuni casi questa è talmente esigua, inferiore a 100 pg (corrispondenti al materiale genetico contenuto in circa 15 cellule diploidi), da rendere notevolmente difficoltoso l'ottenimento di un profilo completo. In questi casi l'aumento del numero di cicli di PCR dai comuni 28 a 34 consente di aumentare la resa della reazione per questi campioni definiti *low copy number* (LCN). Un ulteriore incremento del numero di cicli non comporta nessun miglioramento nella resa della reazione in quanto la polimerasi perde la sua attività degradandosi a seguito della ripetuta esposizione alle alte temperature. L'analisi degli elettroferogrammi relativi a campioni LCN va però effettuata con cautela per possibili problemi interpretativi dovuti a:

- eventi di innalzamento delle *stutter* (extra-picchi presenti in elettroferogramma generalmente più corti di una ripetizione rispetto all'allele reale, vedi Capitolo 6);
- sbilanciamento dei picchi eterozigoti dovuto a un'amplificazione preferenziale di un allele rispetto all'altro; in casi estremi può addirittura sfociare in *allele drop-out* (mancata amplificazione di un allele per effetti stocastici) per il quale ogni picco omozigote dovrebbe essere considerato un possibile eterozigote;
- *locus drop-out*, ovvero il fallimento dell'amplificazione di interi loci, in genere a più alto peso molecolare;
- eventi di *allele drop-in* (comparsa di alleli spuri non presenti nel campione) dovuti all'aumentata sensibilità della reazione a seguito dei cicli aggiuntivi di PCR che la rendono capace di rilevare anche una sola molecola di DNA; in alcuni casi l'altezza di questi extra-picchi supera quella degli alleli attesi portando all'errata assegnazione di profili; il fenomeno dell'*allele drop-in* non è però generalmente riproducibile e può essere quindi risolto mediante la riamplificazione del campione (Fig. 5.4).

Nel processamento di campioni LCN è buona norma quindi effettuare, ove la quantità di estratto lo renda possibile, almeno due reazioni di PCR del medesimo campione; durante l'analisi dei risultati un picco può essere considerato un allele reale solo se è presente almeno due volte nelle amplificazioni replicate. Per questo motivo la tipizzazione di campioni LCN va effettuata in condizioni di massima sterilità per prevenire qualunque evento di contaminazione, sia di origine ambientale sia da parte del personale che compie l'analisi.

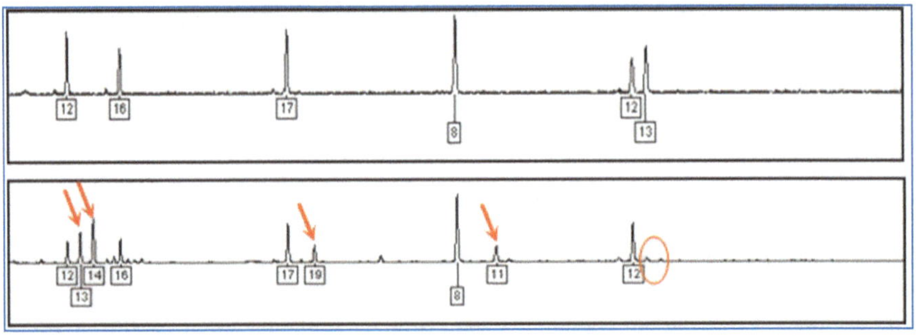

Fig. 5.4. Esempio di artefatti generati durante il processo di tipizzazione di campioni LCN. L'elettroferogramma in alto mostra il profilo reale del campione indagato; nell'elettroferogramma in basso è illustrato il profilo ottenuto amplificando il campione LCN prelevato dallo stesso soggetto con 34 cicli di PCR. Le *frecce in rosso* indicano gli *allele drop-in* mentre il *cerchio rosso* indica l'*allele drop-out*

Whole genome amplification

Come detto in precedenza, in molti casi forensi il fattore limitante è rappresentato da quantità e qualità dello stesso DNA disponibile. Le tecniche comunemente impiegate per incrementare la resa nell'analisi di tali campioni presentano molti inconvenienti come l'impiego di notevoli quantità di estratto, l'aumento degli artefatti o la necessità di effettuare numerose reazioni per ottenere un profilo attendibile. Un metodo alternativo per la tipizzazione di campioni LCN, degradati o inibiti, è costituito dalla *whole genome amplification* (WGA), che consiste nell'amplificazione, mediante *primers* casuali e condizioni di reazione poco stringenti, di larghe porzioni di genoma prima di procedere all'analisi vera e propria dei polimorfismi di interesse. La capacità di aumentare la quantità del materiale di partenza o la sua qualità potrebbe essere promettente per applicazioni forensi, fermo restando che il prodotto generato rimanga fedele allo stampo originale. Varie tecniche sono state messe a punto per l'esecuzione di tale procedura, come ad esempio la *Degenerate Oligonucleotide Primed-PCR* (DOP-PCR) e la *Primer Extension Preamplification* (PEP) in grado di replicare anche il materiale genetico di una sola cellula, anche se nessuna delle due garantisce la replicazione totale del DNA nella sua interezza. Una più recente e più innovativa tecnica, basata non sul metodo della PCR ma sulla *Strand Displacement Amplification*, è costituita dalla *Multiple Displacement Amplification* (MDA); questa è in grado di produrre in maniera isotermica fino a 10.000 volte la quantità di materiale iniziale grazie all'impiego di *primers* casuali esanucleotidici e di un enzima, la ϕ29 (Phi29) DNA polimerasi, dotato di elevata processività unitamente alla sua capacità di attivare più forcelle di replicazione contemporanee. La capacità esclusiva di questo enzima di *strand displacement* ("spostamento" del filamento di DNA) consente di effettuare la reazione MDA in condizioni isotermiche (a 30°C) evitando i ripetuti cicli di denaturazione e *annealing*, le cui temperature limitano notevolmente l'attività e la stabilità della polimerasi, mantenendo quindi attiva la propria piena funzionalità per oltre 16 ore. Questo metodo è in grado di produrre ampliconi di dimensioni superiori alle 10 Kb garantendo con una elevata fedeltà (grazie alla sua attività esonucleasica di "correzione di bozze") una copertura quasi completa dell'intero genoma.

Differenti kit commerciali WGA sono stati sviluppati, fra i quali ricordiamo kit *PCR-based* come il *GenomePlex*™ (*Sigma*), che comporta la frammentazione del DNA genomico seguita dal legame a dei *linker* e la successiva reazione di PCR con *primers* universali, e kit basati invece sul metodo MDA come il *REPLI-g*® (*QIAGEN*) e il *GenomiPhi*™ (*GE Biosciences*).

Studi effettuati su campioni forensi hanno mostrato come in realtà questa tecnica sia di utilità limitata nell'analisi di campioni degradati, in quanto si è osservata una riduzione progressiva della taglia media dei frammenti di DNA durante ogni ciclo di reazione di WGA a causa dell'utilizzo di *primers* casuali, per i quali è statisticamente improbabile che possano legarsi sempre all'estremità 3' del frammento di DNA bersaglio, non riuscendo quindi ad amplificarlo per tutta la sua lunghezza, con conseguente perdita di possibili siti di attacco di *primers* per le successive reazioni di PCR. Un ulteriore inconveniente di questa tecnica è determinato dalla casualità dei *primers* utilizzati che può condurre, soprattutto in caso di campioni con esigue quantità di materiale genetico, all'ottenimento di molteplici ampliconi aspecifici, rendendo ancora più difficoltosa l'analisi successiva del campione. Nella pratica forense quindi, nella quale sono frequenti campioni che presentano materiale genetico di scarse quantità e qualità insieme, l'impiego della *whole genome amplification* necessita forse di ulteriori migliorie.

Moderne tecniche elettroforetiche per l'analisi del DNA

Generalità

I kit PCR comunemente impiegati nella pratica forense consentono, come già detto, l'amplificazione simultanea di numerosi frammenti di DNA. Questi, trattandosi di STRs, sono costituiti da un numero differente di unità ripetute, quindi alleli diversi presentano differenti lunghezze degli ampliconi generati. Di conseguenza per la loro analisi devono essere separati mediante un'opportuna tecnica che abbia una capacità di risoluzione tale da consentire di distinguere fra alleli che differiscono fra loro anche di una singola base (come nel caso di loci quali il TH01, vedi Capitolo 2) e in un *range* che va dalle 100 alle 500 bp; il metodo utilizzato deve inoltre essere riproducibile, per consentire il confronto dei risultati fra laboratori differenti.

Per ottenere questa separazione fra le varie molecole presenti nella miscela di ampliconi prodotti dalla reazione di PCR si sfrutta la proprietà del DNA di possedere una carica negativa sui gruppi fosfato dello scheletro di cui è costituito: in presenza di un campo elettrico gli ioni vengono attirati dal polo di carica opposta, quindi nel caso degli acidi nucleici, dal polo positivo. Questo processo, come già detto nel Capitolo 4, prende il nome di elettroforesi e si riferisce alla migrazione di cariche elettriche in un mezzo di separazione alle cui estremità è applicata una differenza di potenziale.

Differenti strumentazioni per elettroforesi sono state prodotte nel corso degli anni, dalle più semplici per elettroforesi su gel di poliacrilammide o agarosio (vedi Capitolo 4) alle odierne per elettroforesi capillare, in grado di garantire un'elevatissima capacità di risoluzione. Quello dell'elettroforesi è comunque un metodo di misura relativo e non assoluto, in quanto per effettuare la stima della taglia dell'allele occorre ricorrere al confronto con uno *standard* di lunghezza nota.

Principi chimici e fisici dell'elettroforesi

Il DNA è una molecola acida a causa dei gruppi fosfato di cui è composto che in soluzione rilasciano ioni H^+, assumendo carica negativa. Se sottoposto a un campo elettrico quindi, migrerà in direzione dell'anodo a carica positiva, allontanandosi dal catodo (elettrodo negativo) in funzione della differenza di potenziale applicata: più elevato è il voltaggio, maggiore sarà la forza del campo elettrico sulla molecola e più veloce sarà di conseguenza il suo movimento. Il DNA presenta però una carica negativa per ogni unità nucleotidica, con una distribuzione uniforme di carica per unità di massa; la forza del campo elettrico esercitata su molecole di dimensioni differenti sarebbe quindi la stessa, per questo motivo per il processo di elettroforesi si usano "setacci molecolari" costituiti da matrici porose al fine di separare le molecole in base alla loro lunghezza. Queste matrici sono costituite da gel o soluzioni polimeriche che consentono alle molecole più corte di muoversi più rapidamente attraverso i pori, rallentando invece quelle di dimensioni maggiori. In maniera semplicistica si può immaginare il passaggio degli acidi nucleici come se questi si facessero strada "serpeggiando" tra i pori del gel secondo quella che viene definita "*reptation theory*".

Poiché il movimento di cariche attraverso un campo elettrico genera calore che porta a modificare la viscosità della matrice polimerica, alterando così la mobilità elettroforetica della molecola, l'elettroforesi deve essere condotta in un sistema in grado di dissiparlo. Per questo l'apparecchiatura per elettroforesi è costituita essenzialmente da tre componenti principali: un alimentatore, che genera una differenza di potenziale, un mezzo di separazione, i cui pori devono essere di dimensioni idonee alle molecole da "setacciare", e un termostato, che permette il controllo e la regolazione della temperatura. La conduzione uniforme e regolare della corrente attraverso il sistema elettroforetico è garantita da tamponi di corsa (soluzioni saline a bassa forza ionica), grazie al movimento dei propri ioni che migrano insieme a quelli del campione.

La mobilità elettroforetica, ovvero la velocità di migrazione, è direttamente proporzionale alla carica dello ione e al campo elettrico applicato e inversamente proporzionale alle sue dimensioni e alla viscosità della matrice porosa usata come mezzo di separazione. Due differenti gel sono comunemente usati come mezzi di supporto per separazione elettroforetica in campo forense:

- gel d'agarosio (vedi Capitolo 4), caratterizzato da pori di larghe dimensioni, utile in caso di frammenti molto lunghi e ben distanziati fra loro, inadatto nella tipizzazione di STRs di dimensioni comprese fra 100-500 bp;
- gel di poliacrilammide, più adatto a DNA a basso peso molecolare grazie alle dimensioni inferiori dei pori che gli conferiscono un potere di risoluzione in grado di separare anche microvarianti, tipiche di polimorfismi quali microsatelliti.

I lunghi tempi di preparazione e di corsa e la pericolosità dei reagenti richiesti rendono queste matrici solide svantaggiose di fronte alle più recenti tecniche elettroforetiche per l'analisi di microsatelliti.

Elettroforesi capillare. Sensibilità e riproducibilità

La tecnica dell'elettroforesi capillare (CE) fu introdotta nei primi anni '80 e dal successivo sviluppo della strumentazione ha guadagnato in breve popolarità nel campo della biologia molecolare e in quello forense. Questa strumentazione è completamente automatizzata e consente di esaminare più lunghezze d'onda simultaneamente e quindi un elevato numero di loci che si sovrappongono in lunghezza, con un minimo consumo di campione da sottoporre a corsa, importante privilegio di questa tecnica, utile principalmente per campioni forensi non ripetibili.

L'innovazione della CE risiede proprio nell'impiego di un sottile capillare in silice fusa, rivestito per permettere di maneggiarlo senza romperlo, riempito di un polimero viscoso che funge da setaccio molecolare: il diametro ridotto del capillare (diametro interno di 50-100 μm) permette infatti di poter impiegare differenze di potenziale 10-100 volte superiori a quelle impiegate per elettroforesi su gel (generalmente di circa 300 V/cm), diminuendo notevolmente i tempi di corsa. Un potenziale troppo elevato porterebbe a un eccessivo surriscaldamento del sistema; questo calore può essere facilmente dissipato grazie all'elevato rapporto tra superficie e volume, garantito dalla sottile conformazione del capillare, e alla sua lunghezza (25-75 cm).

Le estremità del capillare sono immerse in due serbatoi contenenti un tampone di corsa e in cui si trovano due elettrodi, responsabili della generazione del campo elettrico. I campioni vengono iniettati nel capillare elettrocineticamente, attraverso l'esposizione ad alto voltaggio per pochi secondi, o aspirati mediante l'applicazione di un'elevata pressione. Per la separazione, alle estremità del capillare viene applicata una differenza di potenziale che fa migrare le molecole del campione verso l'elettrodo di carica opposta in funzione della loro carica e massa. In realtà, sulla mobilità degli ioni in elettroforesi capillare entra in gioco anche un fenomeno definito flusso elettroosmotico (EOF). Infatti all'interno del capillare tutti i soluti (cationi, anioni e neutri) vengono spinti per effetto di questo flusso verso il catodo; ciò è dovuto alla ionizzazione della silice costituente il capillare: i gruppi silanolici acidi, che rivestono le pareti del capillare, assumono infatti carica negativa che attira i cationi del tampone, attirando di conseguenza per osmosi le molecole di acqua che costituiscono il tampone. Si crea in questo modo un flusso che fa sì che tutte le specie, indipendentemente dalla loro carica, migrino in direzione del catodo, in quanto questo flusso risulta essere più grande di almeno un ordine di grandezza della mobilità ionica. La migrazione delle molecole all'interno del capillare avverrà quindi in funzione di questo flusso EOF e della mobilità ionica delle molecole in direzione dell'elettrodo di carica opposta. Si avrà quindi che i cationi migreranno più rapidamente, in quanto la loro mobilità sarà frutto dell'effetto sommato del flusso elettroosmotico e della loro mobilità ionica in direzione del catodo; le molecole prive di carica migreranno invece in direzione dell'elettrodo positivo per il solo effetto del flusso EOF, mentre gli anioni saranno rallentati nella corsa verso il catodo dalla loro mobilità ionica in direzione dell'anodo. L'elettroosmosi è un fenomeno altamente dipendente dalle variabili ambientali: il flusso EOF aumenta all'aumentare di pH, campo elettrico e temperatura, mentre diminuisce all'aumentare della concentrazione del tampone. Le piattaforme per elettroforesi capillare di DNA utilizzano capillari rivestiti internamente che impediscono il flusso EOF grazie al mascheramento dei gruppi silanolici carichi o polimeri che bloccano le cariche negative che si creano sulla superficie del capillare. Il flusso elettroosmotico può infatti creare problemi nella riproducibilità delle separazioni di DNA variandone la velocità delle molecole fra una corsa e l'altra. Grazie a questo tipo di capillari e all'impiego di questi polimeri, la separazione avviene solo per mobilità ionica, in funzione del solo rapporto massa/carica della molecola, garantendo la massima riproducibilità a ogni sessione di corsa.

Il segnale emesso dai fluorocromi, eccitati da un laser posto in prossimità dell'estremità anodica, viene registrato da un rivelatore attraverso una finestrella in corrispondenza del punto in cui manca il rivestimento sul capillare. Il rivelatore è costituito da una fotocamera CCD (*Charged-Coupled Device*, dispositivo ad accoppiamento di carica), ovvero un sensore in silicio in grado di rilevare la lunghezza d'onda della luce emessa dal fluorocromo eccitato. I fotoni che interagiscono col silicio danno origine a elettroni che vengono accumulati nelle celle di cui è costituito il dispositivo: maggiore sarà il numero di fotoni che colpisce la superficie della matrice di silicio, maggiore sarà l'accumulo di elettroni e di conseguenza l'altezza del segnale digitale in cui viene convertito. I dati vengono infine inviati a un computer che, mettendo in relazione il picco di fluorescenza con il tempo di migrazione, trasforma il segnale fluorescente in dato di lunghezza espresso in bp o in sequenza nucleotidica (Fig. 5.5). Questa tecnica consente di analizzare frammenti che si sovrappongono in dimensioni, marcati con differenti fluorocromi che emettono fluorescenza a diverse lunghezze d'onda. In realtà, nonostante la differenza di emissione dei vari fluorocromi, resta comunque qualche sovrapposizione fra gli spettri di emissione. Per eliminare questo inconveniente, un algoritmo computerizzato, definito matrice,

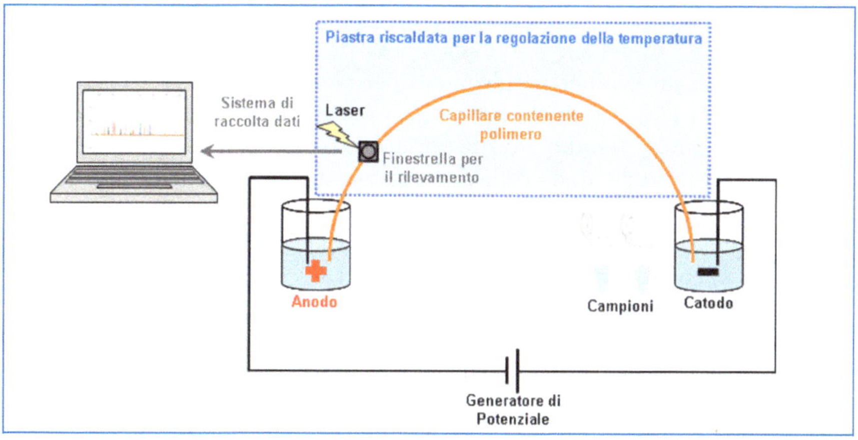

Fig. 5.5. Rappresentazione schematica della strumentazione per elettroforesi capillare. I campioni vengono iniettati elettrocineticamente o aspirati mediante l'applicazione di un'elevata pressione nel capillare in silice fusa riempito da un polimero viscoso che agisce da setaccio molecolare. Il segnale emesso dai fluorocromi, eccitati dal laser posto in prossimità dell'estremità anodica, viene registrato dal rivelatore attraverso una finestrella in corrispondenza del punto in cui manca il rivestimento sul capillare. I dati vengono infine inviati a un computer che, mettendo in relazione il picco di fluorescenza con il tempo di migrazione, converte il segnale fluorescente in dato di lunghezza espresso in bp o in sequenza nucleotidica

riconosce questa sovrapposizione e genera un unico picco riconducendolo all'emissione di un solo marcatore (vedi Capitolo 6).

La capacità di risoluzione e i tempi di corsa dipendono essenzialmente dal tipo di polimero impiegato, dalla sua concentrazione, dalle caratteristiche del capillare e dal campo elettrico applicato: in generale la risoluzione di queste apparecchiature per CE deve essere di almeno 0.5 bp per poter permettere di distinguere accuratamente ripetizioni parziali (microvarianti alleliche) o alleli che differiscono fra loro di una sola base nucleotidica; polimeri più viscosi, così come capillari più lunghi, consentono una maggior risoluzione, a discapito però dei tempi di analisi, richiedendo tempi di corsa più lunghi.

Il sequenziamento del DNA

Generalità

La determinazione della sequenza nucleotidica del DNA è lo strumento di eccellenza per l'individuazione e caratterizzazione di mutazioni.

I metodi per la determinazione della sequenza del DNA sono stati sviluppati alla fine degli anni '70 e hanno rivoluzionato la scienza della genetica molecolare. I due metodi di sequenziamento del DNA descritti nel 1977 si differenziano considerevolmente nel principio: il metodo enzimatico di Sanger – o terminazione della catena con dideossi – coinvolge la sintesi di un filamento di DNA da uno stampo a singolo filamento da parte di una DNA polimerasi; il metodo di Maxam e Gilbert – o degradazione chimica – implica la degradazione chimica del DNA originale. Entrambi i metodi producono popolazioni di polinucleotidi marcati radioattivamente che iniziano in un punto fisso e terminano in punti che dipendono dalla collocazione di una particolare base nel filamento di DNA originale. Tali polinucleotidi possono poi essere separati tramite elettroforesi su gel di poliacrilamide e la sequenza nucleotidica può essere letta direttamente da un'autoradiografia del gel.

Sebbene entrambe le tecniche siano usate ancora oggi, il metodo di Sanger è di gran lunga la tecnica più popolare e più largamente impiegata per la determinazione di sequenze nucleotidiche; questo processo è stato semplificato grazie ai continui progressi tecnologici: la reazione è stata ciclicizzata mediante la tecnologia PCR e moderne e innovative strumentazioni di elettroforesi capillare, congiunte all'impiego di fluorocromi e a softwares computerizzati, hanno reso automatizzabile l'interpretazione del dato.

Strategie di sequenziamento

Metodo di Maxam-Gilbert

Nel metodo originale descritto nel 1977 un frammento di DNA di lunghezza compresa tra le 200 e le 1.000 coppie di basi viene marcato radioattivamente a un'estremità mediante l'enzima polinucleotide chinasi che catalizza il trasferimento del fosfato terminale marcato ([α-^{32}P]-ATP) dall'ATP all'estremità 5', precedentemente defosforilata, della molecola di DNA. Il campione così ottenuto viene suddiviso in quattro frazioni trattate chimicamente in modo differente per scindere la doppia elica in corrispondenza di una o due delle 4 basi (in particolare G, A+G, C, C+T). Poiché la rottura è solo parziale, ogni sottopopolazione del campione è costituita da una miscela di molecole che si estendono da un punto fisso (l'estremità 5' marcata) al sito della rottura chimica, determinato dalla composizione in basi del frammento di DNA originale. Le quattro frazioni vengono poi sottoposte a elettroforesi su gel di poliacrilammide seminandole in parallelo in quattro diversi pozzetti. La separazione delle catene tagliate chimicamente avviene sulla base della loro lunghezza; la sequenza del DNA può essere quindi letta per autoradiografia del gel.

Tale tecnica di sequenziamento fu però rapidamente sostituita da altre a causa sia della tossicità dei reagenti richiesti sia della disponibilità di più semplici e migliori sistemi enzimatici. Benché il sequenziamento di Maxam-Gilbert non sia largamente usato quanto il metodo di terminazione con dideossi, il suo principale vantaggio è che la sequenza è ottenuta dalla molecola di DNA originale e non da una copia, è perciò possibile analizzare modificazioni del DNA come metilazione e studiare interazioni DNA/proteine (*footprinting*); inoltre, poiché non si fonda sull'ibridazione di *primers*, permette di poter analizzare sequenze corte come, ad esempio, oligonucleotidi.

Metodo di Sanger

Definito anche metodo di terminazione della catena con dideossi, è sia più veloce sia più facile da effettuare e rimane la tecnica di sequenziamento più utilizzata rispetto a quella di Maxam-Gilbert. Questa metodica coinvolge la sintesi di un filamento di DNA da uno stampo a singolo filamento mediante l'impiego di una DNA polimerasi e di un *primer* che si appaia allo stampo in prossimità della regione da sequenziare. Il metodo prevede l'impiego di una miscela di deossinucleotidi (dNTPs) e dideossinucleotidi (ddNTPs) che, a differenza dei precedenti, sono privi del gruppo ossidrilico in 3' necessario per l'elongazione della catena. La sintesi del filamento complementare si blocca successivamente all'incorporazione del ddNTP, che mancando del gruppo ossidrilico in 3', non permette la formazione del legame fosfodiesterico con il successivo deossinucleotide. Il campione viene suddiviso in quattro diverse reazioni di sequenza, contenti ciascuna un diverso ddNTP, oltre alla miscela dei 4 deossinucleotidi. Affinché la terminazione della catena avvenga occasionalmente, solo una piccola porzione dei nucleotidi sarà costituita da ddNTPs, in rapporto in genere pari a circa 1/100. Poiché l'incorporazione dei ddNTPs avviene in maniera del tutto casuale, si otterranno per ogni aliquota nuove catene di DNA terminanti in tutte le possibili posizioni in cui è presente quel particolare nucleotide per cui è stata formulata la reazione di sequenza. Le molecole delle quattro miscele di reazione vengono separate per elettroforesi su gel di poliacrilammide su quattro differenti corsie poste in parallelo. La sequenza può essere così letta mediante autoradiografia del gel, uno dei dNTPs o il *primer* stesso è infatti solitamente marcato radioattivamente con ^{32}P o ^{35}S (Fig. 5.6). Tale tecnica presenta però un enorme inconveniente dovuto alla necessità che il DNA da sequenziare sia a singolo filamento.

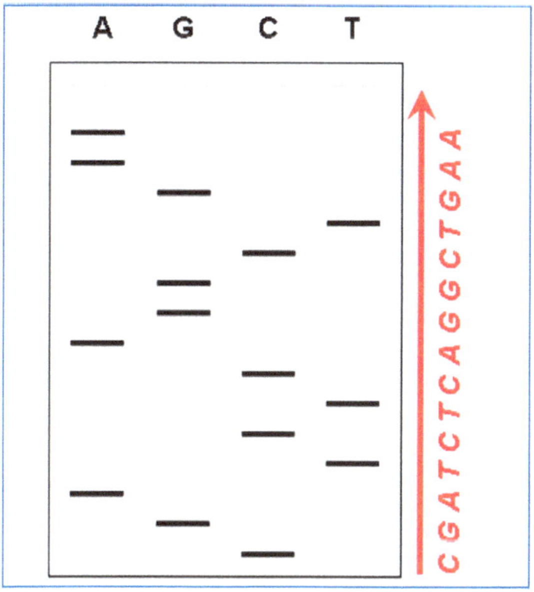

Fig. 5.6. Esempio di autoradiogramma di un gel di sequenza con il metodo del dideossi; la lettura della sequenza nucleotidica avviene a partire dai frammenti più corti a quelli più lunghi, come indicato dalla *freccia*

Clonaggio e cycle sequencing

Uno dei requisiti fondamentali per la reazione di Sanger è che il DNA stampo sia a singolo filamento. Per questo motivo molte tecniche di sequenziamento che derivano da quella di Sanger si avvalgono dell'uso di particolari vettori, come M13 e i suoi derivati, che producono, a partire da una molecola di dsDNA, grandi quantità di molecole a filamento singolo. M13 è un batteriofago con genoma a singola elica, contenente una regione *polylinker* (un corto segmento di DNA che contiene molteplici siti di restrizione non ripetuti) di circa 57 bp. Il DNA da sequenziare viene inserito all'interno di questo *polylinker* sfruttando i siti unici di restrizione di cui è composto. Dopo l'infezione, il suo genoma viene convertito in una molecola circolare a doppio filamento definita forma replicativa (RF, *replicative form*); questa è la forma che servirà da stampo per la produzione di progenie di ssDNA, generando numerose copie della porzione di DNA inseritavi. Al termine della replicazione il genoma del fago si associa alle proteine virali a formare virus maturi che fuoriescono dalla cellula ospite per gemmazione, senza provocarne la lisi. L'impiego di questo batteriofago è particolarmente adatto al sequenziamento di DNA mediante metodo di terminazione della catena con dideossi, in quanto il clonaggio e l'isolamento del DNA risultano molto rapidi; è inoltre possibile effettuare il sequenziamento mediante *primers* universali, specifici per una regione del vettore M13 prossima all'inserto di DNA, che può essere quindi di sequenza ignota.

Una nuova tecnica ha rivoluzionato il sequenziamento, permettendo di processare anche molecole di DNA a doppio filamento in modo rapido e affidabile. Si tratta di una combinazione tra il metodo di Sanger e la PCR, nella quale le successive fasi di denaturazione, *annealing* e allungamento si svolgono in maniera ciclica, da cui il nome *cycle sequencing*. Perché questo processo possa avvenire è necessario quindi l'utilizzo di una polimerasi termostabile, responsabile della produzione di frammenti sulla base di uno stampo di DNA a partire da un innesco oligonucleotidico. A differenza di una normale reazione di PCR necessita però dell'impiego di un solo *primer*, determinando un accumulo di prodotti di estensione non esponenziale ma lineare; al termine della reazione ci sarà una sovrabbondanza di un filamento rispetto all'altro in modo tale che la riassociazione tra filamenti complementari non possa avvenire. Altra componente peculiare della reazione di *cycle sequencing* è costituita dai dideossinucleotidi trifosfati marcati con 4 differenti fluorocromi che, se incorporati durante l'allungamento della catena di DNA, ne determinano la terminazione base-specifica. Grazie a questa classe di ddNTPs marcati è possibile, a differenza delle convenzionali metodiche di sequenziamento, far avvenire tutte e 4 le reazioni in una stessa provetta e analizzarle quindi in un'unica corsa elettroforetica. L'impiego di questi terminatori ha consentito quindi l'automazione del processo di lettura della sequenza di basi grazie alla raccolta e alla registrazione dei dati di fluorescenza da parte di un computer che li converte in una successione di picchi di colore differente in base al ddNTP (e quindi al fluorocromo) incorporato e la cui area sottesa rappresenta l'intensità del segnale luminoso. Un software appropriato converte questo cromatogramma in sequenza nucleotidica, attribuendo in maniera automatica la base (A, T, C o G) a ogni posizione in base al colore rilevato o N in caso di posizione ambigua, agevolando così enormemente l'analisi del dato.

I vantaggi di tale tecnica derivano essenzialmente dalla sua ciclicità e dall'incremento del segnale che ne risulta, con una netta riduzione di DNA necessario per la reazione. Una minor quantità di stampo comporta anche una ridotta introduzione di impurità nella miscela di reazione e quindi una più rapida preparazione del campione. Come già detto inoltre, l'elevata temperatura dei cicli ripetuti di denaturazione termica consentono il sequenziamento di molecole a doppio filamento, come prodotti di PCR, senza un passaggio preliminare di denaturazione. Trattandosi però di un metodo basato sulla PCR può essere applicato solo quando la sequenza nucleotidica della regione in esame è già nota.

In alcuni casi può però verificarsi che il materiale da sequenziare sia eterozigote per la sostituzione di una singola base, in questo caso il sequenziamento diretto del prodotto di PCR produce una miscela di due frammenti simili fra loro. L'analisi dell'elettroferogramma sarà inequivocabile per le porzioni omozigoti, mentre risulterà di difficile interpretazione per la posizione polimorfica in quanto sarà una miscela delle due varianti processate simultaneamente. In questi casi il clonaggio del prodotto di PCR permette di separare le due varianti molecolari prima del sequenziamento vero e proprio, così da permettere la lettura di una sola sequenza alla volta in maniera chiara. Questo diventa particolarmente importante e utile in caso di più marcatori co-ereditati sullo stesso *strand* di DNA: un'analisi di *linkage* (ovvero l'identificazione di polimorfismi associati fra loro a causa della loro vicinanza sul filamento di DNA) risulterebbe infatti impossibile da effettuare mediate sequenziamento diretto, per l'impossibilità di individuare quali alleli sono presenti sullo stesso filamento e quindi quali vengono segregati insieme.

La reazione di sequenza nell'analisi dei polimorfismi del DNA mitocondriale

Il sequenziamento del DNA mitocondriale è una procedura lunga e laboriosa rispetto all'analisi dei microsatelliti, per quanto riguarda sia il numero di fasi sia gli accorgimenti e le precauzioni da adottare. Poiché l'analisi del DNA mitocondriale in forense viene effettuata in condizioni critiche, ossia quando il materiale biologico da sottoporre ad analisi contiene DNA degradato o in quantità scarse, la possibilità di contaminazione del campione da DNA esogeno è decisamente elevata. Per questo motivo occorre assicurare sempre una corretta e frequente pulizia del laboratorio, trattando i banconi con ipoclorito di sodio e irradiando con raggi UV il materiale in uso. È consigliato inoltre utilizzare un set di pipette e di apparecchiature dedicate.

La fase analitica iniziale prevede la reazione di amplificazione (PCR) dell'intera regione di controllo o di una porzione di essa con vari set di *primers*, a seconda della strategia analitica scelta. Ogni laboratorio può scegliere i *primers* di amplificazione che ritiene opportuni, anche se è consigliabile utilizzare quelli riportati in letteratura. La scelta può dipendere dal tipo di DNA stampo di cui si dispone: con DNA non degradato è conveniente amplificare l'intera regione di controllo in un'unica reazione di amplificazione; con DNA degradato è invece opportuno amplificare piccole regioni (circa 100 bp) utilizzando più coppie di *primers*. In generale, la metodica più utilizzata è quella di amplificare separatamente le due regioni ipervariabili HV1 e HV2. La fase successiva è quella di rimuovere dai prodotti della PCR i dNTPs e i *primers* che non hanno reagito utilizzando dei dispositivi con filtro (ad esempio *Microcon 100*) o la digestione enzimatica con fosfatasi alcalina ed esonucleasi I. Si procede con la determinazione della quantità di prodotto PCR, seguito dalla reazione di sequenziamento (*cycle sequencing*) per l'incorporazione dei ddNTPs marcati. Per la reazione di sequenziamento possono essere utilizzati gli stessi *primers* della reazione di PCR, oppure dei *primers* più interni. Si procede infine all'eliminazione dei ddNTPs marcati non incorporati, che potrebbero interferire con la rilevazione elettroforetica delle basi.

La tipizzazione degli SNPs

Come individuare gli SNPs di interesse e scoprire se e quali SNPs siano presenti e già scoperti? La principale fonte di informazioni sono i database online, tra cui ALFRED e NCBI. Quest'ultimo è il più aggiornato e completo dal momento che raccoglie SNPs scoperti sia dal sequenziamento delle librerie di cloni BAC, sia dal sequenziamento di 24 individui di etnia diversa, a opera dello *SNP Consortium*. Questa risorsa è utilissima per i genetisti forensi che intendono studiare determinati SNPs, tuttavia è bene anche ricordare che molti di questi polimorfismi (circa il 12%) sono in realtà variazioni di sequenze paraloghe o errori di sequenziamento o assemblaggio, e non SNPs.

In era "pre-PCR" la scoperta delle mutazioni era affidata all'analisi dei diversi prodotti, marcati con pericolose sonde radioattive, ottenuti dal taglio selettivo operato dagli enzimi di restrizione. Grazie all'introduzione della tecnica della PCR è stato possibile studiare la presenza di condizioni eterozigoti per una mutazione osservando la differente migrazione su gel degli *eteroduplex*, strutture ibride frutto di cicli di denaturazione e re-*annealing*, in cui uno *strand* contiene un allele e lo *strand* opposto un altro allele (SSCP, *Single-Strand Conformational Polymorphism*). Più recentemente la rilevazione dei *mismatch* è stata effettuata valutando i tempi di ritenzione degli *eteroduplex* con la cromatografia (DHPLC, *Denaturing High Performance Chromatography*). Questi metodi richiedono comunque la conferma del polimorfismo tramite sequenziamento diretto che, costando sempre meno, li rende di fatto ormai obsoleti.

Tecniche di analisi, vantaggi e svantaggi

Una volta scoperti e individuati gli SNPs di interesse è necessario selezionare il metodo di rilevamento più adeguato ai propri scopi. Le tecniche di analisi più comuni possono essere riassunte in quattro tipologie, schematizzate in Figura 5.7.

I vari metodi sfruttano tecnologie come l'elettroforesi su gel o capillare, lettori di fluorescenza, *microarray* o spettromeria di massa.

L'ibridazione di sonde oligonucleotidiche è il metodo che permette le più diverse applicazioni, dai sistemi più primitivi basati sul *blotting* ai più costosi DNA *chips*, che consentono di utilizzare anche varie centinaia di migliaia di oligonucleotidi per centimetro quadrato contemporaneamente. Metodi che sfruttano la separazione di un fluorocromo sull'estremità di un oligonucleotide

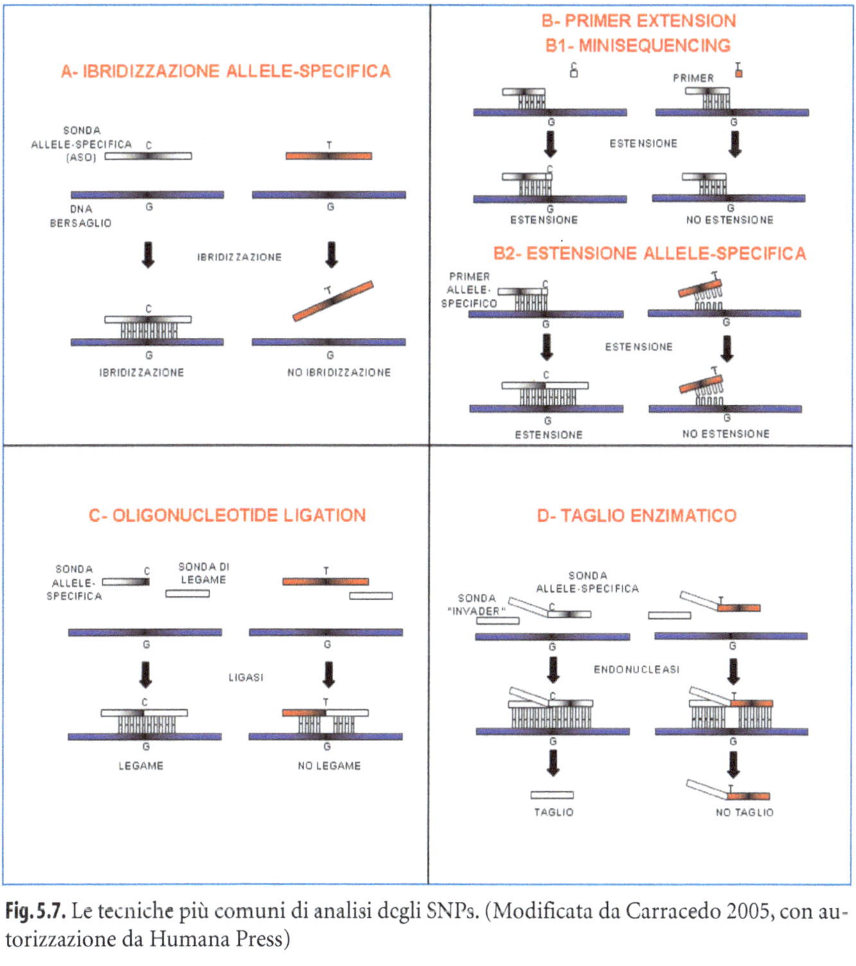

Fig. 5.7. Le tecniche più comuni di analisi degli SNPs. (Modificata da Carracedo 2005, con autorizzazione da Humana Press)

allele-specifico dal *quencher* presente sull'altra estremità (*molecular beacons*) presentano il vantaggio di eliminare reazioni post-PCR ma non consentono l'analisi simultanea di più SNPs (*multiplexing*).

La tecnica del *primer extension* è stata negli ultimi 5 anni ed è tuttora la tecnica più rapida, flessibile ed economica (Tabella 5.3). Necessita di semplici oligonucleotidi ed è possibile disegnare dei saggi per la rilevazione di decine di SNPs contemporaneamente. Queste caratteristiche sono fondamentali per gli scopi della genetica forense, dal momento che l'analisi multipla permette di impiegare solo poco DNA per indagare molti polimorfismi; inoltre si sfruttano le tecnologie già impiegate per l'analisi dei microsatelliti o di sequenza, presenti anche nei laboratori forensi meno attrezzati. Si basa sull'utilizzo di *primers* che si appaiano fino a una base prima della base polimorfica; quest'ultima è allungata tramite l'incorporazione di ddNTPs marcati con 4 fluorocromi diversi. I prodotti possono essere facilmente rilevati tramite elettroforesi capillare. La tecnica dell'estensione del *primer* può infine essere applicata alla spettrometria di massa. I *primers* che incorporano alleli diversi possono infatti essere ionizzati tramite la tecnica del *Matrix-Assisted Laser Desorption-Ionization* (MALDI) e separati in base al loro rapporto massa/carica attraverso un rilevatore *time-of-flight* (TOF).

Applicazioni in genetica forense: gli SNPs del cromosoma Y e mtDNA

Lo studio dei polimorfismi del cromosoma Y e del mtDNA sono cruciali in genetica forense, come già discusso nel Capitolo 2. In particolare, gli SNPs vengono sempre più utilizzati nelle controversie legate all'analisi di parentela, in cui possono essere utili alla ricostruzione delle linee paterne (cromosoma Y) o materne (mtDNA), espletando un ruolo decisivo allorché garantiscono l'esclusione certa. Inoltre gli SNPs sia del cromosoma Y sia del mtDNA di popolazioni diverse consentono di studiare le migrazioni dei nostri antenati. Di interesse più strettamente forense è infine la possibilità di poter analizzare gli SNPs tramite ampliconi corti o cortissimi, e quindi di poter garantire la tipizzazione di DNA degradato laddove sarebbe impossibile amplificare STRs.

All'interno della regione di controllo del DNA mitocondriale vi sono almeno tre regioni ipervariabili (HV) con un gran numero di SNPs contenuti al loro interno. Attualmente la tecnica più utilizzata e accurata di rilevazione dei polimorfismi di queste regioni è il sequenziamento diretto (circa 400 bp per la regione HV1, circa 300 per l'HV2). Tuttavia c'è un crescente interesse per gli SNPs della regione codificante, la cui analisi consente di incrementare il potere di discriminazione, piuttosto basso, permesso dallo studio delle regioni ipervariabili. Per questo motivo sono stati proposti pannelli di polimorfismi binari analizzati con la tecnica del minisequenziamento per studiare fino a 45 SNPs della regione codificante del DNA mitocondriale.

Gi SNPs del cromosoma Y sono circa 600, organizzati in modo filogenetico. Molti gruppi di lavoro studiano questi polimorfismi a fini popolazionistici, e

Tabella 5.3. Principali caratteristiche dei metodi di analisi degli SNPs

Metodo		Vantaggi	Svantaggi
Oligonucleotide Hibridization	*Chip microarray*	Altissima densità delle sonde	Bassa riproducibilità; costi elevati
	TaqMan - Molecular beacons	Semplicità di esecuzione	Sonde costose
Primer Extension	*Minisequencing*	Possibilità di disegnare saggi multiplex;	Il multiplexing richiede un'attenta validazione
	Pyrosequencing	Sequenziamento fino a 50 bp; sensibilità	Costi elevati; difficoltà nel multiplexing
	Minisequencing microarray	Altissima densità delle sonde	Necessita di strumento dedicato; bassa riproducibilità
Oligonucleotide Ligation	Metodo colorimerico; *Ligation microarray*	Multiplexing; riproducibilità	Molti passaggi; richiede più sonde marcate; costi elevati
Enzyme Cleavage	Analisi dei siti di restrizione	Non richiede tecnologie avanzate	Richiede grandi quantità di DNA

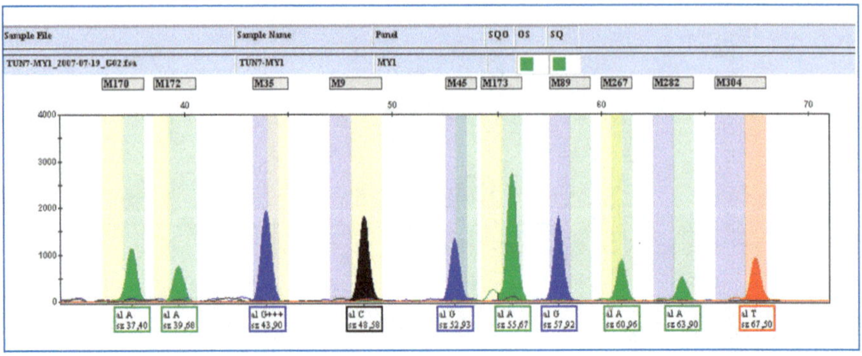

Fig. 5.8. Multiplex PCR per lo studio di 10 SNPs del cromosoma Y con la tecnica del *minisequencing*

per questo scopo sono state approntate alcune PCR multiple con la tecnica del *minisequencing* (Fig. 5.8).

Gli SNPs del cromosoma Y e del DNA mitocondriale sono già stati impiegati con successo per incrementare la riuscita della tipizzazione dei resti umani di alcuni disastri di massa come gli attentati terroristici alle Twin Towers nel 2001, a Madrid nel 2004 e per il riconoscimento delle vittime dello tsunami in Indonesia nello stesso anno.

Letture consigliate

Alessandrini F, Cecati M, Pesaresi M et al (2003) Fingerprints as evidence for a genetic profile: morphological study on fingerprints and analysis of exogenous and individual factors affecting DNA typing. J Forensic Sci 48(3):586-592

Bailey JA, Gu Z, Clark RA et al (2002) Recent segmental duplications in the human genome. Science 297(5583):1003-1007

Ballantyne KN, van Oorschot RAH, Mitchell RJ (2007) Increasing amplification success of forensic DNA samples using multiple displacement amplification. Forensic Sci Med Pathol 3:182-187

Barber AL, Foran DR (2006) The utility of whole genome amplification for typing compromised forensic samples. J Forensic Sci 51(6):1344-1349

Bartlett JMS, Stirling D (2003) PCR Protocols, 2 edn. Humana Press, Tolova

Brandstätter A, Niederstätter H, Pavlic M et al (2007) Generating population data for the EMPOP database - an overview of the mtDNA sequencing and data evaluation processes considering 273 Austrian control region sequences as example. Forensic Sci Int 166(2-3):164-175

Brandstätter A, Salas A, Niederstätter H et al (2006) Dissection of mitochondrial superhaplogroup H using coding region SNPs. Electrophoresis 27(13):2541-2550

Brión M, Sanchez JJ, Balogh K et al (2005) Introduction of an single nucleodite polymorphism-based "Major Y-chromosome haplogroup typing kit" suitable for predicting the geographical origin of male lineages. Electrophoresis (23):4411-4420

Carracedo A (2005) Forensic DNA Typing Protocols. Series Methods in Molecular Biology, vol 297. Humana Press

Erlich HA (1989) PCR Technology: principles and applications for DNA amplification. Stockton Press, New York

Grignani P, Peloso G, Achilli A et al (2006) Subtyping mtDNA haplogroup H by SNaPshot minisequencing and its application in forensic individual identification. Int J Legal Med 120(3):151-156

Mullis K, Faloona F, Scharf S et al (1986) Specific enzymatic amplification of DNA in vitro: the polymerase chain reaction. Cold Spring Harb Symp Quant Biol 51:263-273

Mullis KB, Ferré F, Gibbs RA (1994) The Polymerase Chain Reaction. Birkhäuser, Boston Basel Berlin

Onofri V, Alessandrini F, Turchi C et al (2006) Development of multiplex PCRs for evolutionary and forensic applications of 37 human Y chromosome SNPs. Forensic Sci Int 157(1):23-35

Rapley R, Whitehouse D (2007) Molecular Forensics. Wiley Press, West Sussex

Sobrino B, Brión M, Carracedo A (2005) SNPs in forensic genetics: a review on SNP typing methodologies. Forensic Sci Int 154(2-3):181-194

Syvänen AC (2001) Accessing genetic variation: genotyping single nucleotide polymorphisms. Nat Rev Genet 2(12):930-942. Review

Capitolo 6

Analisi dei risultati

Federica Alessandrini

Assegnazione allelica e determinazione del genotipo

Nei capitoli precedenti abbiamo illustrato le tecniche che permettono di separare e rilevare i diversi prodotti di amplificazione. Il processo di acquisizione dei dati dell'elettroforesi permette solamente di visualizzare gli alleli sotto forma di picchi in un elettroferogramma o di bande su un gel. L'informazione contenuta nei vari picchi (taglia e quantità dei frammenti di DNA) deve essere convertita in un linguaggio comune per permettere il confronto dei dati tra i diversi laboratori. Questo linguaggio comune è il *genotipo*, o *profilo genetico*, cioè l'allele, in caso di omozigosi, o gli alleli, in caso di eterozigosi, presenti in un campione a ogni locus. Il genotipo viene espresso con una serie di numeri che indicano il numero di ripetizioni in tandem presenti in ogni allele. La conversione dell'elettroferogramma in profilo genetico viene effettuata tramite dei software. Il processo di genotipizzazione è illustrato schematicamente nella Figura 6.1.

I kit commerciali per l'amplificazione in *multiplex* degli STRs utilizzano *primers* marcati con diversi fluorocromi, ognuno dei quali emette la sua massima fluorescenza a una determinata lunghezza d'onda (400-700 nm) con una certa sovrapposizione degli spettri di emissione (Fig. 6.2). Attraverso dei filtri virtuali i vari colori vengono separati e, grazie a una matrice matematica, nello spettro di emissione di ogni singolo *dye* viene sottratto il contributo degli altri, in modo da normalizzare l'intensità della fluorescenza (Fig. 6.3). I vari picchi dell'elettroferograma corrispondenti ai prodotti di PCR vengono così identificati e associati con il colore appropriato. Se i picchi osservati non fossero associati con il corretto fluorocromo il genotipo del campione non potrebbe essere correttamente determinato. Le matrici vengono create sottoponendo a elettroforesi capillare campioni contenenti solamente uno dei fluorocromi. Il software calcola l'entità della sovrapposizione tra le emissioni di ogni fluorocromo e la sottrae dagli atri colori negli spettri. Un buona matrice deve produrre picchi di un solo colore nel profilo.

Per quanto concerne l'analisi degli STRs, ai frammenti di DNA viene assegnata una taglia tramite confronto con uno standard di lunghezza interno,

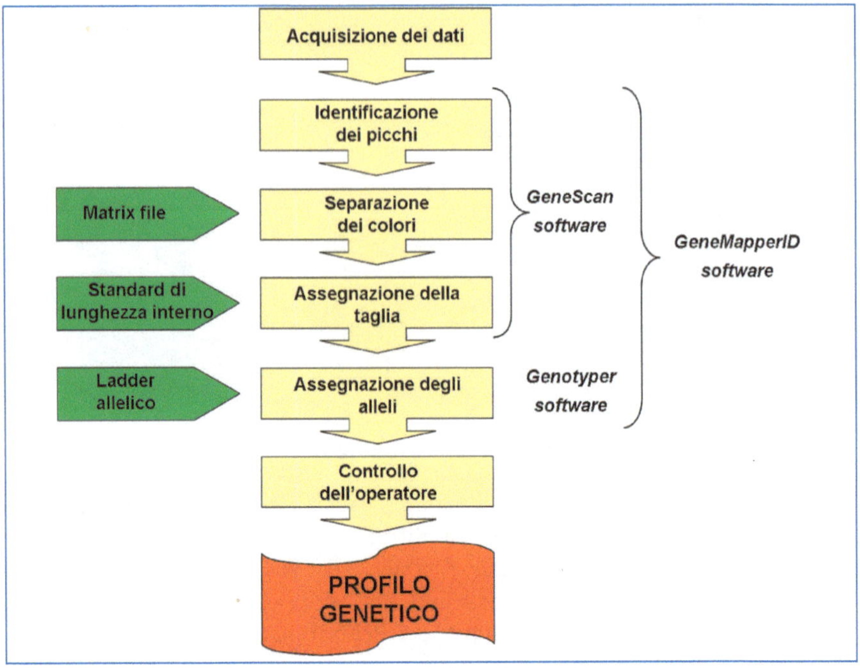

Fig. 6.1. Fasi del processo di genotipizzazione. L'analisi dei dati per l'assegnazione del genotipo di ogni campione viene effettuata utilizzando software commerciali. Il controllo finale dei dati da parte di un operatore esperto è essenziale per minimizzare il rischio di errore

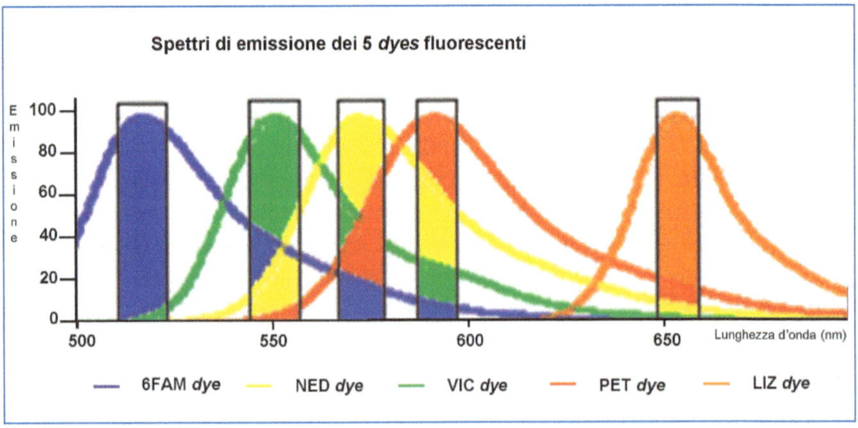

Fig. 6.2. Spettro di emissione dei fluorocromi utilizzati per la marcatura dei *primers* di amplificazione dei loci STR del kit commerciale *Identifiler* (AB). I rettangoli centrati in ognuna delle curve di emissione dei 5 *fluorocromi* rappresentano le regioni dei filtri virtuali che determinano quali lunghezze d'onda sono raccolte all'interno della fotocamera CCD. C'è una considerevole sovrapposizione di colori nella regione del filtro di ogni singolo fluorocromo, soprattutto nel verde, nel giallo e nel rosso, che deve essere rimossa attraverso un'adeguata matrice matematica

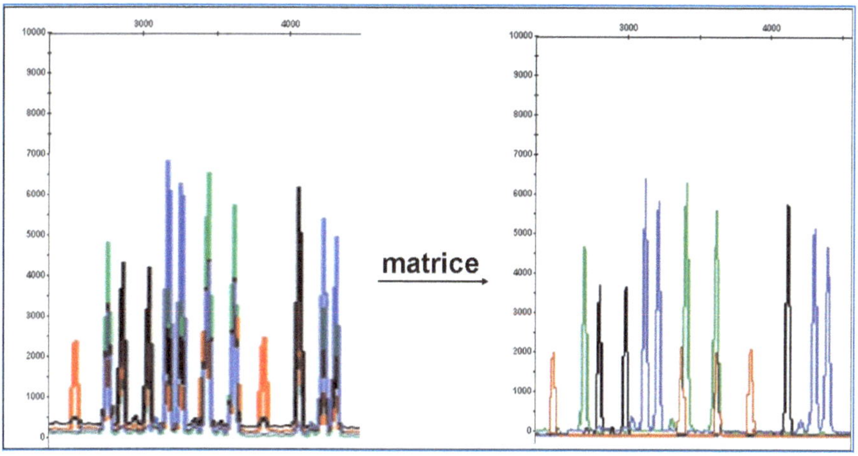

Fig. 6.3. A sinistra è riportato il dato grezzo (*raw data*) con i picchi sovrapposti in ogni colore; a destra lo stesso elettroferogramma dopo l'applicazione della matrice matematica per separare l'emissione dei vari fluorocromi: ogni picco risulta essere di un solo colore

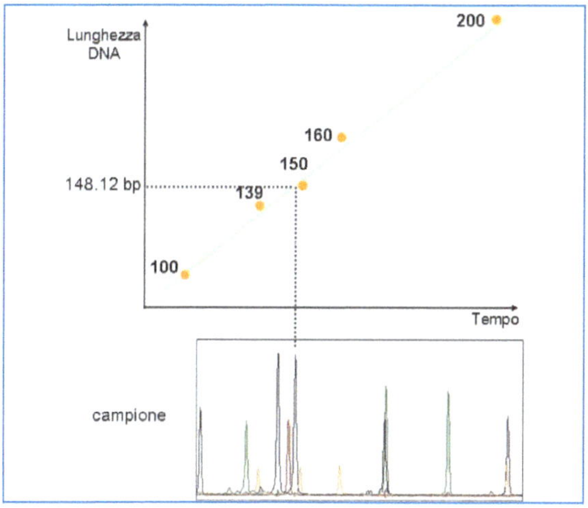

Fig. 6.4. Assegnazione della taglia dei frammenti di DNA del campione. La taglia dei frammenti di DNA del campione in esame viene assegnata sulla base della curva di calibrazione, che mette in relazione la lunghezza nota dei frammenti dello standard di taglia interno con la loro mobilità

costituito da una serie di frammenti di DNA di lunghezza nota, marcati con un fluorocromo diverso da quelli utilizzati per i *primers* di amplificazione. Lo standard interno viene utilizzato per costruire una curva di calibrazione che mette in relazione la taglia dei frammenti con il tempo necessario per migrare all'interno del capillare fino al *detector*. L'algoritmo comunemente usato per la determinazione della lunghezza dei frammenti di DNA del campione è il *Local Southern Method*, che utilizza le taglie dei due picchi dello standard interno immediatamente precedenti e successivi il picco di interesse per calcolarne la lunghezza (Fig. 6.4). Infine, le taglie dei prodotti di PCR di ogni campione vengono confrontate con quelle dei frammenti contenuti nel *ladder* allelico. Il *ladder* è costituito da una miscela di alleli di lunghezza nota e viene utilizzato per correlare la taglia del prodotto di amplificazione con il numero di ripetizioni da cui è formato; in questo modo viene determinato il genotipo del campione. Poiché la genotipizzazione dei loci STR viene effettuata confrontando le taglie degli alleli del campione in esame con quelle degli alleli del *ladder* è necessario un alto grado di precisione tra le diverse corse elettroforetiche affinché sia possibile un confronto accurato dei dati del campione da tipizzare e del *ladder*. Ogni picco del campione non deve differire in lunghezza più di 0.5 bp dal corrispondente picco del *ladder*, altrimenti l'allele non viene assegnato e il picco viene definito *off-ladder* (OL).

Software utilizzati nella pratica forense

Sono stati sviluppati software sofisticati per l'assegnazione del genotipo di campioni di DNA. Quelli più utilizzati nella pratica forense sono prodotti dalla ditta *Applied Biosystems*. Il software *Data Collection* svolge fondamentalmente tre funzioni: controlla le condizioni delle corse elettroforetiche, controlla quali lunghezze d'onda emesse dai fluorocromi devono essere raccolte all'interno della fotocamera CCD attraverso i filtri virtuali, permette di creare la lista dei campioni da sottoporre a elettroforesi con le relative modalità di corsa (ordine e condizioni di iniezione del campione, condizioni della corsa elettroforetica, filtro virtuale da utilizzare). Questo software alla fine della corsa elettroforetica di ogni campione produce un file chiamato *raw data*, un grafico cartesiano che mette in relazione le unità di fluorescenza relativa (RFU) sull'asse y con il numero di *data points* sull'asse x.

I programmi *GeneScan* e *Genotyper* o *GeneMapper* sono poi necessari per convertire il *raw data* in profilo genetico per quanto riguarda l'analisi degli STRs e degli SNPs, mentre il software *SeqScape* viene utilizzato per l'analisi delle sequenze.

In particolare, il software *GeneScan* svolge tre funzioni: riconosce i picchi in base al valore soglia di altezza specificato dall'operatore, separa gli spettri di emissione dei fluorocromi in base alla matrice (*matrix file*) e assegna le taglie ai frammenti del campione in base al confronto con i picchi dello standard interno (Fig. 6.1 e Fig. 6.4). Vengono determinate inoltre anche l'altezza e l'area dei vari picchi.

Il software *Genotyper* converte poi i picchi, ai quali è stata assegnata la taglia, in alleli tramite il confronto con i picchi del *ladder*. Il risultato dell'elaborazione tramite *Genotyper* è illustrato in Figura 6.5. L'elettroferogramma viene mostrato su 4 linee diverse, una per ogni colore, contenenti i vari loci dal più corto al più lungo, con i relativi alleli.

Infine il sofware *GeneMapperID* v.3.1, commercializzato dall'*Applied Biosystems* dal novembre 2003, combina le funzioni di *GeneScan* e *Genotyper* insieme con nuove caratteristiche, tra cui il sistema *Process Component-Based*

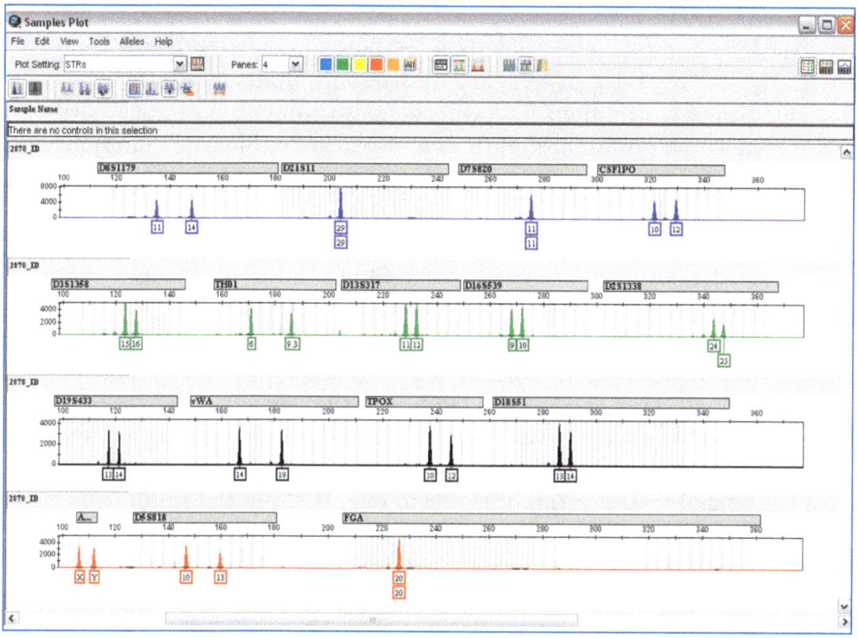

Fig. 6.5. Risultati di genotipizzazione di un campione di DNA amplificato tramite *AmpFlSTR Identifiler PCR Amplification Kit* (*Applied Biosystems*) e analizzato con il software *Genotyper* v.3.7. Il fluorocromo giallo viene mostrato in nero per una migliore visibilità

Quality Values (PQV), che assegna automaticamente dei valori di qualità ai processi di determinazione della taglia e di chiamata allelica effettuati dal software per facilitare l'individuazione di problemi nella preparazione e nell'analisi dei campioni. I risultati possono poi essere stampati o esportati su un foglio elettronico, ad esempio *Microsoft Excel*, per ulteriori analisi o essere inseriti direttamente in un database.

Il software *SeqScape* effettua l'analisi dei file *raw data* delle sequenze: riconosce i picchi e separa gli spettri di emissione dei fluorocromi con cui sono marcati i ddNTPs incorporati durante la reazione di sequenza, effettua il riconoscimento e la chiamata delle singole basi, quindi allinea e confronta la sequenza del campione con la sequenza di riferimento precedentemente inserita nel software evidenziando le eventuali differenze. Ad esempio, per l'analisi del mtDNA umano questo software utilizza come riferimento la sequenza di Anderson con cui allineare e confrontare le sequenze dei campioni.

Interpretazione degli elettroferogrammi

La conversione dell'elettroferogramma in profilo genetico viene effettuata tramite dei software, ma i profili generati dai campioni devono essere interpretati da personale con esperienza. Sono state sviluppate delle linee guida per l'interpretazione di profili genetici per assicurare che i risultati ottenuti siano affidabili; questo aspetto è di fondamentale importanza, soprattutto quando si devono analizzare campioni che contengono quantità molto limitate di DNA, DNA degradato o profili misti, tutte situazioni che complicano l'interpretazione. Ogni laboratorio dovrebbe sviluppare una sua strategia interpretativa basata su studi di validazione interni e sui risultati riportati in letteratura (*Scientific Working Group on DNA Analysis Methods,* SWGDAM, 2000). L'esperienza acquisita con la strumentazione e i casi esaminati sono altrettanto importanti per lo sviluppo di una strategia interpretativa.

Vengono riportate di seguito alcune delle linee guida più importanti per una corretta interpretazione degli elettroferogrammi:

- bisogna assicurarsi di avere una buona matrice con cui analizzare i campioni in modo da evitare la comparsa di picchi di un determinato locus anche nei colori diversi da quello del fluorocromo con cui è marcato;
- a ogni locus sono presenti al massimo due picchi in un profilo non misto (casi particolari di trisomie sono discussi in seguito);
- bisogna stabilire un valore minimo per l'altezza dei picchi da considerare alleli e tutti i picchi al di sotto di tale valore vengono considerati rumore di fondo; i manuali dei software Genotyper e GeneMapper consigliano un valore soglia di 150 RFU, ma solitamente si scende fino a 50 RFU;
- gli alleli del campione non devono differire in taglia più di 0.5 bp dal corrispondente allele contenuto nel *ladder*, altrimenti vengono definiti *off-ladder* (OL);
- l'elettroferogramma deve mostrare picchi bilanciati, cioè di altezza comparabile; in particolare ai singoli loci, in presenza di eterozigosi, i picchi dovrebbero avere circa la stessa altezza. Per valutare il bilanciamento delle altezze dei picchi di uno stesso locus si calcola il rapporto tra l'altezza dell'allele più corto e quella dell'allele più lungo: solitamente tale rapporto è sempre maggiore del 90%, ma viene posto come valore soglia il 70%;
- bisogna considerare la percentuale massima di *stutter* prodotte a ogni locus. Le *stutter* sono dei picchi aspecifici dovuti alla produzione, durante la PCR, di un prodotto di amplificazione più corto di una ripetizione rispetto al corrispondente allele (vedi paragrafo relativo alle *stutter*). La percentuale di *stutter* viene calcolata facendo il rapporto tra l'area (o l'altezza) della *stutter* e l'area (o altezza) del relativo allele. La percentuale massima di *stutter* osservata a ogni locus è inferiore al 10%, perciò è consigliabile considerare un valore soglia del 15%: al di sotto di tale valore il picco più corto di una ripetizione rispetto all'allele viene considerato *stutter*.

Quando sorgono dei dubbi sul risultato di un'analisi il campione dovrebbe essere ri-analizzato: potrebbe essere sufficiente sottoporre un'altra aliquota dell'amplificato ad elettroforesi capillare, oppure potrebbe essere necessario ripetere l'analisi a partire dalle fasi precedenti (amplificazione e/o estrazione).

Problemi interpretativi nella tipizzazione dei microsatelliti

Gli elettroferogrammi possono a volte contenere extra-picchi oltre a quelli degli alleli di interesse. L'origine di questi picchi è da ricercare nella caratteristiche biologiche degli STRs e nella tecnologia utilizzata per l'analisi di prodotti di amplificazione marcati con fluorocromi. È estremamente importante che un esaminatore sappia riconoscere questi picchi e distinguerli dai veri alleli che costituiscono il profilo genetico di un donatore.

Artefatti quali *pull-up peaks* e *spikes*, correlati alla tecnologia di rilevazione utilizzata, sono facilmente riconoscibili. I *pull-up peaks* sono picchi presenti negli elettroferogrammi di campioni in cui è stata amplificata una quantità eccessiva di DNA, come conseguenza il software di analisi non riesce a separare le emissioni dei vari fluorocromi e il risultato è la presenza di picchi di altri colori (*pull-up peaks*) esattamente della stessa taglia del picco allelico (Fig. 6.6). Anche gli *spikes*, picchi alti e stretti presenti in tutti i colori nella medesima posizione, sono artefatti facilmente riconoscibili e sono dovuti alla presenza di piccole bolle d'aria o di residui di polimero secco all'interno del capillare che causano delle cadute di voltaggio. Altri extra-picchi correlati alle caratteristiche biologiche degli STRs e che possono invece creare problemi in fase interpretativa sono discussi di seguito.

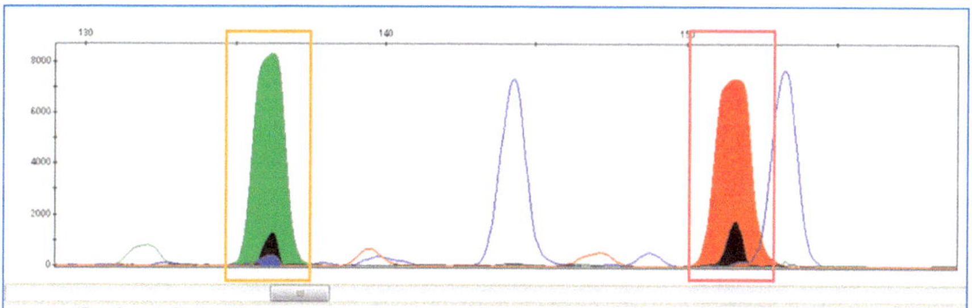

Dye/Sample Peak	Sample File Name	Marker	Allele	Size
B,47	ET30_ID_2007-12-10_C12.fsa	D8S1179	OL	136.22
G,52	ET30_ID_2007-12-10_C12.fsa	D3S1358	18	136.22
Y,53	ET30_ID_2007-12-10_C12.fsa	D19S433	OL	136.22
Y,56	ET30_ID_2007-12-10_C12.fsa	vWA	OL	151.58
R,77	ET30_ID_2007-12-10_C12.fsa	D5S818	11	151.58

Fig. 6.6. Esempio di elettroferogramma contenente "*pull-up peaks*": sotto il picco allelico verde ci sono altri due picchi più bassi, uno nero e uno blu, aventi tutti la stessa taglia del picco verde (136.22), come si può vedere dai valori contenuti nella colonna "*size*". Solamente il picco verde corrisponde a un allele, precisamente al 18 del locus D3S1358, mentre il picco nero e il picco blu sono "*pull-up peaks*". Lo stesso discorso può essere fatto per il picco allelico rosso sotto il quale compare un picco più basso nero: il picco rosso rapresenta l'allele 11 del locus D5S818, il picco nero è il risultato del fallimento della matrice nell'eliminare l'emissione del fluorocromo nero nello spettro del fluorocromo rosso

Stutter

Le *stutter* sono i più comuni extra-picchi riscontrabili in un elettroferogramma di STRs. Si tratta di piccoli picchi, solitamente più corti di una ripetizione rispetto al picco allelico; a volte si può trovare anche una *stutter* con una ripetizione in più. Sono il risultato del processo di slittamento e di errato appaiamento a livello della regione ripetuta dei due filamenti di DNA durante la reazione di PCR (Fig. 6.7).

La presenza di *stutter* influenza l'interpretazione dei profili genetici, soprattutto nel caso in cui 2 o più individui possono aver contribuito al profilo in esame (traccia mista). Le *stutter* hanno infatti la stessa lunghezza di un vero allele, perciò può risultare difficile stabilire se un picco sia effettivamente un allele proveniente da un contribuente minoritario o una *stutter*. Il comportamento delle *stutter* è stato ampiamente studiato per i loci STR contenuti nei kit commerciali: ogni locus ha una diversa percentuale media di formazione di *stutter*, in quanto questo processo è influenzato dalla natura delle sequenze fiancheggianti, dalla regione ripetuta e dall'unità ripetuta: le ripetizioni di- e trinucleotidiche hanno una maggiore propensione alla formazione di *stutter* rispetto alle ripetioni tetra- e pentanucleotidiche, e questa è una delle ragioni per cui gli STRs utilizzati in ambito forense hanno ripetizioni tetra- e pentanucleotidiche.

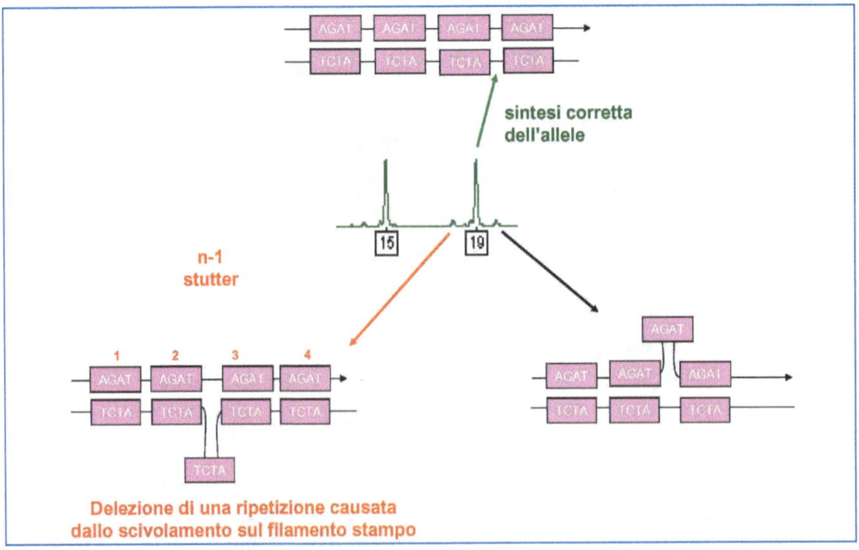

Fig. 6.7. Meccanismo di formazione delle *stutter*. Durante la replicazione i due filamenti di DNA si appaiano e la polimerasi allunga quello in direzione 5'->3'. Può capitare a volte che in uno dei due filamenti una ripetizione resti spaiata e i due filamenti risultino sfalsati. Nella maggior parte dei casi la ripetizione spaiata si trova sul filamento che funge da stampo, per cui il filamento neo-sintetizzato presenterà una ripetizione in meno (n-1 *stutter*). Raramente può capitare che la ripetizione spaiata sia sul filamento neo-sintetizzato, allora esso presenterà una ripetizione in più (n+1 *stutter*)

Inoltre tutti i loci mostrano la tendenza all'incremento della formazione di *stutter* per gli alleli a più alto peso molecolare. La *stutter* viene identificata confrontando l'altezza del picco con quella dell'allele corrispondente; questo valore per i loci STRs utilizzati nelle indagini forensi è generalmente inferiore al 10-15%.

Adenilazione dell'amplicone

La DNA polimerasi, in particolare la *Taq* polimerasi utlizzata per la PCR, aggiunge un nucleotide extra all'estremità 3' del filamento sintetizzato. Il nucleotide aggiunto è un'adenosina, per questo si parla di adenilazione dell'amplicone o di adenina terminale (+A). Il prodotto di PCR risulta quindi più lungo di una base rispetto alla taglia effettiva dell'allele in esame. Se, a causa della presenza di un'eccessiva quantità di DNA stampo o di condizioni di PCR non ottimizzate, si verifica una parziale adenilazione degli ampliconi, l'elettroferogramma presenterà dei picchi spaccati e più larghi che impediscono al software di effettuare una accurata attribuzione allelica (Fig. 6.8). La parziale adenilazione di un allele può creare dei problemi nel caso in cui nel campione sia presente una microvariante, cioè un allele che differisce da quelli comuni per una base. Consideriamo ad esempio gli alleli 9.3 e 10 del locus TH01: l'allele 10 non adenilato ha la stessa taglia dell'allele 9.3 adenilato in quanto contengono lo stesso numero di basi. Per avere una corretta attribuzione allelica è necessario che il *ladder* allelico e il campione abbiano lo stesso stato di adenilazione per tutti i frammenti. I *ladder* comunemente utlizzati per la genotipizzazione contengono tutti gli alleli adenilati perciò è opportuno che anche tutti i pro-

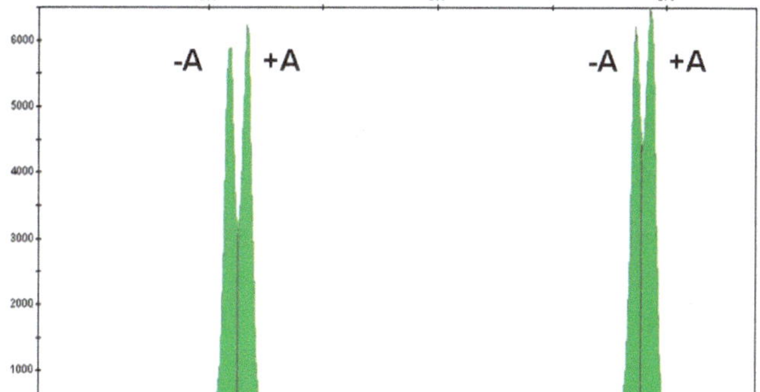

Fig. 6.8. Sono rappresentati i picchi corrispondenti a prodotti di PCR non completamente adenilati. Le forme +A e –A dello stesso allele differiscono di una base come si può notare dalle taglie indicate all'interno dei riquadri sotto ogni picco

dotti della PCR risultino adenilati piuttosto che una miscela di forme +A/–A. Il metodo più diffuso per promuovere la completa adenilazione di tutti i frammenti è quello di aggiungere al programma di amplificazione uno step finale di estensione a 60°C o 72°C per 45-60 minuti in modo da concedere alla *Taq* polimerasi ulteriore tempo per l'adenilazione.

Microvarianti e alleli off-ladder

Esistono degli alleli rari che differiscono dalle forme più comuni per una o più coppie di basi a causa di inserzioni, delezioni o cambiamenti nucleotidici. Questi alleli sono chiamati microvarianti perché differiscono pochissimo dagli alleli contenenti ripetizioni complete (vedi Capitolo 2). Consideriamo ad esempio l'allele 9.3 del locus TH01: esso è costituito da 9 ripetizioni tetranucleotidiche complete (AATG) e da una ripetizione parziale di 3 basi (ATG); esso differisce dall'allele 10 per la delezione di una A nella settima ripetizione. Solitamente le microvarianti, soprattutto quelle rare, non sono contenute nel *ladder* allelico, perciò si presentano con una taglia diversa (più di 0.5 bp) da quella degli alleli del *ladder*, per questo vengono anche definite *off-ladder* e su di esse non viene effettuata automaticamente l'assegnazione allelica dal software di genotipizzazione. Nella Figura 6.9 è riportato un esempio di assegnazione allelica di una microvariante del sistema SE33. La diferenza di taglia tra l'allele 32.2 del campione e l'allele 32.2 del *ladder* è δ_1=0,2 bp (304,13-303,93), infe-

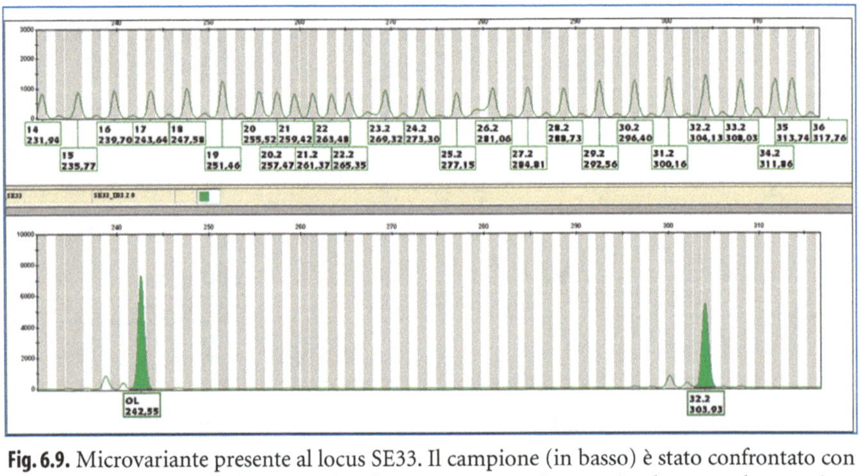

Fig. 6.9. Microvariante presente al locus SE33. Il campione (in basso) è stato confrontato con il *ladder* allelico (in alto) tramite il software *Genotyper*; i numeri nel rettangolo superiore sotto ogni picco indicano gli alleli, i numeri nel rettangolo più in basso indicano le taglie dei frammenti. Il campione presenta un picco corrispondente all'allele 32.2 del *ladder*, e un secondo picco *off-ladder* che rappresenta un frammento più lungo dell'allele 16, ma più corto del 17

riore al valore soglia di 0.5 bp; invece la differenza tra la microvariante del campione e l'allele 16 del *ladder* è δ_2=2,85 (242,55-239,70), superiore al valore soglia di 0,5 bp. Lo spostamento relativo tra i due picchi del campione è quindi di 2,65 bp ($|\delta_1 - \delta_2|$), perciò l'allele *off-ladder* è di tre basi più lungo rispetto all'allele 16 e sarà chiamato 16.3. La presenza di microvarianti deve essere verificata sottoponendo nuovamente l'amplificato a elettroforesi capillare e riamplificando il campione. Se si tratta di un allele mai riportato in letteratura è bene sequenziare la regione polimorfica per determinarne la struttura. Le microvarianti sono più frequenti ai loci più polimorfici, come FGA, D21S11 e D18S51 che possiedono strutture ripetute più grandi e complesse.

A volte un campione può contenere un nuovo, raro allele che cade al di fuori del range allelico del locus in esame (Fig. 6.10). Se il picco cade tra due loci STR o addirittura nel range di un altro locus in una *multiplex* è difficile assegnare l'allele al locus giusto. In questi casi è necessario riamplificare il campione con un kit diverso o tramite una PCR in singolo per caratterizzare l'allele in esame.

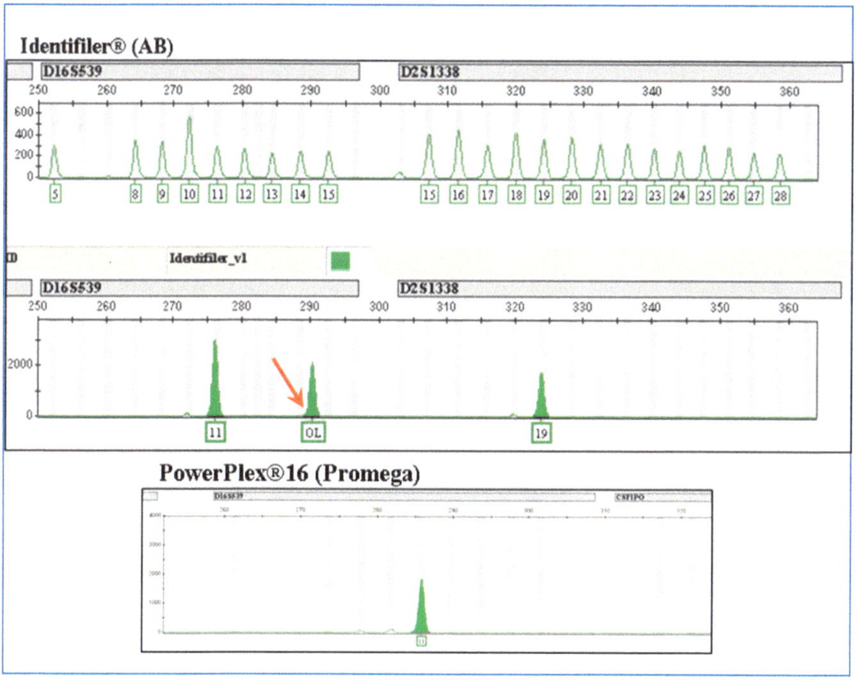

Fig. 6.10. In alto è illustrato un profilo genetico ottenuto con il kit *Identifiler* che presenta un allele OL (*freccia*) che cade nel range del locus D16S539. Lo stesso campione (in basso) amplificato con il kit *Powerplex16* (Promega) risulta essere omozigote per l'allele 11 al locus D16S559. Amplificando in singolo il locus D2S1338 il campione risulta essere eterozigote: presenta l'allele 19 e un allele con 8 ripetizioni in meno. Quest'ultimo è stato isolato e sequenziato ed è risultato essere l'allele 11 del locus D2S1338

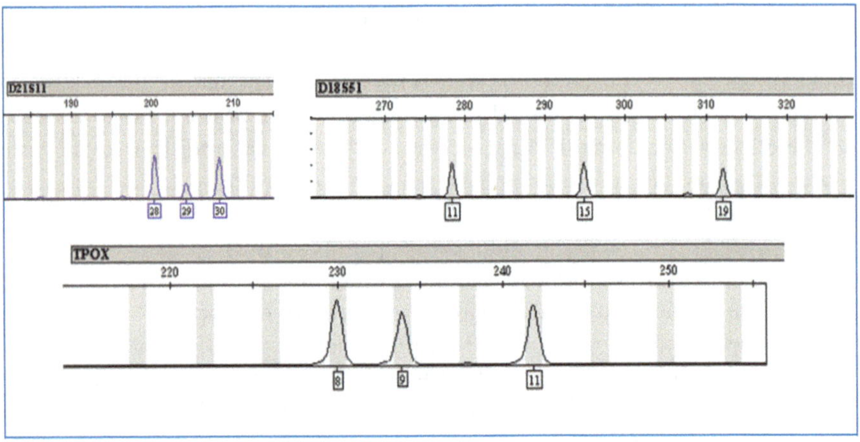

Fig. 6.11. Esempi di loci tri-allelici. All'interno di un locus sono presenti 3 picchi di altezza confrontabile (D21S11 e D18S51) o picchi di altezze diverse (TPOX)

Loci tri-allelici

Talvolta in un singolo profilo genetico si possono osservare 3 alleli presenti a un singolo locus STR (Fig. 6.11). I 3 picchi non sono il risultato di una mistura, ma possono derivare dalla presenza di un frammento extra-cromosomico nel campione, dalla duplicazione della regione di *annealing* dei *primers* in uno dei cromosomi o da trisomie (ad esempio un soggetto con la sindrome di Down potrà presentare un *pattern* tri-allelico al locus D21S11). I tre picchi di solito hanno un'altezza confrontabile, ma a volte possono mostrare uno sbilanciamento.

Sono stati riportati più di 50 differenti *patterns* tri-allelici per i 13 loci del CODIS, soprattutto per i sistemi FGA, TPOX e D21S11 (www.cstl.nist.gov/biotech/strbase/var_tab.htm).

Allele drop-out e alleli nulli

Quando si amplificano frammenti di DNA contenenti loci STR è possibile osservare un fenomeno chiamato *allele drop-out*, causato da mutazioni o polimorfismi nella regione di *annealing* dei *primers* a livello di uno dei due cromosomi o da scarsa quantità di DNA (vedere il paragrafo relativo al *low copy number* DNA). L'allele nel campione esiste, ma non viene amplificato e quindi rilevato perché i *primers*, a causa delle mutazioni o dei polimorfismi presenti, non riescono a legarsi al filamento complementare e quindi non vengono allungati dalla polimerasi; per questa ragione viene chiamato allele nullo. Come conseguenza di questo fenomeno un campione eterozigote a un determinato locus appare omozigote. Gli alleli nulli sono stati scoperti osservando che amplificando uno stesso campione con coppie di *primers* diversi si otteneveno profili diversi. Gli alleli nulli non sono un problema per i laboratori che utilizzano gli stessi *primers* per amplificare i campioni di riferimento e le tracce, perché il materiale biologico proveniente da uno stesso individuo avrà sempre lo stesso profilo. Gli alleli nulli possono invece causare problemi nel caso dell'utilizzo di un database che raccolga profili genetici ottenuti con *kit* commerciali differenti: campioni di DNA appartenenti a uno stesso individuo tipizzati con coppie di *primers* diverse possono presentare profili genetici diversi se sono presenti alleli nulli, risultando in una falsa esclusione. Fortunatamente gli alleli nulli sono rari perché le regioni fiancheggianti degli STR sono piuttosto stabili.

Mutazioni

Come in qualsiasi regione di DNA, anche ai loci STR possono verificarsi delle mutazioni. Le mutazioni possono essere di due tipi: il cambiamento di una singola base (mutazione puntiforme) o il cambiamento della lunghezza della regione ripetuta. Il meccanismo molecolare alla base delle mutazione degli STRs sembra coinvolgere il fenomeno di slittamento dei filamenti durante la replicazione (come già spiegato per le *stutter*) o difetti alla base dell'apparato di riparazione del DNA. La stima del tasso di mutazione di un locus STR può essere effettuata analizzando la trasmissione allelica dai genitori ai figli. La scoperta di una differenza allelica tra i genitori e il figlio è indice di mutazione (Fig. 6.12). Siccome il tasso di mutazione dei loci STR è piuttosto basso (in media minore dello 0.1%) è necessario andare a studiare un gran numero di coppie genitori-figli.

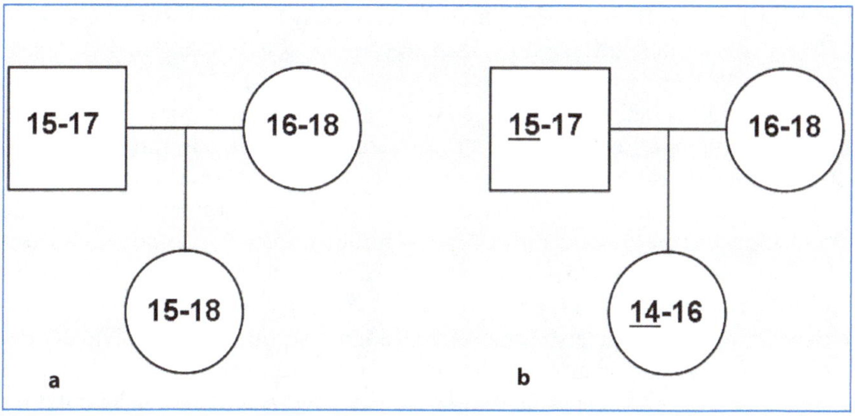

Fig. 6.12. Trasmissione degli alleli dai genitori ai figli. **a** Trasmissione normale degli alleli da genitore a figlio: la figlia ha ereditato l'allele 15 dal padre e l'allele 18 dalla madre. **b** L'allele 15 del padre è mutato nell'allele 14 nel figlio

La maggior parte delle mutazioni coinvolge la perdita o l'acquisizione di una ripetizione; inoltre le mutazioni paterne sono più frequenti di quelle materne per i loci STR. I tassi di mutazione dei loci STR utilizzati in ambito forense sono stati studiati approfonditamente da vari autori e sono riportati nel sito web STRBase. I loci con i più bassi tassi di mutazione osservati sono CSF1P0, TH01, TPOX, D5S818 e D8S1179; quelli con i tassi di mutazione più elevati sono D21S11, FGA, D7S820, D16S539 e D18S51, che sono anche i più polimorfici e quelli con il più alto numero di alleli.

Le mutazioni hanno un notevole impatto sulle analisi di paternità, di identificazioni in caso di disastri di massa e genetica di popolazione in cui vengono tratte conclusioni da dati genetici ottenuti da una o più generazioni. L'*American Association of Blood Bank* (AABB) ha fornito degli standard riguardanti le mutazioni per i laboratori coinvolti nelle indagini di paternità. Tali standard riconoscono le mutazioni come eventi che si verificano naturalmente e stabiliscono che non può essere fatta un'esclusione di paternità sulla base di una non corrispondenza tra genitore e figlio a un unico locus. La comunità forense accetta come norma la cosiddetta "*two exclusion rule*" secondo la quale se tra presunto padre e figlio due loci genetici non corrispondono, il presunto padre non può essere escluso dall'essere il vero padre biologico.

DNA degradato

Molto spesso i laboratori di genetica forense si trovano costretti a dover lavorare su campioni biologici assai difficili, in quanto l'esposizione del DNA a condizioni ambientali sfavorevoli ne causa la degradazione in piccoli frammenti. Affinché il DNA possa essere amplificato tramite PCR è necessario che il DNA stampo sia integro a livello dei siti di *annealing* dei *primers* e nella regione compresa tra essi. Fortunatamente gli STRs utilizzati in ambito forense sono di dimensioni ridotte (<500 bp), perciò la probabilità di avere successo nell'amplificazione è elevata. C'è una correlazione inversa tra la dimensione del locus e la probabilità di successo della PCR con campioni di DNA degradato (Fig. 6.13). I loci con gli ampliconi più lunghi, quali ad esempio FGA e D18S51, sono i primi a subire il fenomeno del *drop-out*. Con campioni di DNA altamente degradato non si possono ottenere quindi profili STR completi: si perde tanta più informazione quanto più massiccia è la degradazione. L'interpretazione di un profilo genetico derivante da DNA degradato può essere difficoltosa e bisogna porre particolare attenzione quando vengono rilevati loci omozigoti in quanto potrebbero essere loci eterozigoti in cui si è verificato un *drop-out* allelico. Se si dispone di materiale a sufficienza sarebbe bene ripetere le analisi per ridurre al minimo le possibilità di ottenere un profilo non corretto. Per l'analisi del DNA degradato sono state messe a punto delle PCR multiple utilizzando coppie di *primers* a ridosso della porzione ripetuta degli STRs in modo da ridurre al minimo le dimensioni degli ampliconi per aumentare la probabilità di ottenere un profilo genetico completo. I loci analizzati con questa strategia sono stati chiamati "mini-STRs".

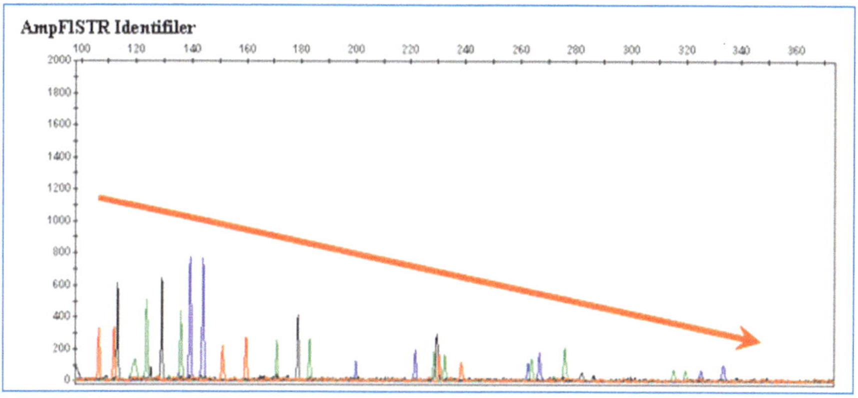

Fig. 6.13. Esempio di un profilo ottenuto da un campione di DNA degradato. La *freccia* indica il decremento di efficienza della PCR nell'amplificare i loci a più alto peso molecolare

Inibizione

La reazione a catena della polimerasi può essere compromessa dalla presenza di inibitori nel campione da analizzare. Si tratta di sostanze presenti nel campione stesso (ad esempio emoglobina) o a livello dei substrati su cui è stata depositata una traccia (suolo, legno, cuoio, tessuti, ecc.) che vengono co-estratte con il DNA e ne impediscono l'amplificazione (Tabella 6.1). Gli inibitori possono agire in diversi modi:

- interferiscono con il processo di lisi cellulare nella fase di estrazione del DNA;
- provocano la degradazione del DNA;
- inibiscono la *Taq* polimerasi impedendone l'attività.

L'amplificazione di estratti di DNA in cui sono presenti inibitori può risultare in un profilo parziale, con la perdita dei loci a più alto peso molecolare, come nel caso del DNA degradato, o nella peggiore delle circostanze in un profilo completamente negativo. Con campioni di DNA in cui sono presenti inibitori è difficile ottenere profili STR completi; si perde così tanta più informazione quanto più massiccia è l'inibizione.

Ci sono degli accorgimenti con i quali gli effetti degli inibitori possono essere ridotti. Il DNA estratto può essere diluito prima dell'amplificazione in modo da ridurre anche la concentrazione degli inibitori; in alternativa può essere aggiunta una quantità maggiore di *Taq* polimerasi. In questo modo una parte di molecole di enzima legano gli inibitori rimuovendoli dalla reazione, mentre altre rimangono libere e possono allungare i *primers*. Inoltre esistono delle polimerasi diverse dalla *Taq* che hanno dimostrato di essere efficienti con DNA estratto da sangue e feci. Un altro approccio consiste nell'aggiungere alla miscela di PCR degli additivi quali la BSA (sieroalbumina bovina) o la betaina che riescono a interagire con gli inibitori riducendone gli effetti. Infine è possibile a volte separare il DNA dai composti inibenti prima della reazione di amplificazione utilizzando dei dispositivi filtranti quali le Centricon-100 o le Microcon-100.

Tabella 6.1. Elenco dei più comuni inibitori della PCR riscontrabili nei vari materiali biologici

Materiale biologico	Inibitori	Bibliografia
Sangue	Eme, emoglobina, lattoferrina, IgG	Akane 1994, Al-Soud 2000, Al-Soud 2001
Tessuto epiteliale e formazioni pilifere	Melanina ed eumelanina	Eckart 2000, Yoshii 1993
Tessuti	Collagene	Kim 2001
Tessuto muscolare	Mioglobina	Belec 1998
Feci	Sali biliari e polisaccaridi complessi	Lantz 1997, Monteiro 1997
Urine	Urea	Khan 1991
Osso	Ioni calcio	Powell 1994
Latte	Proteinasi e ioni calcio	Powell 1994, Bickley 1996
Suolo	Composti umici	Tsai 1992, Watson 2000
Jeans	Colorante tessile (indaco)	Al-Soud 2000

Low copy number DNA (LCN-DNA)

A volte le tracce biologiche di interesse forense contengono quantità di DNA estremamente basse. Si parla di *low copy number* DNA (LCN-DNA) quando si ha a disposizione per la reazione di PCR meno di 200 pg di DNA stampo. Ricordiamo che le quantità di DNA stampo richieste dai kit commerciali utilizzati variano dai 500 ai 2.500 pg (2.5 ng). In condizioni di LCN-DNA negli elettroferogrammi si possono osservare tre tipi di artefatti:

1. *drop-in* allelico, cioè la presenza nel profilo di alleli non appartenenti a chi ha lasciato la traccia ma derivanti da contaminazioni sporadiche dell'ambiente;
2. marcato sbilanciamento allelico ai loci eterozigoti causato da effetti stocastici durante la PCR che provocano l'amplificazione preferenziale di uno dei due alleli; una forma estrema di sbilanciamento può portare al drop-out allelico, cioè alla mancata amplificazione di uno dei due alleli risultando in un locus falsamente omozigote;
3. aumento della percentuale di *stutter* che mostrano area dei picchi ben al di sopra del 5-10%.

Per analizzare il LCN-DNA si aumentano i cicli nella reazione di PCR fino a 34 per il kit *Identifiler*. In presenza di LCN-DNA è buona norma replicare le analisi e considerare come veri alleli del campione in esame solamente quelli presenti in tutte le prove effettuate (Gill et al, 2000, Budowle et al, 2009).

Profili misti

Un profilo misto viene ottenuto quando viene tipizzata una traccia in cui è presente materiale biologico appartenente a due o più individui. Ci sono alcuni indizi che ci permettono di stabilire se siamo in presenza di un profilo misto: la presenza di più di due alleli nei loci indagati, un forte sbilanciamento delle altezze dei picchi nei loci eterozigoti e la presenza di *stutter* di altezza superiore al 15-20%. Dopo aver stabilito che si tratta di un profilo misto, il passo successivo è quello di determinare il numero dei potenziali soggetti coinvolti. Per una commistione di materiale biologico da due individui (caso più frequente nelle indagini forensi) il numero massimo di alleli che si possono trovare in un locus autosomico è quattro, se entrambi i soggetti sono eterozigoti e non hanno alleli in comune; in un locus del cromosoma Y invece si possono trovare al massimo 2 alleli. Se invece a un locus sono presenti più di quattro alleli si tratta di una commistione più complessa che coinvolge più di due individui (Fig. 6.14). Per semplicità d'ora in avanti faremo riferimento a commistioni di materiale biologico di due soggetti.

Una traccia mista può presentare quantità molto simili di DNA di ogni contribuente, oppure uno di essi può essere in eccesso rispetto all'altro. Studi effettuati su tracce miste in proporzioni note hanno dimostrato che durante la fase

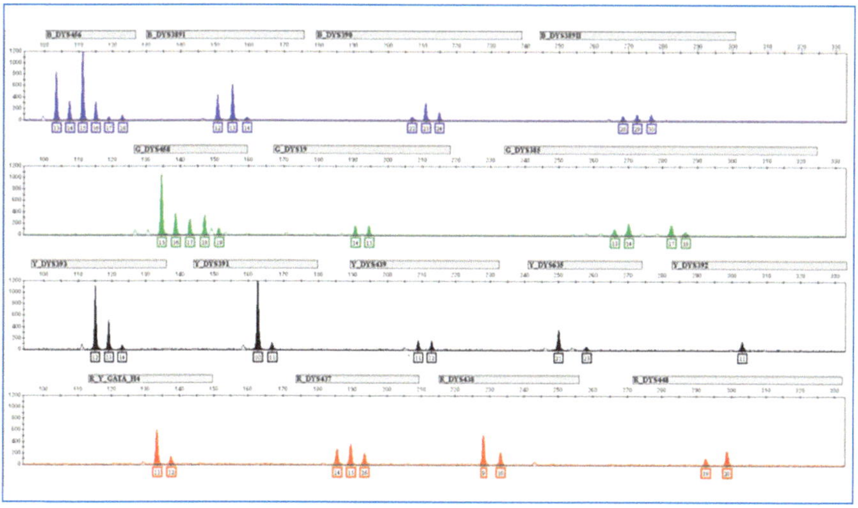

Fig. 6.14. Esempio di profilo STR misto: l'elettroferogramma è relativo a un profilo di STRs del cromosoma Y ricavato da tracce salivari. In questo esempio è evidente che il numero di donatori è superiore a 2, in quanto i loci del cromosoma Y in un soggetto sono in condizioni di emizigosi

di PCR il rapporto quantitativo tra i contribuenti viene mantenuto; perciò le altezze e/o le aree dei picchi allelici osservati in un elettroferogramma possono essere correlate con le quantità di DNA dei singoli individui presenti nella traccia mista e utilizzate per estrapolare i singoli profili genetici. Solitamente se un componente è presente in una traccia mista in un rapporto inferiore a 1:20 (5%) esso non viene rilevato. Per stabilire il rapporto tra i due componenti è consigliabile cominciare a esaminare il profilo misto a partire dai loci in cui sono presenti 4 alleli; l'analisi dei loci in cui ci sono alleli condivisi è più complicata in quanto ci possono essere più combinazioni alleliche ugualmente probabili. Sulla base del rapporto tra i due contribuenti si esaminano quindi tutte le possibili combinazioni alleliche a ogni locus per stabilire i singoli profili (Gill et al, 2006).

Problemi interpretativi dei prodotti di sequenziamento e minisequenziamento

Le sequenze di DNA di buona qualità sono caratterizzate da picchi alti e stretti e assenza di rumore di fondo, come in Figura 6.15. L'intensità media del segnale di ogni nucleotide riportata nel file della corsa dovrebbe essere compresa tra 200 e 1.000 RFU. Al di sotto di 100 RFU il campione produce un segnale debole e il software di analisi cerca di compensare aumentando il segnale di fluorescenza del campione a livelli rilevabili; tuttavia anche il rumore di fondo sarà amplificato, complicando l'interpretazione della sequenza. Al contrario, se l'intensità del segnale di ogni nucleotide risulta troppo elevata (>1.000 RFU), perchè alla reazione di sequenziamento è stata aggiunta una quantità eccessiva di DNA stampo, il software di analisi non riesce a separare le emissioni dei vari fluorocromi; il risultato è la presenza di picchi di altri colori (*pull-up peaks*) sotto il picco principale (come nel caso dei loci STR) che complicano l'interpretazione della sequenza.

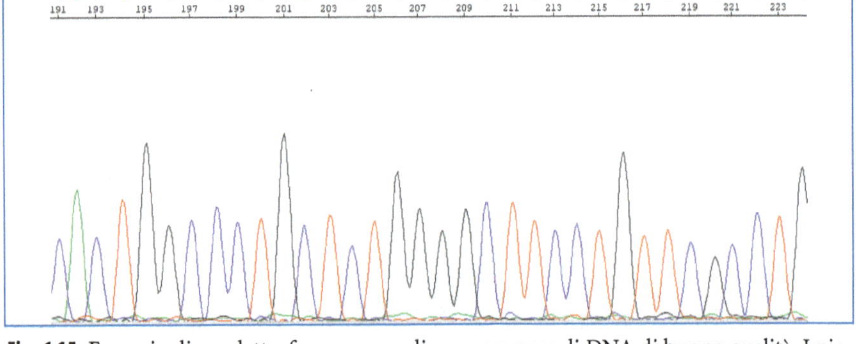

Fig. 6.15. Esempio di un elettroferogramma di una sequenza di DNA di buona qualità. I picchi sono stretti e ben spaziati e non c'è rumore di fondo; tutte le basi sono state correttamente identificate dal software di analisi

A volte è possibile incontrare all'interno degli elettroferogrammi degli artefatti che possono complicare l'interpretazione della sequenza. Tra gli artefatti più frequenti ricordiamo i *dye blobs* (Fig. 6.16a) e gli *spikes* (Fig. 6.16b). I *dye blobs* sono picchi ampi e di un solo colore al di sopra dei picchi corrispondenti alla sequenza del DNA dovuti alle molecole di ddNTPs non incorporate non rimosse durante la procedura di purificazione prima dell'elettroforesi capillare. Generalmente si trovano all'inizio dell'elettroferogramma, al di sotto delle 100 bp. Gli *spikes* sono picchi multicolore alti e stretti che nascondono uno o due nucleotidi della sequenza di DNA e sono dovuti alla presenza di piccole bolle d'aria o di residui di polimero secco all'interno del capillare che causano delle cadute di voltaggio.

Ci possono essere anche altri fattori che rendono problematica l'interpretazione della sequenza. Considerata l'elevata sensibilità della tecnica di analisi si possono osservare con una certa frequenza livelli di contaminazione da parte di DNA esogeno che risultano in un elettroferogramma con la presenza di molteplici picchi sovrapposti che rendono la sequenza non interpretabile (Fig. 6.17).

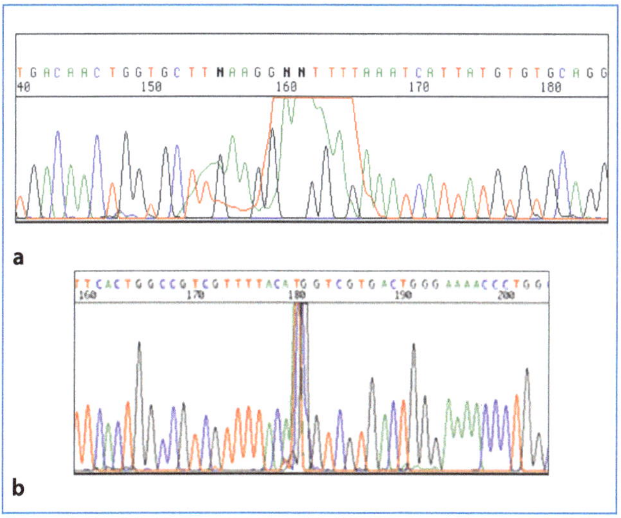

Fig. 6.16. **a** Esempio di elettroferogramma con *dye blobs*. **b** Esempio di elettroferogramma con *spikes*

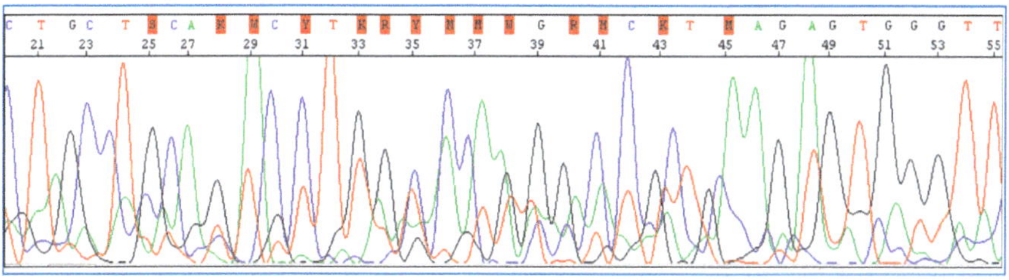

Fig. 6.17. Esempio di elettroferogramma di un campione di DNA contaminato

Inoltre l'estensione dei dimeri formati dai *primers* di sequenziamento può rendere non interpretabile la prima parte della sequenza, solitamente le prime 40-50 bp. I dimeri sono causati dalla capacità dei *primers* di appaiarsi tra loro a causa di regioni di complementarietà al loro interno. In particolare, se le regioni di complementarietà sono a livello delle estremità 3', i dimeri vengono allungati durante la PCR dalla *Taq* polimerasi dando un prodotto aspecifico, solitamente non più lungo di 50 bp, che fungerà da stampo durante la reazione di sequenziamento. L'elettroferogramma presenterà quindi nella parte iniziale molteplici picchi sovrapposti che rendono la sequenza non interpretabile in quel tratto.

Ma i problemi interpretativi di maggior rilievo nell'analisi del mtDNA in ambito forense sono legati al fenomeno dell'eteroplasmia. L'eteroplasmia consiste nella presenza nello stesso individuo di due o più genomi di DNA mitocondriale. L'eteroplasmia può essere presente a tre diversi livelli:

- cellulare: una cellula contiene mitocondri che sono omoplasmici, ma cellule diverse contengono altri tipi di DNA mitocondriale;
- mitocondriale: una cellula contiene diversi aplotipi di DNA mitocondriale, ma i singoli mitocondri sono omoplasmici;
- di acido nucleico: un mitocondrio trasporta diversi tipi DNA mitocondriale.

L'eteroplasmia può dare luogo a tre diverse possibilità:

1. individui con più di un aplotipo in un singolo tessuto;
2. individui con più di un aplotipo in tessuti diversi;
3. individui eteroplasmici in un tessuto e omoplasmici in un altro tessuto.

Si può parlare di eteroplasmia di sequenza o di lunghezza (Fig. 6.18): l'eteroplasmia di sequenza in un ferogramma si presenta con due basi diverse, sovrapposte, chiaramente al di sopra del rumore di fondo; l'eteroplasmia di lunghezza si presenta tipicamente come una variazione nel numero di basi in corrispondenza degli *stretches* di citosine presenti nelle due regioni HVRI e HVRII, intorno alla posizione rispettivamente 16.189 e 309, dove la sostituzione di una timina con una citosina dà luogo a un poliC lungo più di 10 nucleotidi. È abbastanza frequente e si manifesta solitamente con una caduta del segnale dopo lo stesso *stretch* o con una sequenza confusa. Sono stati riportati in letteratura anche casi di eteroplasmia a livello di due posizioni in un individuo (triplasmia), ma questo fenomeno è molto meno frequente dell'eteroplasmia in un'unica posizione.

Di fronte a un sospetto caso di eteroplasmia, le indicazioni che si possono dare per la conferma del dato e per evitare interpretazioni errate di un segnale non chiaro sono le seguenti:

- picco secondario di altezza adeguata (> 40%);
- conferma della sequenza nello strand reverse;
- analisi di sequenza con *primers* interni;
- clonaggio della molecola.

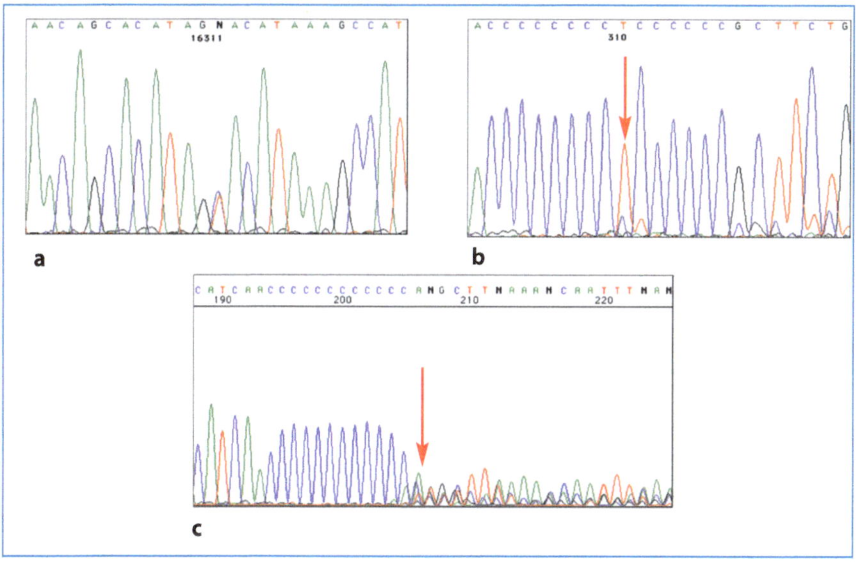

Fig. 6.18. Sequenziamento diretto delle regioni ipervariabili HVR1, HVR2 e del mtDNA. **a** Eteroplasmia di sequenza nella regione HVR1: presenza di due picchi, ad altezza sovrapponibile, per C/T, interpretati dal software come una "N" (ambiguità nell'attribuzione di base). **b** Eteroplasmia di lunghezza nella regione HVR2: l'inserzione di una C alla posizione 309.2 (*freccia*) è presente solo in alcune molecole del mtDNA; da quella posizione in avanti risultano due sequenze sovrapposte che differiscono per il numero di citosine. **c** Caduta del segnale a causa di una transizione da T a C al centro dello *stretch* di citosine (*freccia*). Questa transizione produce uno *stretch* di citosine più lungo di 10 residui per cui la polimerasi mitocondriale *in vivo* e la *Taq* polimerasi *in vitro* non riescono a copiare fedelmente lo stampo e producono una popolazione di molecole con differente numero di C; l'elettroferogramma, dalla fine dello *stretch* in avanti, presenta dei picchi sovrapposti, dovuti alla presenza di questa popolazione di molecole

Anche se a volte l'eteroplasmia può rendere complicata l'interpretazione dei risultati dell'analisi del mtDNA, in altre circostanze la presenza di eteroplasmia a livello di uno stesso sito può aumentare la probabilità di un *match* tra due campioni.

Per quanto concerne l'interpretazione degli elettroferogrammi dei prodotti di minisequenziamento bisogna innanzitutto tenere in considerazione che ci può essere una differenza, anche di 4-5 nucleotidi, tra le taglie osservate e quelle attese a causa dell'influenza del fluorocromo sulla mobilità del frammento, soprattutto di quelli più corti. Questo fenomeno è dovuto sia alla struttura secondaria che i corti frammenti assumono in elettroforesi capillare sia alla diversa massa molecolare dei fluorocromi: uno stesso *primers* di minisequenziamento migrerà diversamente a seconda del ddNTP incorporato (dR110<dTAMRA<dRGG<dROX). È consigliabile quindi sottoporre singolarmente a elettroforesi capillare i vari prodotti di minisequenziamento prima di

analizzarli in *multiplex* in modo da determinarne le taglie osservate in maniera inequivocabile.

Come già detto per l'interpretazione degli STRs e delle sequenze di DNA, anche negli elettroferogrammi dei prodotti di minisequenziamento si possono osservare *dye blobs* e *spikes*. I maggiori problemi nell'interpretazione degli elettroferogrammi dei prodotti di minisequenziamento nascono però dalla presenza di picchi estranei che possono essere dovuti a una incompleta rimozione dei *primers* di PCR, che vengono quindi allungati durante la reazione di minisequenziamento producendo degli aspecifici. Questi picchi hanno una taglia corrispondente a quella dei *primers* di PCR e rendono di difficile interpretazione i prodotti di minisequenziamento che cadono in questo range di lunghezza. Un'altra possibile causa della presenza di picchi estranei può essere l'estensione dei dimeri o delle strutture a forcina formati dai *primers* di minisequenziamento. Altri picchi aspecifici che ricordano un elettroferogramma di sequenza possono essere causati da una incompleta rimozione dei dNTPs dalla reazione di PCR che vengono incorporati durante la reazione di minisequenziamento; questi artefatti compaiono costantemente attorno a 70 bp.

Letture consigliate

Budowle B, Eisenberg AJ, van Daal A (2009) Validity of low copy number typing and applications to forensic science. CMJ 50:207-217

Butler JM (2005) Forensic DNA typing biology, technology, and genetics of STR markers, 2nd edn. Elsevier Academic Press

Gill P, Brenner CH, Buckleton JS et al (2006) DNA commission of the International Society of Forensic Genetics: recommendations on the interpretation of mixtures. Forensic Sci Int 160(2-3):90-101

Gill P, Sparkes R, Kimpton C (1997) Development of guidelines to designate alleles using an STR multiplex system. Forensic Sci Int 89: 185-197

Gill P, Whitaker J, Flaxman C et al (2000) An investigation of the rigor of interpretation rules for STRs derived from less than 100 pg of DNA. Forensic Sci Int 112(1):17-40

Goodwin W, Linacre A, Hadi S (2007) An introduction to forensic genetics. John Wiley & Sons Ltd, The Atrium, Southern Gate, Chichester, West Sussex PO19 8SQ, England

Siti Internet

Scientific Working Group on DNA Analysis Methods, SWIGDAM (2000) Short tandem repeat (STR) interpretation guidelines. Forensic Science Communication vol. 2, n. 3: http://www.fbi.gov/hq/lab/fsc/backissu/july2000/strig.htm

STRBase: http://www.cstl.nist.gov/biotech/strbase/mutation.htm

Capitolo 7

Statistica applicata all'esame dei polimorfismi del DNA

Federica Alessandrini

Introduzione

La statistica è la scienza dell'incertezza e della sua misurazione. Essa fornisce un'indicazione circa l'attendibilità di una misurazione ripetuta molte volte. In campo forense la statistica permette di fare deduzioni su una popolazione studiandone un campione significativo. In ambito forense il termine "popolazione" si riferisce ad un gruppo di individui che condividono un antenato comune; è quindi abbastanza frequente considerare come popolazione gli abitanti di una nazione o addirittura raggruppare persone di differenti lingue, culture e religioni, classificandole, ad esempio, come Caucasici, Africani sub-sahariani o Asiatici.

In questo capitolo verranno trattati i concetti statistici fondamentali per stimare la frequenza di un profilo STRs in una popolazione.

Le leggi di Mendel

Gregor Johann Mendel (1822–1884), un monaco e biologo ceco-austriaco, è considerato il padre della genetica. Mendel coltivando e analizzando circa 28.000 piante di piselli arrivò a formulare due generalizzazioni che divennero in seguito famose come "Leggi dell'ereditarietà mendeliana".

La prima legge, il principio della segregazione (o legge della disgiunzione), stabilisce che i due membri di una coppia genica (gli alleli) segregano (si separano) l'uno dall'altro durante la formazione dei gameti. Come risultato ciascun gamete porta solo un allele di ogni locus genico; la progenie viene prodotta mediante combinazione casuale dei gameti provenienti dai due genitori.

La seconda legge, il principio dell'assortimento indipendente, stabilisce che geni che controllano caratteri diversi si distribuiscono in modo indipendente gli uni dagli altri. Questo significa che geni situati su cromosomi diversi si comportano indipendentemente gli uni dagli altri nella produzione dei gameti.

La legge di Hardy-Weinberg

La genetica delle popolazioni è una branca della genetica che analizza la costituzione genetica delle popolazioni mendeliane (gruppi di individui interfertili che condividono un insieme di geni) in termini qualitativi (varianti alleliche presenti all'interno di una popolazione) e quantitativi (frequenze alleliche e genotipiche). La genetica delle popolazioni valuta le modalità con le quali le caratteristiche genetiche sono trasmesse alla progenie e il variare delle stesse in relazione al territorio, avvalendosi di metodi matematici afferenti alla teoria della probabilità e alla statistica.

Per calcolare le frequenze genotipiche a un dato locus si conta il numero di individui con un dato genotipo e lo si divide per il numero totale di individui nella popolazione. Si fa lo stesso per ciascuno dei genotipi per quel locus e la somma di tutte la frequenze genotipiche deve dare come risultato 1. Le frequenze degli alleli a un determinato locus sono dette frequenze alleliche (o geniche). Per calcolare la frequenza genica di un determinato allele a un determinato locus si conta il numero di copie di quel determinato allele nella popolazione e lo si divide per il numero totale di alleli presenti a quel locus nella popolazione. Come esempio immaginiamo una popolazione di 1.000 individui diploidi, di cui 350 con genotipo AA a un determinato locus, 500 con genotipo Aa e 150 con genotipo aa. Le frequenze genotipiche sono:

$$P = f(AA) = 350/1.000 = 0.35;$$
$$H = f(Aa) = 500/1.000 = 0.5;$$
$$Q = f(aa) = 150/1.000 = 0.15.$$

Le frequenze alleliche invece si calcolano tenendo in considerazione che ogni individuo AA possiede 2 alleli A, mentre ciascun individuo Aa possiede solo un allele A; pertanto il numero di alleli A nella popolazione è (2 x numero di omozigoti AA) + (numero di eterozigoti Aa). Stesso discorso vale per l'allele a; inoltre, dato che ogni individuo diploide possiede due alleli il numero totale di alleli a quel determinato locus nella popolazione sarà pari al doppio del numero degli individui, ovvero 2.000. Pertanto le frequenze alleliche saranno:

$$p = f(A) = \frac{(2\times350) + 500}{20000000} = 0.6$$

$$q = f(a) = \frac{(2\times150) + 500}{20000000} = 0.4$$

Anche la somma di tutte le frequenze alleliche a un determinato locus deve dare come risultato 1. Le lettere maiuscole P, H e Q vengono usate per indicare le frequenze (f) dei tre genotipi a un locus con due alleli, e non devono essere confuse con le lettere minuscole p e q utilizzate invece per indicare le frequenze alleliche.

La legge di Hardy-Weinberg descrive, attraverso un'equazione matematica, la relazione tra le frequenze alleliche e genotipiche all'interno di una popolazione ideale ed è alla base della genetica forense.

La legge di H-W è divisa in tre parti, un insieme di assunzioni e due risultati principali. Un enunciato semplice della legge è il seguente: in una popolazione infinitamente grande e ad accoppiamento casuale (panmissia), sulla quale non agiscano forze evolutive (mutazioni, migrazioni, selezione naturale, ecc.), a ogni locus le frequenze alleliche non variano con il tempo e le frequenze genotipiche si stabilizzano in una generazione in modo che la frequenza degli omozigoti sia il quadrato di quella dell'allele posseduto, mentre la frequenza degli eterozigoti sarà pari al doppio prodotto delle frequenze degli alleli posseduti. Immaginiamo ad esempio una popolazione in cui sono presenti a un locus l'allele A con frequenza p e l'allele a con frequenza q. Se la popolazione è in equilibrio di H-W, dopo una generazione avremo le seguenti frequenze genotipiche:

- frequenza degli individui omozigoti AA: f(AA) = p^2;
- frequenza degli individui omozigoti aa: f(aa) = q^2;
- frequenza degli individui eterozigoti Aa: f(Aa) = $2pq$.

La somma delle frequenze genotipiche deve essere uguale a 1, ovvero $p^2 + 2pq + q^2 = 1$, cioè $(p+q)^2 = 1$.

Quando una popolazione rispetta la legge di H-W si dice che è in equilibrio di H-W e le frequenze genotipiche possono essere predette dalle frequenze alleliche.

Vediamo più in dettaglio l'importanza delle assunzioni della legge di H-W. La prima condizione richiesta è che la popolazione deve essere infinitamente grande. Infatti se una popolazione è di dimensioni ridotte le deviazioni casuali dai rapporti attesi possono causare variazioni nelle frequenze geniche. Questa assunzione non è affatto realistica in quanto nessuna popolazione comprende un numero infinito di individui, tuttavia per evitare l'effetto di errori di campionamento sulle frequenze geniche è necessario evitare popolazioni con un numero di individui troppo limitato.

La seconda condizione della legge di H-W è la panmissia. Significa che la probabilità che due individui si incrocino non è influenzata dal genotipo per il carattere in questione. In questo modo è come se i geni di tutti gli individui fossero mescolati nel *pool* genico ed estratti a sorte per creare i genotipi dei nuovi individui.

Il terzo requisito, cioè che la popolazione in esame non debba essere sotto l'effetto di forze evolutive, serve per escludere la possibilità che il *pool* genico possa essere influenzato da dinamiche esterne e per garantire che tutti gli alleli presenti a un determinato locus abbiano la stessa probabilità di essere trasmessi alle successive generazioni.

Per verificare se una popolazione è in equilibrio di H-W si calcolano le frequenze genotipiche sulla base delle frequenze alleliche osservate nella popolazione in esame. Se il valore trovato non si discosta da quello atteso la popolazione è in equilibrio di H-W e le combinazioni alleliche sono indipendenti le une dalle altre.

La probabilità

Il moderno calcolo delle probabilità, ossia l'insieme delle regole di calcolo da applicare nello studio di fenomeni dall'esito incerto, ha avuto origine dallo studio dei giochi d'azzardo. Gli inizi della teoria risalgono alla metà del Seicento, in particolare a Blaise Pascal, Pierre Fermat e Christiaan Huygens. In campo economico, assicurativo, clinico e in altri vari settori dell'attività umana, in diverse branche della scienza medica, diagnostica e biologica si fanno previsioni attraverso il calcolo delle probabilità, tenendo conto di tutte le informazioni relative a fenomeni dall'esito incerto.

In un esperimento casuale, come il lancio di una moneta o di un dado, oppure l'estrazione di una carta da un mazzo o di una pallina da un'urna, il risultato, o esito, non è noto in partenza, ma viene individuato fra diverse possibilità. I vari esiti possibili vengono detti eventi. La misura del grado di possibilità che un evento ha di verificarsi si chiama probabilità dell'evento e si indica con p(E). La probabilità di un evento è il rapporto tra il numero dei casi favorevoli e il numero dei casi possibili, purché questi ultimi siano ugualmente possibili. Il valore numerico di una probabilità è compreso tra 0 e 1: se un evento si verifica con certezza la sua probabilità è 1; se al contrario non potrà mai verificarsi viene definito evento nullo e la sua probabilità è 0.

Gli eventi possono essere incompatibili o compatibili. Due eventi si dicono incompatibili o mutuamente esclusivi quando non possono verificarsi contemporaneamente, ossia il verificarsi dell'uno esclude il verificarsi dell'altro. Due eventi si definiscono compatibili quando possono verificarsi contemporaneamente, ossia il verificarsi dell'uno non esclude il verificarsi dell'altro. Gli eventi compatibili vengono suddivisi a loro volta in eventi dipendenti e indipendenti. Quando due eventi E1 ed E2 sono dipendenti, il verificarsi dell'uno influenza il verificarsi dell'altro, modificandone la probabilità. La probabilità di E2 deve essere calcolata tenendo conto dell'effetto che il presentarsi di E1 ha sull'evento E2. La scrittura p(E2|E1) rappresenta la probabilità condizionata dell'evento E2 rispetto all'evento E1, e si interpreta come: "probabilità di E2, posto che si sia verificato E1". Consideriamo degli esempi:

1. nell'estrazione di una carta da un mazzo regolare di 52 carte prendiamo in considerazione i due eventi E1 "esce una figura", E2 "esce un numero minore di 7". I due eventi non possono verificarsi contemporaneamente, ossia il verificarsi dell'uno esclude il verificarsi dell'altro. E1 ed E2 sono eventi incompatibili;
2. nell'estrazione di una carta da un mazzo regolare di 52 carte prendiamo in considerazione i due eventi E1 "esce una figura", E2 "esce una carta rossa". I due eventi possono verificarsi contemporaneamente, ossia il verificarsi dell'uno non esclude il verificarsi dell'altro. E1 ed E2 sono eventi compatibili;
3. in un sacchetto ci sono 28 palline di colore diverso: 5 rosse, 10 gialle, 7 blu e 6 verdi. Estraendo consecutivamente due palline dal sacchetto senza reintrodurre la prima pallina estratta, consideriamo i due eventi E1 "esce una pallina gialla", E2 "esce un'altra pallina gialla". I due eventi sono ancora

compatibili, ma il verificarsi del primo influisce sulla probabilità del secondo, in quanto alla prima estrazione nel sacchetto ci sono 10 palline gialle su un totale di 28, alla seconda estrazione ci sono 9 palline gialle su un totale di 27;
4. lanciamo una moneta due volte e si consideri l'evento E "esce due volte testa". L'evento E può essere descritto attraverso i due eventi: E1 "esce testa al primo lancio", E2 "esce testa al secondo lancio". I due eventi E1 ed E2 sono compatibili e la probabilità di ciascuno di essi è $^1/_2$; inoltre la comparsa di testa al primo lancio non influisce sull'esito del secondo lancio per cui tali eventi sono definiti indipendenti.

Per il calcolo delle probabilità vengono applicati dei teoremi; di seguito vengono citati i più significativi:

1. *Teorema della probabilità contraria*: l'evento NON(E) è detto evento complementare di E; esso ha come casi favorevoli tutti quelli che non sono favorevoli ad E; pertanto:

   $p(\text{NON } E) = 1 - p(E)$

2. *Teorema della probabilità totale o della somma*: dati due o più eventi, la probabilità che si verifichi l'uno oppure l'altro, è data dalla somma delle rispettive probabilità diminuita della probabilità che si verifichino entrambi:

   $p(E_1 \cup E_2) = p(E_1) + p(E_2) - p(E_1 \cap E_2);$

   nel caso di eventi incompatibili, $p(E1 \cap E2)$ vale 0, in quanto non si possono verificare entrambi e la formula diventa:

   $p(E_1 \cup E_2) = p(E_1) + p(E_2)$

3 *Teorema della probabilità composta o del prodotto*: dati due o più eventi, la probabilità che si verifichino contemporaneamente è data dal prodotto della probabilità di uno di essi per la probabilità condizionata dell'altro rispetto al primo:

   $p(E_1 \cap E_2) = P(E_1) \times P(E_2|E_1) = P(E_2) \times P(E_1|E_2);$

   se gli eventi sono indipendenti, la formula diventa:

   $p(E_1 \cap E_2) = P(E_1) \times P(E_2)$

4. *Teorema di Bayes (probabilità delle cause)*: questo teorema, proposto da Thomas Bayes, si ottiene a partire dalla definizione di probabilità condizionata, applicando la regola della probabilità composta. Supponiamo che

in una singola prova possa verificarsi uno e uno solo tra due o più possibili eventi $H_1, H_2 \ldots H_n$ e che qualora si verifichi uno di questi eventi ci sia una ben determinata probabilità che si verifichi un altro evento E. Insomma, gli eventi $H_1, H_2 \ldots H_n$ costituiscono le possibili cause dell'evento E e sono incompatibili (non è possibile che si verifichino contemporaneamente due cause H_i e H_j se $i \neq j$) ed esaustivi (nessun'altra causa all'infuori di quelle considerate può causare l'evento E). Allora se si verifica l'evento E, la probabilità che esso sia stato provocato dall'evento H_i è data dalla formula:

$$p(H_i \mid E) = \frac{p(H_i)p(E \mid H_i)}{p(H_i)p(E \mid H_i) + p(H_2)p(E \mid H_2) + \ldots\ldots\ldots p(H_n)p(E \mid H_n)} =$$

$$\frac{p(H_i)p(E \mid H_i)}{\sum_{i=1}^{n} p(H_i)p(E \mid H_i)}$$

Il teorema di Bayes si usa quando un evento E può verificarsi sotto diverse condizioni sulle quali si possono fare *n* ipotesi. Se si conosce la probabilità delle ipotesi, nonché le probabilità condizionate, si potrà verificare se le ipotesi iniziali erano corrette o se devono essere modificate.

Se è alta la probabilità che E sia causato da H_i, il fatto che E si sia verificato aumenta la probabilità che H_i ne sia stata la causa; se è bassa la probabilità che E sia causato da H_i, il fatto che E si sia verificato diminuisce la probabilità che H_i ne sia stata la causa.

Calcolo delle probabilità nelle indagini di identificazione individuale

Le analisi di DNA per l'identificazione individuale sono essenzialmente basate sul confronto di profili genetici, ad esempio quello ottenuto da un campione biologico raccolto sulla scena del crimine e il profilo di un sospettato (riferimento). Il confronto tra genotipo del campione e genotipo di riferimento può dare origine a tre diversi esiti:

1. *compatibilità genetica (match)*: il campione in esame e quello di riferimento hanno lo stesso genotipo e non esistono differenze tra i due;
2. *incompatibilità genetica*: il confronto dei genotipi tra il campione in esame e quello di riferimento mostra differenze che possono essere spiegate solo dalla provenienza del materiale biologico da individui diversi;
3. *inconcludenza*: non esistono sufficienti informazioni per trarre delle conclusioni.

Delle tre possibili conclusioni sopra citate solo la prima necessita di una valutazione statistica. La statistica serve per dare un significato al *match*. Infatti esiste anche la possibilità che il DNA del campione analizzato appartenga a un'altra persona, diversa da quella del sospettato, e del quale, per pura coincidenza, ha lo stesso profilo genetico per quei loci analizzati. Come vedremo in seguito, questa possibilità è tanto più bassa quanti più loci vengono analizzati per ottenere il profilo genetico.

Per una corretta interpretazione della compatibilità genetica si utilizzano dei modelli matematici e statistici basati sulla conoscenza dei marcatori genetici utilizzati per le analisi, della genetica di popolazione e delle leggi della probabilità precedentemente esposti. Nei casi di compatibilità bisogna valutare la diffusione del profilo genetico in esame all'interno della popolazione. La probabilità che un altro individuo non imparentato con il sospettato, preso a caso nella popolazione, abbia lo stesso genotipo (*random match probabilità*, RMP) può essere determinata dalla frequenza di quel particolare genotipo nella popolazione. È importante distinguere tra individui imparentati e non, in quanto i profili genetici di persone imparentate sono più simili tra loro rispetto a quelli di persone senza nessun vincolo di parentela.

La frequenza di un profilo genetico all'interno di una popolazione viene calcolata sulla base della legge di Hardy-Weinberg. La frequenza genotipica per ogni locus viene calcolata a partire dalle frequenze alleliche p e q, quindi si moltiplicano tra loro tutte le frequenze genotipiche dei loci esaminati (teorema della probabilità composta o del prodotto), poiché essi vengono trasmessi in modo indipendente attraverso le generazioni (seconda legge di Mendel). Per fare ciò è necessario conoscere sia gli alleli presenti a ogni locus sia la loro frequenza nella popolazione.

La *random match probability* è una stima della frequenza con la quale quel particolare profilo ricorre nella popolazione. La RMP può essere considerata, in altri termini, come la probabilità che, prendendo a caso una persona dalla popolazione, essa abbia quel determinato profilo genetico. La RMP non rappresenta quindi la probabilità che un altro individuo diverso dal sospettato sia il vero colpevole o abbia lasciato la traccia biologica sulla scena del crimine.

Il modo migliore per capire come viene calcolata la frequenza di un genotipo è vedere un esempio concreto. Consideriamo il profilo genetico riportato in Tabella 7.1. Il calcolo delle frequenze genotipiche per ogni locus è diverso a seconda che l'individuo che ha lasciato la traccia sia omozigote o eterozigote per un sistema.

Calcoliamo la frequenza genotipica per il primo locus eterozigote D8S1179: l'allele 10 ha una frequenza p di 0,084700; la frequenza q dell'allele 13 è di 0,301500, la frequenza genotipica $2pq$ del locus D8S1179 risulta essere quindi pari a 0,0510741.

Nel caso dei loci omozigoti la frequenza genotipica è data dal quadrato della frequenza dell'allele presente. Per il locus D21S11 essa sarà quindi p^2, cioè $(0{,}233640)^2 = 0{,}05458765$. Si calcolano in questo modo le frequenze genotipiche a ogni locus, quindi si applica il teorema della probabilità composta moltiplicando tra loro tutte le frequenze genotipiche risultanti in modo da ottenere la frequenza di quel determinato profilo genetico all'interno della popolazione.

Tabella 7.1. Esempio di calcolo di RMP utilizzando 15 loci STRs contenuti nell'*AmpFlSTR® Identifiler® PCR Amplification Kit*

Locus	Alleli	Frequenze alleliche (p, q)	Frequenza genotipica Formula	Frequenza genotipica Valore
D8S1179	10	0,084700	$2pq$	0,0510741
	13	0,301500		
D21S11	30	0,233640	p^2	0,05458765
	30	0,233640		
D7S820	10	0,274948	p^2	0,075596403
	10	0,274948		
CSF1PO	10	0,242076	$2pq$	0,158834294
	12	0,328067		
D3S1358	14	0,079092	$2pq$	0,028264633
	18	0,178682		
TH01	6	0,202071	$2pq$	0,064527332
	9	0,159665		
D13S317	9	0,073386	$2pq$	0,005596857
	14	0,038133		
D16S539	10	0,055894	$2pq$	0,033790159
	12	0,302270		
D2S1338	17	0,171023	$2pq$	0,013527919
	22	0,039550		
D19S433	14	0,333921	p^2	0,111503234
	14	0,333921		
vWA	17	0,269373	$2pq$	0,040402179
	19	0,074993		
TPOX	8	0,533000	p^2	0,284089
	8	0,533000		
D18S51	13	0,146718	p^2	0,021526172
	13	0,146718		
D5S818	12	0,360979	p^2	0,130305838
	12	0,360979		
FGA	21	0,189398	$2pq$	0,063729775
	22	0,168243		
		Frequenza del profilo (RMP)	**$3{,}57366 \times 10^{-20}$**	

Considerando solamente i 13 STRs CODIS si ottiene un valore medio di RMP per individui non imparentati di 1 su 1.000.000.000.000 (10^{12}), anche in popolazioni con ridotta variabilità genetica, come ad esempio gli Apaches. Questo vuol dire che un determinato profilo genetico costituito solamente dai 13 loci CODIS è trovato in media in un individuo su 10^{12} persone; considerando che la popolazione mondiale conta meno di 7×10^9 individui, i valori di RMP ottenuti con i 13 STRs CODIS permettono di stabilire con ragionevole certezza scientifica che, in caso di *match* tra i profili genetici, il sospettato è colui che ha lasciato il materiale biologico recuperato sulla scena del crimine.

Un approccio alternativo è l'utilizzo del rapporto di verosimiglianza (*likelihood ratio*, LR) che prevede il confronto delle probabilità di osservare un particolare evento E (in questo caso il profilo genetico) sotto due ipotesi alternative. Le due ipotesi mutuamente esclusive rappresentano la posizione dell'accusa (H_p: il DNA sulla scena del crimine appartiene al sospettato) e quella della difesa (H_d: il DNA sulla scena del crimine proviene da un altro individuo che per puro caso ha lo stesso profilo genetico del sospettato):

$$LR = \frac{Hp}{HD}$$

Poiché l'ipotesi dell'accusa è che il sospettato abbia commesso il crimine la probabilità di H_p è 1, mentre la probabilità di H_d corrisponde alla frequenza del profilo genetico in esame all'interno della popolazione (RMP):

$$LR = \frac{1}{RMP}$$

Il rapporto di verosimiglianza è quindi l'inverso della frequenza di quel determinato profilo genetico all'interno della popolazione. Se il valore è maggiore di 1 allora l'ipotesi dell'accusa è più probabile dell'ipotesi della difesa. Nel 1998 sono state suggerite da Evett e Weir (Evett e Weir, 1998) delle linee guida per considerare il peso del valore di LR nell'avvalorare l'ipotesi dell'accusa:

$1<LR<10$	peso limitato;
$10<LR<100$	peso moderato;
$100<LR<1.000$	peso importante;
$LR>1.000$	peso molto influente.

Utilizzando i 15 STRs presenti nei kit commerciali si ottengono valori di LR superiori a 10^{17}, avvalorando in maniera molto forte l'ipotesi dell'accusa.

Il calcolo biostatistico nelle indagini di paternità

L'indagine genetica per l'accertamento di paternità è finalizzata a ottenere un'indicazione di esclusione o attribuzione di paternità nei confronti di un figlio di un particolare individuo preso in esame, indicato come presunto padre. L'indagine viene solitamente effettuata sul trio padre presunto, madre e figlio per verificare la compatibilità tra i sistemi genetici del figlio e del presunto padre, acquisendo come certa la maternità e con essa la metà del patrimonio genetico del figlio. I risultati dell'indagine possono portare a due diverse alternative: una in cui ci sia incompatibilità genetica tra presunto padre e figlio, quindi esclusione; l'altra in cui ci sia corrispondenza genetica, e quindi compatibilità, tra presunto padre e figlio.

Le regole generali che portano a un'esclusione di paternità possono essere riassunte in tre tipi di incongruenze genetiche:

1. presenza nel figlio di un carattere, ereditariamente trasmesso, assente nel padre e nella madre;
2. assenza nel figlio di uno o dell'altro allele presente nel presunto padre eterozigote;
3. assenza nel figlio dell'unico allele presente nel presunto padre omozigote.

La regola empirica comunemente adottata prevede che l'esclusione possa essere dichiarata solo in presenza di almeno tre incompatibilità. Qualora invece il presunto padre possieda a ogni locus esaminato almeno un allele compatibile con quelli del figlio o se si riscontrano una o due incompatibilità, si impone il ricorso al calcolo biostatistico. In questo caso si devono considerare due possibilità:

- l'uomo possiede per semplice coincidenza gli alleli presenti nel figlio, ma non è il padre biologico;
- l'uomo possiede gli alleli presenti nel figlio in quanto è il padre biologico.

La compatibilità genetica deve essere valutata mediante il calcolo biostatistico, fondato sull'applicazione delle leggi della probabilità (in particolare del teorema di Bayes) alla trasmissione dei caratteri ereditari.

Ci sono due modi, matematicamente equivalenti, utilizzati per stimare il peso dell'evidenza a favore dell'ipotesi di paternità: l'indice di paternità (*paternity index*, PI o *likelihood ratio*, LR) e la probabilità di paternità (W), calcolata secondo Essen-Möller. In entrambi i casi si tratta di calcolare due probabilità condizionate.

L'utilizzo dell'indice di paternità (PI), analogamente a quanto visto per il calcolo di LR nei casi di identificazione individuale, prevede il confronto delle probabilità di osservare un particolare evento E (in questo caso la compatibilità dei profili genetici) sotto due ipotesi altenative. Le due ipotesi mutuamente esclusive sono l'ipotesi di paternità (H_p: il padre presunto è il padre biologico del figlio in esame e la compatibilità genetica osservata non è casuale) e quella di non paternità (H_d: il padre biologico è un altro uomo e la compatibilità genetica osservata è casuale):

$$PI = \frac{p(E \mid H_p)}{p(E \mid H_d)} = \frac{X}{Y}$$

Il rapporto X/Y non è altro che il rapporto tra il fattore di segregazione dell'allele trasmesso dal presunto padre al figlio e la frequenza dello stesso allele nella popolazione, ed è tanto più elevato quanto più probabile è l'ipotesi H_p, cioè che il padre presunto sia davvero il padre biologico del figlio. Il fattore di segregazione è la probabilità che il presunto padre abbia trasmesso l'allele in questione al figlio e vale 1 se il presunto padre è omozigote per tale allele, 0.5 se è eterozigote. Analogamente al calcolo della RMP, l'indice di paternità viene calcolato per ogni locus esaminato, i valori trovati vengono poi moltiplicati tra loro poiché i loci esaminati sono indipendenti (teorema della probabilità composta o del prodotto); si ottiene in questo modo l'indice di paternità combinato (*Combined Paternity Index*, CPI).

La probabilità di paternità (W) viene calcolata applicando il teorema di Bayes come modificato da Essen-Möller ed è un valore numerico che esprime la probabilità del padre presunto di essere il padre biologico del figlio oggetto di accertamento di paternità. Secondo questo approccio il calcolo della probabilità di paternità sulla base dell'osservazione dei profili genetici del trio (definita probabilità *a posteriori* dell'ipotesi di paternità) richiede preliminarmente una stima soggettiva della probabilità *a priori* (cioè valutata sulla base delle sole evidenze circostanziali, prima di effettuare il test del DNA) delle due ipotesi contrapposte di paternità (H_p) e di non paternità (H_d). Le probabilità suddette sono designate come segue:

- $p(H_p|E)$, probabilità a posteriori dell'ipotesi di paternità (H_p) data la compatibilità genetica dei profili del trio; è la probabilità di paternità W;
- $p(H_p)$, probabilità a priori dell'ipotesi di paternità;
- $p(H_d)$, probabilità a priori dell'ipotesi di non paternità.

Di conseguenza il teorema di Bayes può essere così formulato:

$$p(H_p|E) = \frac{p(H_p)p(E \mid H_p)}{p(H_p)p(E \mid H_p) + p(H_d)p(E \mid H_d)} = \frac{p(H_p)X}{p(H_p)X + p(H_d)Y} =$$

$$\frac{1}{1 + [p(H_d)/p(H_p)](Y/X)}$$

Quando le ipotesi di paternità e di non paternità sono assunte a priori come equiprobabili, cioè $p(H_p) = p\ (H_d) = 1/2$, il teorema di Bayes prende la forma semplificata dell'equazione di Essen-Möller:

$$W = \frac{1}{1 + Y/X}$$

Vediamo un esempio: consideriamo una terna formata da un presunto padre, una madre e un figlio con i genotipi mostrati in Figura 7.1. È evidente che il figlio ha ereditato l'allele a dalla madre e l'allele c dal padre biologico. Ma anche il presunto padre possiede l'allele c; la questione è stabilire se, ciò considerato, il presunto padre sia il padre biologico del figlio in esame o la compatibilità sia solamente occasionale. Per fare ciò consideriamo il rapporto di verosimiglianza (LR): il numeratore rappresenta l'ipotesi che il presunto padre sia il padre biologico del figlio in esame; per attribuire un valore numerico al

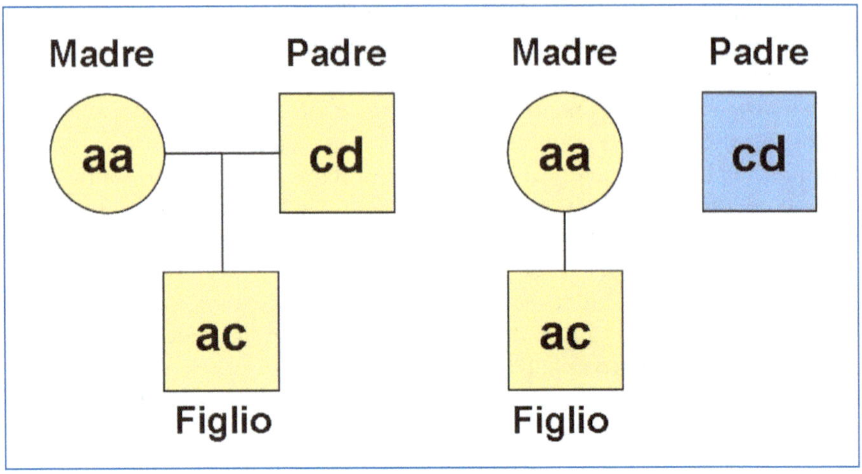

Fig. 7.1. A sinistra è rappresentata l'ipotesi di paternità H_p, secondo cui il presunto padre è il padre biologico; a destra l'ipotesi di non paternità H_d, secondo la quale un altro uomo a caso è il padre biologico

numeratore dobbiamo considerare qual è la probabilità che egli abbia trasmesso l'allele c al figlio in esame. In base alle leggi di Mendel il presunto padre, eterozigote per l'allele c, trasmette questo carattere alla progenie nel 50% dei casi, perciò la probabilità da porre al numeratore è 0.5. Se il presunto padre fosse stato omozigote per l'allele c lo avrebbe sempre trasmesso alla progenie, e quindi il valore da mettere al numeratore sarebbe stato 1 (100%). Il denominatore della frazione è la probabilità che, nonostante la compatibilità genetica, il padre biologico non sia il presunto padre ma un altro uomo che abbia l'allele c, e questa probabilità è data dalla frequenza dell'allele in esame nella popolazione.

Se nel test di paternità vengono adoperati più loci indipendenti, come nella pratica corrente, è conveniente calcolare i vari valori di PI individualmente e poi moltiplicarli per ottenere il PI complessivo (CPI), come suggerito dal teorema della probabilità composta, e solo a questo punto trasformare il PI complessivo nella rispettiva probabilità di paternità a posteriori totale (W).

Per trasformare la verosimiglianza (LR) in probabilità di paternità (W) si applica, come già detto, la formula di Essen-Möller. Nella classica descrizione di Essen-Möller la paternità si considera provata se il valore W calcolato è pari o superiore a 0.9973, ma gran parte dei test molecolari oggi disponibili restituiscono valori di probabilità di paternità superiori di almeno 3-4 ordini di grandezza rispetto alla soglia stabilita da Essen-Möller.

Sono stati sviluppati dei software per il calcolo statistico nei test di paternità: i più utilizzati sono *DNA View*, *Familias* e *EasyDNA*.

L'interpretazione dei risultati nell'analisi del DNA mitocondriale

Il ruolo dell'analisi del DNA mitocondriale è di fornire prove nel caso in cui il DNA nucleare dia esiti negativi o quando siano disponibili solo campioni imparentati per via materna. In genere l'aplotipo mitocondriale ottenuto da un campione peritale (Q) viene confrontato con quelli ottenuti da soggetti imparentati per via materna nel caso, ad esempio, dell'identificazione di un cadavere, oppure con l'aplotipo proveniente da materiale di un individuo sospetto (K). Lo scopo dell'analisi del DNA mitocondriale è di fornire prove utili a supportare una delle due ipotesi alternative:

1. il campione peritale (Q) appartiene alla persona sospetta (K) o a individui correlati per via materna;
2. il campione peritale(Q) e il campione della persona sospetta (K) non appartengono allo stessa persona (o la stessa linea materna).

Se due aplotipi (Q) e (K) sono identici, allora questo supporta la prima ipotesi. Se, invece, i due campioni sono diversi, questo supporta la seconda ipotesi. A ogni modo, se tra le due sequenze Q e K esistono solo delle minime differenze non è sempre semplice e immediato stabilire con certezza se appartengano o meno alla stessa linea materna.

L'interpretazione e la misura del peso della prova da profili del DNA mitocondriale sono probabilmente i compiti più complessi nell'analisi forense del mtDNA. I laboratori che utilizzano il DNA mitocondriale a fini forensi devono seguire delle precise linee guida. Il *Scientific Working Group on DNA Analysis Methods* (SWGDAM – *Guidelines for Mitochondrial DNA (mtDNA) Nucleotide Sequence Interpretation*, 2003) ha redatto le seguenti raccomandazioni:

- *esclusione*: se esistono due o più differenze nucleotidiche tra il campione di riferimento e quello indagato si può escludere che i campioni siano originati dalla stessa persona o dalla stessa linea materna;
- *inconclusivo*: se esiste una sola differenza nucleotidica tra il campione di riferimento e quello indagato il risultato sarà inconclusivo;
- *impossibilità di esclusione*: se le sequenze del campione di riferimento e quello indagato presentano lo stesso aplotipo, una stessa condizione di eteroplasmia a livello di una posizione nucleotidica o condividono una comune variante in lunghezza a livello dei *C-stretchs* non si può escludere che i due campioni siano originati dalla stessa persona o dalla stessa linea materna.

È bene sottolineare che, oltre a seguire le raccomandazioni della comunità scientifica, la valutazione di profili mitocondriali al fine di decidere se due campioni sono originati dalla stessa fonte biologica (o appartengono alla stessa linea materna) coinvolge anche molte considerazioni dal punto di vista biologico. Infatti, a causa dell'elevato tasso di mutazione del genoma mitocondriale non è infrequente trovare delle differenze di DNA tra individui della stessa linea materna (anche madre e figlio). Se si riscontrano differenze (*mismatches*) tra Q e K, queste automaticamente non escludono l'appartenenza dei campioni a una stessa linea materna, sebbene il peso della prova è ridotta. Se Q e K differiscono a livello di una posizione nucleotidica, è chiaro, a questo punto, che il peso della prova dipenderà dall'intrinseca mutabilità di quella base. Il genoma mitocondriale è caratterizzato da un'eterogeneità del tasso di mutazione. Il livello di stabilità molecolare non è costante lungo la molecola del DNA mitocondriale, ma vi sono dei siti a più elevata variabilità. Perciò una sola differenza nucleotidica tra due campioni forensi dovrebbe essere valutata in accordo allo specifico tasso di mutazione del sito nucleotidico in questione. Sono disponibili molti dati sul tasso di mutazione del DNA mitocondriale che possono essere utili a scopi forensi, così come elenchi dei siti nucleotidici che evolvono più rapidamente. Sostituzioni nucleotidiche sono state inoltre osservate nei tessuti somatici di uno stesso individuo, probabilmente causate da eteroplasmie già esistenti. Questo significa che differenze potrebbero essere osservate tra diversi capelli o tessuti in uno stesso individuo.

Le mutazioni sono trasmesse attraverso le generazioni in proporzioni variabili e vengono accumulate e segregate durante la vita di un individuo. Questo origina una miscela di molecole di DNA mitocondriale che si differenziano l'una dall'altra a livello di una o più basi (eteroplasmia). La presenza di eteroplasmia non invalida l'uso del DNA mitocondriale in campo forense. Se la stessa eteroplasmia è osservata sia in Q sia in K, allora la sua presenza rafforza il peso della prova, aumentando la probabilità che i due campioni provengano dallo stesso soggetto; la presenza della stessa eteroplasmia sarebbe infatti un evento assai raro se i campioni provenissero da due soggetti non imparentati. Al contrario, se l'eteroplasmia è osservata in Q ma non in K o viceversa, non si può escludere che i due campioni siano originati dalla stessa persona o dalla stessa linea materna (impossibilità di esclusione). In questi casi è bene tenere in considerazione anche i tipi di tessuti biologici analizzati, poiché differenze nella sequenza del DNA mitocondriale in seguito a mutazioni sembrano essere molto più probabili tra capelli e sangue che tra due campioni di sangue prelevati da uno stesso individuo.

Quando non si può escludere che i due campioni Q e K originino dalla stessa persona o dalla stessa linea materna è necessaria una stima statistica della significatività della somiglianza (*match*). Al momento, la pratica è quella di contare il numero di volte (x) che una particolare sequenza (aplotipi) è osservata nel database di riferimento (n = numero di aplotipi nel database):

$$\mathrm{p} = \frac{x}{n}$$

La stima della frequenza p può essere incerta a causa di errori di campionamento durante l'allestimento del database. Inoltre, se il numero di campioni nel database è ridotto è molto probabile che non sia rappresentativo di tutti gli aplotipi mitocondriali effettivamente presenti nella popolazione, specialmente nel caso di aplotipi più rari. L'incertezza dovuta a errori di campionamento può essere ottenuta calcolando un intervallo di confidenza del 95% entro cui considerare la misurazione. Utilizzando la formula

$$p \pm 1.96\sqrt{\frac{p(1-p)}{n}}$$

è possibile affermare che la reale frequenza dell'aplotipo si trova, con una certezza del 95%, tra i valori (positivo e negativo) dell'intervallo di confidenza. Nel caso in cui l'aplotipo non sia mai stato osservato nel database, la frequenza *p* della sequenza osservata è data dalla formula: $1\text{-}a^{1/n}$, dove a è il coefficiente di confidenza (pari a 0.05, intervallo di confidenza del 95%).

Letture consigliate

Buckleton JS, Triggs CM, Simon J, Walsh SJ (2005) Forensic DNA evidence interpretation. CRC Press

Evett IW, Weir BS (1998) Interpreting DNA evidence: statistical genetics for forensic scientist. Sinauer, Sunderland, MA

Fung WK (2003) User-friendly programs for easy calculations in paternity testing and kinship determinations. Forensic Science International 136:22-34

Fung WK, Yang CT, Guo W (2004) EasyDNA: user-friendly paternity and kinship testing program - Progress in forensic genetics 10:628-630

Scientific Working Group on DNA Analysis Methods, SWGDAM (2003) Guidelines for mitochondrial DNA (mtDNA) nucleotide sequence interpretation. Forensic Science Communications vol. 5, n. 2: http://www.fbi.gov/hq/lab/fsc/backissu/april2003/swgdammitodna.htm

Siti Internet

DNA View: http://dna-view.com/dnaview.htm
Easy DNA: http://www.hku.hk/statistics/EasyDNA/
Familias: http://www.math.chalmers.se/~mostad/familias

Capitolo 8

Problematiche giuridiche e deontologiche

Laura Mazzarini e Adriano Tagliabracci

Indagini genetiche e codice civile

Filiazione legittima e disconoscimento di paternità

Nella versione più recente del codice civile relativa al diritto di famiglia, che risale al 1975 (Legge 19 marzo 1975, n. 151), compare per la prima volta esplicito riferimento ai test genetici per il disconoscimento di paternità.

L'art. 235 del codice civile (Disconoscimento di paternità) recita infatti che "*L'azione per il disconoscimento di paternità del figlio concepito durante il matrimonio è consentita solo nei casi seguenti: se i coniugi non hanno coabitato nel periodo compreso fra il trecentesimo e il centottantesimo giorno prima della nascita; se durante il tempo predetto il marito era affetto da impotenza, anche se soltanto di generare; se nel detto periodo la moglie ha commesso adulterio o ha tenuto celata al marito la propria gravidanza e la nascita del figlio. In tali casi il marito è ammesso a provare che il figlio presenta caratteristiche genetiche o del gruppo sanguigno incompatibile con quello del presunto padre, o ogni altro fatto tendente ad escludere la paternità. La sola dichiarazione della madre non esclude la paternità. L'azione di disconoscimento può essere esercitata anche dalla madre o dal figlio che ha raggiunto la maggiore età in tutti i casi in cui può essere esercitata dal padre.*"

Questo articolo richiama quindi esplicitamente la possibilità di eseguire test genetici nel caso in cui sia stato commesso adulterio nel periodo compreso tra il trecentesimo e il centottantesimo giorno prima della nascita, periodo utile per aversi un concepimento extraconiugale. L'adulterio costituisce inoltre il presupposto implicito della condizione posta in alternativa, di una gravidanza celata o della nascita del figlio nello stesso periodo, ad esempio perché il marito lavorava all'estero, o era in missione militare e altre situazioni di lontananza.

Il legislatore ha usato il sintagma "caratteristiche genetiche o del gruppo sanguigno" come se le seconde non fossero comunque determinate geneticamente, ma questa dizione probabilmente voleva soltanto richiamare dei tratti patologici determinati geneticamente – ad esempio la beta-talassemia – da aggiungere agli antigeni dei globuli rossi, che rappresentavano i marcatori prevalentemente usati in quel periodo, raramente assieme agli antigeni HLA e, in pochi laboratori di medicina legale, ai polimorfismi elettroforetici delle proteine sieriche e degli isoenzimi eritrocitari.

Il termine dell'azione di disconoscimento per il marito, fissato in un anno dalla nascita del figlio (art. 244 del codice civile), tranne il caso che egli fosse lontano dal luogo di nascita, è stato opportunamente modificato dalla sentenza della Corte Costituzionale n. 134 del 6 maggio 1985, che ha cambiato la legge in questa parte e riferito la decorrenza dal giorno in cui egli venga a conoscenza dell'adulterio della moglie, che in non pochi casi supera ampiamente l'anno di tempo che era concesso per promuovere l'azione.

Oltre che dal marito l'azione di disconoscimento può essere proposta, sempre secondo l'art. 244, dalla moglie, nel termine perentorio di sei mesi dalla nascita del figlio, e dal figlio, entro un anno dal compimento della maggiore età o da quando egli sia venuto a conoscenza dei fatti che la rendono possibile. Oltre all'adulterio, alla gravidanza o nascita celate, essi sono rappresentati anche dalla mancanza di coabitazione o da impotenza di generare del padre nel periodo tra il trecentesimo e il centottantesimo giorno prima della nascita.

Molto si è dibattuto da parte dei giuristi e dei medici legali sul ruolo probatorio delle indagini genetiche e sulla separazione operata dalla legge tra accertamento dell'adulterio, considerato preliminare e preclusivo, ed esecuzione delle indagini genetiche, poiché è indubbio che queste, oltre che costituire prova della paternità, implicitamente consentono anche di dare conferma del presupposto che le legittima, cioè dell'adulterio. La magistratura su questo punto è stata piuttosto ondivaga, fino alla sentenza, si auspica definitiva, della Corte Costituzionale n. 266 del 6 luglio 2006 che ha dichiarato l'illegittimità costituzionale dell'art. 235, primo comma, numero 3, del codice civile, nella parte in cui, ai fini del disconoscimento della paternità, consente al marito di provare che il figlio presenta caratteristiche genetiche o del gruppo sanguigno incompatibili con quelle del presunto padre solo dopo aver provato che nel periodo del concepimento la moglie ha commesso adulterio. Secondo il giudice rimettente, la norma si pone in contrasto con l'art. 3 della Costituzione, per la irragionevolezza della previsione, a fronte di un progresso scientifico che consente di ottenere direttamente – e quindi senza passare attraverso la dimostrazione dell'adulterio – una sicura prova dell'esclusione della paternità; nonché con l'art. 24, secondo comma, della Costituzione, "per contrasto con il diritto di difesa, il quale non può compiutamente realizzarsi se non viene reso possibile l'accertamento dei fatti sui quali si fondano le ragioni sottoposte al giudice e se non viene consentito di fornire la prova dei fatti stessi".

Gli altri articoli del codice civile che rilevano ai fini della filiazione legittima sono i seguenti:

- art. 231 - Paternità del marito: il marito è padre del figlio concepito durante il matrimonio;
- art. 232 - Presunzione di concepimento durante il matrimonio: si presume concepito durante il matrimonio il figlio nato quando sono trascorsi centottanta giorni dalla celebrazione del matrimonio e non sono ancora trascorsi trecento giorni dalla data dell'annullamento, dello scioglimento o dalla cessa-

zione degli effetti civili del matrimonio. La presunzione non opera decorsi trecento giorni dalla pronuncia di separazione giudiziale, o dalla omologazione di separazione consensuale, ovvero dalla data della comparizione dei coniugi avanti al giudice quando gli stessi sono stati autorizzati a vivere separatamente nelle more del giudizio di separazione o dei giudizi previsti nel comma precedente;

- art. 233 - Nascita del figlio prima dei centottanta giorni: il figlio nato prima che siano trascorsi centottanta giorni dalla celebrazione del matrimonio è reputato legittimo se uno dei coniugi, o il figlio stesso, non ne disconoscono la paternità;
- art. 234 - Nascita del figlio dopo i trecento giorni: ciascuno dei coniugi e i loro eredi possono provare che il figlio, nato dopo i trecento giorni dall'annullamento, dallo scioglimento o dalla cessazione degli effetti civili del matrimonio, è stato concepito durante il matrimonio. Possono analogamente provare il concepimento durante la convivenza quando il figlio sia nato dopo i trecento giorni dalla pronuncia di separazione giudiziale, o dalla omologazione di separazione consensuale, ovvero dalla data di comparizione dei coniugi avanti al giudice quando gli stessi sono stati autorizzati a vivere separatamente nelle more del giudizio di separazione o dei giudizi previsti nel comma precedente. In ogni caso il figlio può proporre azione per reclamare lo stato di legittimo.

Filiazione naturale e legittimazione

Le indagini genetiche assumono ruolo risolutivo per la prova della paternità dei figli naturali, nati al di fuori del matrimonio, ove non opera la presunzione di legge che il legislatore ha accordato alla filiazione legittima.

Il riconoscimento dei figli naturali può essere fatto, secondo gli articoli 250 e 254 del codice civile, anche da genitori uniti in matrimonio con altra persona al tempo del concepimento, congiuntamente o separatamente, "*nell'atto di nascita, oppure con una apposita dichiarazione, posteriore alla nascita o al concepimento, davanti a un ufficiale dello stato civile o davanti al giudice tutelare o in un atto pubblico o in un testamento qualunque sia la forma di questo*". Nella nostra casistica in non pochi casi il riconoscimento avviene soltanto dopo che si è proceduto all'effettuazione di indagini genetiche che abbiano provato il vincolo di consanguineità. Trattasi pertanto di indagini che vengono commissionate da privati, subito dopo la nascita o successivamente, con il consenso del presunto padre.

La restante casistica in questo ambito è costituita da dichiarazioni giudiziali di paternità, previste dall'art. 269 del codice civile - Dichiarazione giudiziale di paternità e maternità: "*La paternità e la maternità naturale possono essere giudizialmente dichiarate nei casi in cui il riconoscimento è ammesso. La prova della paternità e della maternità può essere data con ogni mezzo. La maternità è dimostrata provando l'identità di colui che si pretende essere figlio e di colui che fu partorito dalla donna, la quale si assume essere madre. La sola dichiarazione della madre e la sola esistenza di rapporti tra la madre e il preteso padre all'epoca del concepimento non costituiscono prova della paternità naturale*"; ovverossia da riconoscimenti del rapporto parentale a seguito di sentenza del Tribunale cui si rivolgono le parti per vedere riconosciuta la paternità del figlio naturale. L'azione di dichiarazione giudiziale di paternità è solitamente promossa dalla madre, subito dopo la nascita del figlio, oppure dal figlio stesso al compimento della maggiore età, e in quota minore dal presunto padre. Seppure non espressamente menzionate dall'articolo n. 269 del codice civile a differenza di quanto accade per il disconoscimento di paternità, le indagini genetiche sono implicitamente richiamate nella formulazione di detto articolo in due punti: laddove si afferma che "*la prova della paternità e della maternità può essere data con ogni mezzo*", comprese, quindi, le prove biologiche per l'indubbio e insuperabile valore probatorio che esse assumono; e allorquando si afferma che non costituiscono prova della paternità naturale né la sola dichiarazione della madre né la sola esistenza di rapporti tra madre e il preteso padre al tempo del concepimento, lasciando intendere che i mezzi validi sono soltanto quelli in grado di provare con obiettività e certezza il rapporto di genitura.

Dopo un iniziale periodo di incertezza, giustificato in parte dall'inadeguato valore probatorio, vero o presunto, della batteria dei marcatori genetici a disposizione per dimostrare la paternità nel periodo di promulgazione della legge di riforma del diritto di famiglia del 1975, e qualche vacillamento, ingiustificato, negli anni successivi, la magistratura di merito e di diritto ha affermato il ruolo decisivo dell'indagine genetica nella dimostrazione della paternità naturale. Il passo decisivo in questa direzione è stato compiuto nel 1980, con la sentenza n. 6.400 della Corte di Cassazione, che dopo avere affermato dignità probatoria delle indagini "ematologiche" pari a quella delle altre fonti di prova, riconosceva l'importanza della prova tecnico-scientifica e dell'applicazione del teorema di Bayes per il calcolo biostatistico di paternità. Le altre fonti di prova, considerate fino ad allora privilegiate, erano rappresentate da testimonianze, documentazione, convivenza *more uxorio* degli interessati, e altro ancora, che postulavano condotte di vita e circostanze del concepimento non più adeguate ai ritmi sociali in tema di famiglia e matrimonio e al diverso costume in tema di sessualità, mentre d'altro canto il nuovo diritto di famiglia aveva ritenuto prevalente il *favor veritatis* nella affermazione della paternità. L'affinamento delle prove tecnico-scientifiche e l'aumento esponenziale del valore probatorio della prova genetica con i marcatori del DNA hanno definitivamente convinto anche i magistrati più riottosi a basare le conclusioni delle sentenze sulle risultanze delle indagini genetiche, ritenute ormai irrinunciabili.

La prova genetica nell'indagine di paternità e la giurisprudenza

Le indagini genetiche sono considerate elemento di prova dirimente per il disconoscimento di paternità e non vi è giudice che ad esse non si affidi prima di pronunciare la sentenza. Anche per quanto riguarda la dichiarazione giudiziale di paternità essa solitamente si basa, come affermato in precedenza, sui risultati dell'indagine genetica e sul valore probabilistico che viene riferito dal consulente al termine dell'indagine.

Il problema insormontabile, anche per il giudice, è rappresentato dal rifiuto del convenuto di sottoporsi al prelievo per l'esame del DNA, essendo ben noto che non esistono norme che lo impongano. La mancanza di specifiche disposizioni cui fa riferimento l'articolo n. 13 della Costituzione sulla inviolabilità della libertà personale: "*La libertà personale è inviolabile. Non è ammessa alcuna forma di detenzione, di ispezione o perquisizione personale, né qualsiasi altra restrizione della libertà personale, se non per atto motivato dell'autorità giudiziaria e nei soli casi e modi previsti dalla legge...*" ha indotto la giurisprudenza a una interpetrazione "garantista" degli articoli del codice civile e penale che prendono in considerazione attività suscettibili di incidere sulla libertà personale, quali il prelievo di materiale biologico per indagini genetiche. La necessità di acquisire il consenso all'espletamento di prelievi per accertamenti biologici trovava conferma in due sentenze della Corte Costituzionale, le n. 238 e n. 257 del 1996, che benché relative a due diverse fattispecie, la prima in ambito penale e la seconda in quello civile, forniscono un'interpretrazione unitaria su questo problema. La prima ha ritenuto illegittima la parte dell'art. 224 del codice penale che, nell'ambito delle operazioni peritali, consentiva al giudice di disporre misure in qualche modo incidenti sulla libertà personale al di fuori di quelle specificamente previste nei casi e nei modi dalla legge; la seconda, che si riferiva alle attività di accertamento tecnico o di ispezione giudiziale sulle parti del processo, di cui all'articolo n. 696 del codice civile, ha ribadito la necessità di acquisire il consenso della persona da parte del giudice prima dell'emissione del provvedimento.

Nella sentenza n. 257 del 1996 si affermava altresì che dall'eventuale diniego "non può essere tratto alcun elemento di valutazione probatoria", posizione giurisprudenziale che è stata tuttavia rivisitata l'anno successivo da una sentenza della Corte di Cassazione (n. 9307 del 1997), che ha invece affermato che "*...tra gli argomenti di prova idonei a fondare il convincimento del giudicante rientra anche l'ingiustificato rifiuto della parte di sottoporsi ad esami ematologici...*". Pertanto, anche per quanto attiene il rifiuto del convenuto a sottoporsi alle indagini genetiche la giurisprudenza ha trovato unità di indirizzo nel ritenere che il rifiuto all'espletamento del test del DNA debba essere considerato un elemento di conferma della paternità (sentenza della Corte di Cassazione Civile n. 386 del 15.1.1999), in armonia con quanto previsto dall'art. 116 del codice di procedura penale: "*...il giudice può desumere argomenti di prova dalle risposte che le parti gli danno... dal loro rifiuto ingiustificato a consentire le ispezioni che egli ha ordinate e, in generale, dal contegno delle parti stesse nel processo*".

Indagini stragiudiziali promosse da privati

Il problema della liceità delle indagini stragiudiziali richieste direttamente da privati ha ricevuto grande attenzione da parte della medicina legale, con valutazioni storicamente improntate a criteri di massima prudenza al di fuori della sede giudiziaria, ove il conflitto tra i genitori che la vicenda sottende non permette la necessaria tutela degli interessi del minore. Alcuni autori (Benciolini e Cortivo, 1982) ritengono che tali richieste sollevino problemi di ordine deontologico e giuridico e che si debba operare una distinzione tra ricerca della paternità naturale, che in linea generale non pone problemi in quanto non è produttiva di danni al minore, e indagini in ambito di filiazione legittima, ove lo scenario casistico è molto più eterogeneo e complesso e ipotesi di danno al minore sono molto più concrete. In questa seconda ipotesi la liceità dell'esecuzione dell'indagine verte, secondo gli autori, sugli aspetti deontologici e giuridici del consenso, trattandosi molto spesso di richieste che coinvolgono minori fatte all'insaputa del coniuge, situazioni che richiedono una selezione da parte dell'operatore. L'accoglimento della richiesta, oltre che sollevare problemi di carattere deontologico, può configurare anche ipotesi di illecito penale.

Con l'eccezione di richieste, in numero non trascurabile, fatte all'insaputa dell'altro genitore legittimo, che sollevano problemi di natura penale per la mancanza di valido consenso, siamo propensi a effettuare indagini stragiudiziali di paternità in tutti gli altri casi, anche in quelli che riguardano minori inseriti in famiglie legittime. Abbiamo maturato questa posizione dalla concreta casistica, poiché la richiesta di indagine ci viene solitamente rivolta quando sono già sorti conflitti insanabili nel nucleo familiare, oppure essa è motivata da dubbi ingiustificati o situazioni conflittuali che possono trovare rapida e positiva risposta nei risultati dell'indagine, ristabilendo rapidamente la serenità del nucleo familiare. L'effettuazione dell'indagine in questi casi fornisce una pronta risposta, può evitare il passaggio all'inutile e defatigante vaglio dei tribunali, fornisce il supporto di una struttura qualificata evitando il percorso verso strutture private con minori vincoli deontologici e procedurali.

I vincoli deontologici e procedurali si compendiano nella corretta informazione delle parti in causa, compreso il minore che abbia raggiunto una sufficiente maturità psichica, sulla natura dell'indagine, sulle procedure analitiche, di riservatezza e sicurezza nel trattamento dei dati che emergeranno dall'analisi e su tutti i complessi aspetti che i risultati dell'indagine possono sollevare; nell'acquisizione di valido consenso da parte degli interessati all'effettuazione dell'indagine e al trattamento dei dati in conformità con il codice per la protezione dei dati personali; nel ricorso a tecniche, procedure e marcatori in linea con le raccomandazioni e le linee guida delle società scientifiche; nell'idoneità dei laboratori attestata da certificazione di qualità e procedure di accreditamento secondo standard europei.

Le procedure codificate dalle società scientifiche postulano il contatto diretto con tutti i soggetti interessati all'indagine, nonché l'identificazione dei medesimi mediante idonei documenti. Ne consegue che indagini su materiale inviato per posta o fornito non dall'interessato sono da ritenersi non valide o addirittura illegali.

Indagini genetiche e codice penale

La vasta eco che ha trovato l'esame del DNA tra l'opinione pubblica è dovuta sia a una fortunata serie di trasmissioni televisive che hanno enfatizzato oltre misura i risultati che possono essere conseguiti con queste tecniche di indagine in criminalistica, sia alla loro efficace applicazione in casi concreti che ha consentito l'identificazione di autori di efferati delitti che hanno avuto notevole risonanza negli organi di informazione e forte impatto emotivo sull'opinione pubblica. La gamma dei delitti nei quali l'indagine genetica assume significato è tuttavia piuttosto ampia, praticamente infinita, poiché tracce biologiche lasciate dall'autore del delitto possono essere presenti sulla scena di un omicidio, su persona che ha subito violenza sessuale, su oggetti rubati, sull'impugnatura di armi, sul retro di francobolli apposti su lettere minatorie, ecc. prefigurando una serie di eventi che spaziano dai crimini contro la persona a quelli contro il patrimonio, la fede pubblica e altri capitoli ancora.

Le forze di polizia si sono attrezzate per l'identificazione, la repertazione e l'esame di tracce biologiche dalla scena del crimine e la magistratura dispone indagini genetiche in tutti i casi in cui vi siano a disposizione reperti biologici da confrontare con sospettati, indagati e imputati. Al pari, i risultati delle indagini sul DNA assumono in dibattimento ruolo cruciale per orientare il giudizio in un senso o nell'altro, poiché a esse viene conferita fiducia assoluta non essendo ancora giunta l'eco del profondo dibattito che nel frattempo vi è stato negli Stati Uniti a seguito del processo di revisione sul buon uso di questo mezzo di prova nelle corti. Di fatto a tutt'oggi sono stati magnificati soltanto gli aspetti positivi di queste tecniche analitiche, mentre i rischi e pericoli sul loro incongruo uso sono stati minimizzati o sottaciuti, con il risultato che su questo settore convergono gli interessi di molti che non hanno conoscenze adeguate, non fanno uso di tecniche aggiornate e ricorrono a procedure e metodiche che non sono in linea con le raccomandazioni delle Società scientifiche internazionali e non rispettano gli standard di certificazione e accreditamento ISO/IEC. Un dibattito serio su questi aspetti nelle sedi appropriate e non sui mezzi di informazione sarebbe pertanto auspicabile.

Il prelievo di materiale biologico

Il punto cruciale delle indagini sul DNA nei casi criminali è comprensibilmente rappresentato dalla possibilità di avere a disposizione il DNA di soggetti che sono sospettati di essere coinvolti nel crimine per la comparazione con i reperti biologici – sangue, saliva, cellule epiteliali, formazioni pilifere, tessuti organici – che sono stati rinvenuti durante il sopralluogo sulla scena del delitto.

Altro nodo fondamentale è quello della predisposizione di archivi con i profili genetici di soggetti che siano indagati o siano stati condannati per determinate tipologie di reati, che saranno utilizzati per una ricerca generica, nella corretta presunzione della reiterazione dei comportamenti criminali e della riconducibilità della gran parte dei crimini a recidivi. Nello stesso tempo è necessario un archivio con profili genetici ottenuti dai reperti biologici che si rinvengono sulla scena del crimine. Infine occorre un archivio dei profili genetici di cadaveri che non sono stati ancora identificati.

La disponibilità del DNA dai soggetti sospettati di un reato e di quelli che sono stati condannati per certe tipologie di reati, nei confronti dei quali operare i necessari raffronti, non può che passare attraverso una legge che indichi espressamente i reati, le modalità di prelievo, l'autorità che può disporlo, in ottemperanza all'art. 13 della Costituzione in tema di inviolabilità della libertà personale, che non ha finora consentito, giustamente, qualsiasi iniziativa presa in mancanza di una specifica previsione di legge. Nell'osservanza dell'art. 13 della Costituzione e in ottemperanza alle norme sulla privacy, lo stesso strumento è necessario per disciplinare rigorosamente la conservazione del materiale biologico e/o dei profili genetici; l'organizzazione, la gestione e il controllo dell'archivio, onde evitarne l'accesso improprio; la corretta conservazione dei dati; la cancellazione dei dati e la distruzione dei campioni biologici quando vengono a cadere i presupposti che ne hanno autorizzato l'inserimento e alla scadenza prefissata.

Consapevoli dell'importanza che può assumere nella lotta contro il crimine un archivio di questo genere, tutti gli Stati del mondo occidentale si sono attivati dal punto di vista legislativo, tecnico e organizzativo e database di profili criminali sono operativi da diversi anni (Tabella 8.1). In alcuni casi, come l'Inghilterra, la raccolta di profili del DNA avviene fin dagli anni '90 e ha portato all'archiviazione di milioni di dati. Per altri questo processo è iniziato più recentemente, anche per ottemperare al Trattato di Prüm che ha imposto agli Stati che vi hanno aderito, gran parte di quelli dell'Unione Europea, di istituire banche dati nazionali del DNA e di laboratori centrali per la stessa banca dati.

L'Italia si trova in ritardo sul resto degli Stati occidentali poiché non dispone ancora della banca dati del DNA e il disegno di legge per la creazione del database e per disciplinare il necessario prelievo biologico ha completato l'iter legislativo il 24 giugno 2009 (approvazione definitiva da parte del Senato) e la legge è stata promulgata il 30 giugno 2009. In attesa dell'emanazione dei regolamenti di esecuzione con il dettaglio delle norme organizzative, lo scenario è il seguente:

- il prelievo di materiale biologico per estrarre il profilo genetico disposto dal magistrato su persona sospettata di essere coinvolta nel delitto può essere effettuato soltanto se questa è consenziente;
- per l'identificazione di persone nei confronti delle quali vengono svolte indagini, la Legge 31 luglio 2005, n. 155 ha modificato l'art. 349 del codice di procedura penale prevedendo che, ai fini dell'accertamento, possono essere effettuati prelievi di capelli e saliva anche senza il consenso dell'interessato, su disposizione del pubblico ministero e nel rispetto della dignità personale del soggetto;
- secondo l'articolo n. 354 del codice di procedura penale, soltanto nel caso in cui vi sia pericolo che le tracce biologiche si alterino, si disperdano o

Tabella 8.1. Database del DNA in Europa e profili genetici raccolti. Modificato da DNA-Database Management, Review and Recommendations – ENFSI *DNA Working Group April* 2009, autorizzazione richiesta

Nazione	Popolazione	Individui			Tracce biologiche	Corrispondenze					Data
		S	CO	T		Individuo/Traccia S	Individuo/Traccia CO	T	Traccia/Traccia	Totale	
Austria (1)	8.100.000			112.658	30.630			9.395	4.316	13.711	08.08
Belgio	10.400.000	-	14.249	14.249	14.598	181	576	757	1.310	2.067	07.08
Bulgaria	7.900.000			16.814	1.024			341	109	450	08.08
Croazia	4.600.000			13.041	2.301			1.114	311	1.425	12.06
Cipro	772.000										
Repubblica Ceca	10.300.000			12.639	4.740			4.537	5.587	10.124	12.06
Danimarca	5.500.000			40.107	20.574			5.463	2.515	7.978	05.08
Estonia	1.500.000			20.558	7.159			2.396	767	3.163	12.07
Finlandia	5.300.000			70.037	9.670			9.322	1.420	10.742	07.08
Francia (5)	59.300.000			753.000	35.627	9.973	3.448	13.425	2.525	15.693	07.08
Georgia	4.700.000										
Germania	82.400.000			569.086	134.937			53.799	16.633	70.432	06.08
Grecia	10.600.000										
Ungheria	10.200.000			60.413	1.153			34	75	109	06.08
Irlanda	4.200.000										
Italia	58.000.000										
Lettonia	2.400.000										
Lituania	3.369.000			25.843	3.135					543	07.08
Lussemburgo	500.000	205	13	218	226	3	3	6	18	24	05.08

(*continua* ↓)

(*continua*)

Malta	400.000										
Olanda	16.100.000	11.913	47.993	59.906	36.154			15.533	4.503	20.036	06.08
Irlanda Nord	1.685.000										
Norvegia	4.500.000		11.067	11.067	3.990	291	1.700	1.991	682	2.673	06.08
Polonia	38.200.000	17.091		17.091	390	9		9	12	21	06.08
Portogallo (3)	10.300.000				2.160				57	57	01.07
Romania	22.000.000		2.452	2.452	41		1	1		2	02.08
Russia (3)	143.800.000										
Scozia	5.062.000	130.809	94.725	236.202	9.987			18.410	2.046	20.456	07.08
Slovacchia	5.500.000			9.932	3.106			549	355	904	06.08
Slovenia	2.000.000			12.120	4.040			947	196	1.130	12.07
Spagna (4)	44.800.000			28.631	33.225			5.339	14.300	19.639	07.08
Svezia	9.000.000	22.966	26.948	49.914	17.793	14.550	2.906	17.456	13.058	30.514	08.08
Svizzera (2)	7.360.000			98.517	19.373			17.615	4.428	22.043	06.08
Turchia	66.800.000										
UK	54.072.000			4.236.460	315.633			840.319	46.984	887.303	06.08
Ucraina	47.600.000			1.723	176					22	01.07
Totale	769.220.000			6.472.678	711.842			1.018.758	122.207	1.141.261	

S: sospettato; CO: condannato; T: totale (quando non può essere fatta distinzione)
(1) Il sistema legislativo prevede solo corrispondenze "fredde" (*cold hits*), cioè il gestore del database non conosce i dati sensibili dell'individuo cui appartiene il profilo, possibili fonti di pregiudizio
(2) Non è prevista la ricerca di corrispondenze "fredde"
(3) Database in corso di realizzazione
(4) ADNIC (database di interesse criminale) e VERITAS (database con profili ignoti raccolti sulla scena del crimine)
(5) Sono inclusi solo i profili registrati, ovvero di cui c'è corrispondenza tra individuo e traccia biologica

comunque si modifichino e il pubblico ministero non può intervenire tempestivamente o non ha ancora assunto la direzione delle indagini, gli ufficiali di polizia giudiziaria possono effettuare prelievo di capelli o saliva dall'indagato o da altre persone non sottoposte a indagini (testimoni, persona offesa), osservando le disposizioni di cui all'art. 349 del codice di procedura penale;
- indagini del DNA possono essere effettuate durante la fase di indagine e di acquisizione delle prove da parte degli organi di polizia utilizzando materiale (saliva lasciata su mozziconi di sigaretta, bicchieri, lattine; cellule di sfaldamento su oggetti; cellule epiteliali su secrezioni nasali, urine, sudore, ecc.) sul quale il soggetto ha lasciato le proprie tracce biologiche, trattandosi di indagini su *res derelicta* che non entrano in conflitto con le norme costituzionali in tema di inviolabilità della libertà personale;
- indagini del DNA possono essere effettuate anche da parte degli avvocati, avvalendosi di collaboratori, nell'ambito delle investigazioni difensive disciplinate dall'art. 327 bis del codice di procedura penale come modificato dalla Legge 7 dicembre 2000, n. 397.

La banca dati del DNA

La Legge 30 giugno 2009, n. 85, che va sotto il nome di "Adesione della Repubblica Italiana al Trattato concluso il 27 maggio 2005... (Trattato di Prüm)", è composta da 33 articoli in cui si prevede l'istituzione di due diversi organismi, autonomi: la banca dati nazionale del DNA, presso il Dipartimento della Pubblica Sicurezza del Ministero dell'Interno; il laboratorio centrale per la banca dati nazionale del DNA, presso il Dipartimento dell'Amministrazione Penitenziaria del Ministero della Giustizia.

La banca dati provvede alla raccolta dei profili del DNA provenienti da: soggetti dai quali sia consentito il prelievo; reperti biologici acquisiti nel corso di procedimenti penali; persone scomparse o loro consanguinei, cadaveri e resti cadaverici non identificati; raffronto dei profili del DNA a fini di identificazione.

Il laboratorio centrale procede alla tipizzazione del profilo del DNA dai soggetti dai quali è consentito il prelievo e alla conservazione dei campioni biologici dai quali sono tipizzati i profili del DNA.

Possono essere sottoposti a prelievo di campioni biologici ai fini dell'inserimento del profilo del DNA nella banca dati (art. 9) i soggetti ai quali sia stata applicata la misura della custodia cautelare in carcere o degli arresti domiciliari, i soggetti arrestati in flagranza di reato o sottoposti a fermo di indiziato di delitto, i detenuti o internati a seguito di sentenza irrevocabile o ai quali sia stata applicata una misura alternativa per delitto non colposo, i soggetti ai quali sia stata applicata una misura di sicurezza detentiva, provvisoriamente o definitivamente. Per quanto riguarda la tipologia di reati, il prelievo può essere effettuato soltanto se si procede per delitti non colposi per i quali è consentito l'arresto facoltativo in flagranza, tranne:

- i delitti dei pubblici ufficiali contro la pubblica amministrazione (Titolo III, Capo I e II), con l'eccezione dei delitti di calunnia (art. 368), false informazioni al pubblico ministero (art. 371 *bis*), false dichiarazioni al difensore (art. 371 *ter*), falsa testimonianza (art. 372), favoreggiamento personale (art. 378), favoreggiamento reale (art. 379), procurata inosservanza di pena (art. 390);
- i delitti contro la fede pubblica (Titolo VII), limitatamente al Capo I, tranne art. 453 e II;
- i delitti contro l'economia pubblica (Capo I) e l'industria e il commercio (Capo II) di cui al Titolo VIII, con eccezione della distribuzione di materie prime (art. 499) e dell'illecita concorrenza con minaccia o violenza (art. 513 *bis*);
- i delitti contro il matrimonio (Capo I del Titolo XI);
- i delitti in tema di fallimento, ecc. previsti dal Regio Decreto 16 marzo 1942, n. 267;
- i reati previsti dal codice civile e in materia tributaria.

Il campione biologico che può essere prelevato è rappresentato dalla saliva (seppure impropriamente nel testo di legge si parli di "mucosa del cavo orale"), il prelievo deve avvenire nel rispetto della dignità della persona da parte delle forze di polizia o di personale sanitario ausiliario di polizia giudiziaria e delle operazioni deve essere redatto verbale. Nel caso di arresto in flagranza di reato o di fermo di indiziato di delitto si può procedere al prelievo dopo la convalida da parte del giudice.

Il legislatore ha inoltre previsto l'acquisizione dei profili del DNA che sono stati tipizzati da parte di forze di polizia e istituzioni di elevata specializzazione su reperti biologici nel corso di un procedimento penale a mezzo di accertamento tecnico, consulenza tecnica o perizia. Per quanto attiene la metodologia di analisi del campione e del reperto biologico, essa deve essere in linea con i parametri riconosciuti a livello internazionale e indicati dall'*European Network of Forensic Science Institutes* (ENFSI), i laboratori che li tipizzano devono essere certificati a norma ISO/IEC e la sequenza non deve riguardare patologie che possono essere identificate.

Per quanto attiene la gestione del database, l'accesso ai dati contenuti nella banca dati nazionale del DNA è consentito alla polizia giudiziaria e all'autorità giudiziaria per fini di identificazione personale e di collaborazione internazionale di polizia. Per l'accesso ai dati contenuti nel laboratorio centrale da parte degli stessi soggetti è prevista l'autorizzazione dell'autorità giudiziaria. L'accesso e il trattamento dei dati sono ovviamente sottoposti a rigide misure di sicurezza.

La cancellazione dei dati inseriti nel database e la distruzione dei campioni biologici sono disposte anche d'ufficio quando vi è stata sentenza definitiva di assoluzione perchè il fatto non sussiste o perchè l'imputato non lo ha commesso; nel caso di cadavere e di resti scheletrici quando vi è stata identificazione, di persona scomparsa quando vi è stato ritrovamento; quando le operazioni di prelievo sono state disposte in violazione delle norme (art. 9) relative a soggetti sottoposti a prelievo e modalità di esecuzione. In tutti gli altri casi il profilo del DNA resterà archiviato nella banca dati per un periodo di tempo che dovrà essere stabilito nel regolamento di attuazione che dovrà essere emanato d'intesa con il Garante per la protezione dei dati personali, e comunque per un tempo non superiore a 40 anni; anche per il campione biologico il tempo di conservazione dovrà essere stabilito con apposito regolamento di attuazione e comunque per un periodo non superiore a 20 anni.

Il controllo sulla banca dati del DNA è esercitato dal Garante per la protezione dei dati personali e sul laboratorio centrale per la banca dati da parte del Comitato Nazionale per la Biosicurezza, le Biotecnologie e le Scienze della Vita (CNBBSV). A regolamenti di attuazione è demandata la disciplina di specifici aspetti inerenti al funzionamento della banca dati e del laboratorio centrale, alle tecniche e modalità di analisi e conservazione dei campioni biologici e dei profili del DNA, alle procedure di accesso ai dati, le modalità di cancellazione dei profili e la distruzione dei campioni biologici, ecc. La legge prevede inoltre un periodo transitorio di un anno per regolarizzare l'acquisizione dei profili del DNA ricavati da reperti acquisiti nel corso di procedimenti penali anteriori alla sua entrata in vigore e per effettuare prelievi di campioni biologici da soggetti già detenuti o internati.

Dati genetici e privacy

Il codice in materia di protezione dei dati personali, di cui al Decreto legislativo del 30 giugno 2003, n. 196 ha considerato i dati genetici nel Titolo V, relativo al trattamento dei dati personali in ambito sanitario. L'articolo 90 ha previsto che il trattamento dei dati genetici è consentito nei soli casi previsti da apposita autorizzazione rilasciata dal Garante, sentito il Ministro della Salute e che nella medesima autorizzazione debbano essere specificati gli ulteriori elementi da includere nell'informativa, con particolare riguardo alle finalità perseguite.

L'autorizzazione in questione è stata rilasciata il 22 febbraio 2007 ed è entrata in vigore nel settembre dello stesso anno.

Per quanto attiene al trattamento dei dati genetici per fini di identificazione personale, quindi al di fuori di finalità di tutela della salute o di ricerca scientifica, l'autorizzazione è rilasciata:
ai laboratori di genetica medica per dati che sono destinati a essere utilizzati a "*esclusivi fini di svolgimento delle indagini difensive o per far valere o difendere un diritto anche da parte di un terzo in sede giudiziaria o ad esclusivi fini di ricongiungimento familiare, per l'accertamento della sussistenza di vincoli di consanguineità di cittadini di Stati non appartenenti all'Unione europea, apolidi e rifugiati*". In quest'ultima ipotesi il trattamento è ritenuto indispensabile se non sono disponibili procedure alternative a raggiungere lo scopo;

- ai difensori, anche a mezzo di consulenti tecnici e investigatori privati auto-

rizzati per operazioni e dati indispensabili per esclusive finalità di investigazioni difensive (ex legge 7 dicembre 2000, n. 397), oppure per fare valere un diritto in sede giudiziaria di rango almeno pari a quello dell'interessato, ovvero un diritto della personalità o un altro diritto o libertà fondamentale e inviolabile e i dati siano trattati esclusivamente per tale finalità e per il periodo strettamente necessario al loro perseguimento. Il trattamento può essere compiuto anche senza il consenso dell'interessato, a meno che esso non presupponga lo svolgimento di test genetici. Il trattamento deve essere comunque effettuato nel rispetto delle autorizzazioni generali del Garante – n. 4 e n. 6 del 2005 – al trattamento dei dati sensibili da parte dei liberi professionisti e degli investigatori privati;
- agli organismi internazionali per certificazioni rilasciate a esclusivi fini di ricongiungimento familiare quando non sia possibile provare il vincolo con documenti.

Per quanto concerne le modalità di trattamento, da segnalare l'obbligo di predisporre specifiche misure per l'accertamento dell'identità del soggetto al quale viene prelevato il materiale biologico, che i dati relativi all'identificazione vengano tenuti separati dai dati genetici, che nei trattamenti effettuati a scopo di identificazione personale non vengano raccolti dati sullo stato di salute o su altre caratteristiche degli interessati, a eccezione del sesso.

Rigide misure di sicurezza sono indicate per la custodia, la conservazione, l'utilizzo, il trasferimento elettronico dei dati genetici e la custodia dei campioni biologici.

L'informativa che va data all'interessato previamente all'esecuzione del test genetico deve mettere in evidenza le finalità che l'analisi persegue, i risultati che possono essere conseguiti, anche per quanto riguarda le notizie inattese, il diritto dell'interessato a opporsi al trattamento per motivi legittimi e le conseguenze di un eventuale rifiuto, i soggetti ai quali i dati genetici possono essere comunicati e la facoltà o meno dell'interessato di limitare l'ambito di comunicazione dei dati genetici e il trasferimento dei campioni biologici e la loro eventuale utilizzazione per altri scopi, gli estremi identificativi del titolare del trattamento e del responsabile e degli incaricati del trattamento dei dati. Vi è poi uno specifico richiamo all'informativa in tema di filiazione e alle eventuali conseguenze psicologiche e sociali dell'esame quando i test genetici vengono svolti per l'accertamento della maternità o della paternità.

I test genetici e il trattamento dei dati genetici a fini forensi possono essere effettuati soltanto con il consenso informato della persona cui appartiene il materiale biologico necessario all'indagine, a meno che un'espressa disposizione di legge non disponga altrimenti, e non possono essere utilizzati per altri fini. Le disposizioni di legge che consentono questa deroga sono quella relativa all'identificazione di persone nei confronti dei quali vengono svolte indagini (Legge 31 luglio 2005, n. 155) e quella in itinere relativa alla istituenda Banca dati nazionale del DNA.

Letture consigliate

Benciolini P, Cortivo P (1982) L'indagine ematologica in tema di filiazione a richiesta di privati. Problemi deontologici ed interrogativi di ordine giuridico. Riv It Med Leg, IV, 807-823

Gjertson DW, Brenner CH, Baur MP et al (2007) Recommendations on biostatistics in paternity testing. Forensic Science International Genetics, vol. 1, n. 3-4, pp. 223-231

Morling N, Allen RW, Carracedo A et al (2002) Paternity Testing Commission of the International Society of Forensic Genetics: recommendations on genetic investigations in paternity cases. Forensic Sci Int 129(3):148-157

Tagliabracci A, Domenici R, Pascali V, Pesaresi M (2007) Indagini genetico-forensi di paternità e identificazione personale. Piccin, Padova

Siti Internet

Trattato di Prüm: http://www.governo.it/GovernoInforma/Dossier/pacchetto_sicurezza/trattato_prum.pdf

Capitolo 9

Nuovi approcci e sviluppi futuri in genetica forense

Valerio Onofri

Come tutti i campi applicativi della genetica e della biologia molecolare in senso esteso, anche la genetica forense sta vivendo in questi anni un importante sviluppo. Solo nell'anno 2008 è possibile contare più di 400 articoli scientifici e alcune monografie riguardanti queste tematiche. Oltre a questi, sono disponibili online gli atti dei più importanti meeting della comunità scientifica nel campo, l'*International Society for Forensic Genetics* (ISFG), molti dei quali rappresentano apporti scientifici ed esercizi collaborativi del Gruppo Italiano dei Genetisti Forensi (Ge.F.I.) che, attivo dal 1966, raccoglie gli esperti italiani del settore.

La ricerca di base nei laboratori di genetica forense in tutto il mondo si prefigge ogni giorno l'obiettivo di approntare metodi nuovi per la rilevazione, la preservazione, l'estrazione e la quantizzazione del DNA. Fino a pochi anni fa ad esempio erano necessarie tracce biologiche di grandi dimensioni, esclusivamente ematiche, per amplificare uno o due loci, mentre oggi è possibile eseguire test su decine di *markers* a partire da poche cellule.

Il numero di polimorfismi informativi del DNA, nucleare e non, viene continuamente incrementato grazie agli studi di selezione e validazione. Il potere discriminativo dei saggi genetici di routine basati sugli STRs è stato aumentato grazie alla coamplificazione fino a 16 loci in una singola reazione di PCR; parallelamente, la sensibilità di tali test è stata incrementata portando il limite minimo a quantità di DNA inferiori a 100 picogrammi. Alcuni recentissimi studi su larga scala genomica hanno avuto grande impatto sia sulla comunità scientifica sia nell'opinione pubblica; lo studio di alcune centinaia di migliaia di SNPs distribuiti sull'intero genoma di centinaia di individui di popolazioni diverse consentirà di aumentare il valore di probabilità con cui un determinato soggetto sia associato a un'area geografica.

La capacità di discriminazione degli attuali sistemi utilizzati in genetica forense permette abbondantemente di distinguere due individui presi a caso nella popolazione. L'interesse quindi viene oggi posto sulle altre numerose informazioni che il DNA può fornire all'investigatore che si trovi al cospetto di una scena di un crimine, di un disastro di massa o alla ricerca di un soggetto scomparso. Il tema forse più atteso dall'uditorio delle scienze forensi è la determinazione di una certa varietà di caratteristiche fisiche di un soggetto dal suo DNA. A tutt'oggi, analizzando una traccia di materiale biologico sulla scena del crimine, siamo in grado di affermare se si tratti di materiale umano o animale (eventualmente la specie) e la natura di tale materiale, eventualmente la presenza di agenti infettivi. Inoltre, grazie ai *markers* "genealogici" (*Ancestry Informative Markers*, AIMs), soprattutto quelli aplotipici legati al cromosoma Y e al mtDNA, è possibile inoltre fare deduzioni sull'origine geografica degli individui. In un futuro non troppo remoto l'ipotesi è quella di poter anche dedurre informazioni sui tratti qualitativi somatici come colore della pelle, capelli e occhi, predisposizione a dismorfismi fisici, altezza e peso. Molti di questi caratteri sono considerati tratti complessi, dal momento che si tratta di caratteristiche fenotipiche dovute a più fattori genetici oltre che ambientali, e vengono approfonditi attraverso studi di associazione indagando centinaia di migliaia di marcatori (*Genome-Wide Association Studies*, GWA).

Sul piano strettamente tecnologico, la miniaturizzazione dei processi connessi con la tipizzazione del DNA probabilmente consentirà di approntare test genetici direttamente sul sito di indagine e di ottenere risultati in tempo reale. Il laboratorio forense sarà organizzato con stazioni automatizzate e il genetista forense, come già accade per il biologo del laboratorio clinico, vedrà ristretto il proprio contributo manuale nell'intero processo analitico. Gli stessi profili del DNA di criminali saranno condivisi tra gli esperti in tempi rapidi grazie a reti di database che dovranno concordare l'utilizzo dei medesimi *markers*. In quest'ottica, come in altri campi scientifici, l'auspicio è che la bioetica dia risposte e indicazioni tanto veloci quanto lo sono i frutti dell'innovazione tecnologica.

La tecnica della microdissezione laser è stata di recente applicata in campo forense, soprattutto per recuperare selettivamente cellule spermatiche nei casi di stupro. Semplificando, la tecnica consiste in un microscopio modificato che consente di effettuare tagli laser dell'ordine di grandezza del micrometro; essa risulta particolarmente utile per selezionare, direttamente su vetrini istologici, singole cellule o popolazioni di cellule di differente origine biologica, ed è quindi una promettente risorsa per l'analisi delle misture. L'analisi di queste ultime, d'altronde, è attualissima dal momento che in Tribunale sempre più spesso molte battaglie giudiziarie si combattono attorno a tracce miste considerate decisive. Purtroppo una grande quantità di fattori influenza l'interpretazione dei profili misti, dalla quantità e la qualità del DNA che le ha generate, all'identificazione del numero e del sesso dei contribuenti; per questo motivo in futuro sarà d'obbligo applicare complicati calcoli statistici, anche attraverso i cosiddetti "sistemi esperti" informatizzati.

Inoltre, le nuove tecnologie di tipizzazione del DNA consentono da poco di poter amplificare non selettivamente l'intero genoma umano con tecniche di *whole genome amplification* (WGA). Queste rappresentano l'opportunità di arricchire la scarsa quantità di DNA di partenza nei reperti forensi disponibile per le successive amplificazioni specifiche.

L'attenzione del genetista forense si sta portando anche verso il nonumano. L'analisi di alcuni campioni, soprattutto formazioni pilifere, porta spesso a dover avere una competenza specifica nei reperti di origine animale. Per aumentare in questi casi l'informatività ai fini identificativi, alcuni gruppi di ricerca hanno approfondito lo studio dei marcatori, soprattutto di cani e gatti, con la tecnica delle PCR multiple o del *DNA barcoding*, tramite il sequenziamento del gene della citocromo C ossidasi I (COI). In questo contesto sarà utile in futuro poter disporre di database di polimorfismi animali e relative frequenze. Oltre che l'identificazione della specie non-umana di un reperto rinvenuto sulla scena di un crimine, l'utilizzo del *fingerprinting* animale permetterà di monitorare una serie di reati collegati con la contraffazione e la sofisticazione di carni e alimenti.

Drammaticamente attuale nel panorama della sicurezza internazionale, anche la microbiologia forense si pone quale emergente filone di ricerca nel panorama delle scienze forensi a causa della minaccia terroristica perpetrata mediante armi biologiche quali virus, batteri, funghi o tossine. A tale scopo sarà interessante in un prossimo futuro disporre di specifici test affidabili e rapidi per l'identificazione di specie microbiche (come l'antrace); lo scopo è quello di tracciare con quanta più precisione possibile da quale laboratorio può essere originato un ceppo in base alle sottospecie note avvalendosi, come già per l'uomo, di analisi filogenetiche.

In tutti i casi di rinvenimento di cadavere, il medico legale deve stimare nel modo più preciso possibile non solo le cause del decesso, ma anche l'epoca e l'ora della morte. Testimoni diretti o primi "accorsi" sono spesso gli insetti. Lo scopo principale dell'entomologia forense è contribuire, con tutti gli elementi desumibili dallo studio degli insetti rinvenuti sul cadavere o nelle sue immediate vicinanze, alla determinazione dell'epoca e del luogo del decesso, laddove ci sia stato un eventuale spostamento del cadavere. A tale fine alcuni gruppi di lavoro stanno già da tempo allestendo metodi di studio del DNA per l'identificazione genetica delle specie di insetti, soprattutto dei calliforidi, in modo da sopperire alla difficoltà di classificazione basata solamente sulla loro morfologia. Lo scopo è quello di correlare la datazione delle larve con l'epoca del decesso e di confrontare le specie in futuri database per dedurre la loro localizzazione geografica.

Ma anche i vegetali dicono la loro. Lo studio di piante e semi è strategico ai fini di molte analisi investigative, sia per l'interesse tossicologico sia per l'associazione e l'identificazione di specie rinvenute su reperti trovati sulla scena del crimine. Sebbene di minore interesse, la palinologia, lo studio di semi, spore e pollini vegetali, rappresenta un altro campo di ricerca per la biologia molecolare forense. Affiancando l'analisi morfologica oggi eseguita con tecniche microscopiche, lo studio dei polimorfismi genetici specie-specifici permetterà di effettuare una più precisa identificazione. Alcune complicazioni potranno tuttavia insorgere nel confronto tra DNA di piante e pollini dal momento che questi ultimi sono solo gameti maschili e contengono solo metà del genoma della pianta.

In definitiva, la genetica forense dei prossimi anni non sarà una disciplina a sé ma, come molte delle scienze attuali, sarà profondamente interdisciplinare, a volte stimolando, altre volte completando la ricerca in vari e differenti campi scientifici.

Letture consigliate

Amendt J, Campobasso CP, Gaudry E et al (2007) Best practice in forensic entomology-standards and guidelines; European Association for Forensic Entomology. Int J Legal Med 121:90-104

Ballantyne KN, van Oorschot RA, Mitchell RJ (2007) Comparison of two whole genome amplification methods for STR genotyping of LCN and degraded DNA samples. Forensic Sci Int 166:35-41

Brettell TA, Butler JM, Almirall JR (2007) Forensic science. Anal Chem 79(12):4365-4384

Budimlija ZM, Lechpammer M, Popiolek D et al (2005) Forensic applications of laser capture microdissection: use in DNA-based parentage testing and platform validation. Croat Med J 46:549-555

Budowle B, Garofano P, Hellman A et al (2005) Recommendations for animal DNA forensic and identity testing. Int J Legal Med 119:295-302

Budowle B, Schutzer SE, Morse SA et al (2008) Criteria for validation of methods in microbial forensics. Appl Environ Microbiol 74:5599-5607

Dawnay N, Ogden R, McEwing R et al (2007) Validation of the barcoding gene COI for use in forensic genetic species identification. Forensic Sci Int 173:1-6

Emmert-Buck MR, Bonner RF, Smith PD et al (1996) Laser capture microdissection. Science 274:998-1001

Keim P, Pearson T, Okinaka R (2008) Microbial forensics: DNA fingerprinting of Bacillus anthracis (anthrax). Anal Chem 80:4791-4799

Kayser M, Schneider PM (2009) DNA-based prediction of human externally visible characteristics in forensics: motivations, scientific challenges, and ethical considerations. Forensic Sci Int Genet 3:154-161

Lao O, Lu TT, Nothnagel M et al (2008) Correlation between genetic and geographic structure in Europe. Curr Biol 18:1241-1248

Menotti-Raymond MA, David VA, Wachter LL et al (2005) An STR forensic typing system for genetic individualization of domestic cat (Felis catus) samples. J Forensic Sci 50:1061-1070

Miller Coyle H, Ladd C, Palmbach T, Lee HC (2001) The Green Revolution: botanical contributions to forensics and drug enforcement. Croat Med J 42:340-345

Price AL, Butler J, Patterson N et al (2008) Discerning the ancestry of European Americans in genetic association studies. PLoS Genet 4:e236

Walsh KA, Horrocks M (2008) Palynology: its position in the field of forensic science. J Forensic Sci 53:1053-1060

Wells JD, Stevens JR (2008) Application of DNA-based methods in forensic entomology. Annu Rev Entomol 53:103-120

Siti Internet

Atti dei congressi dell'International Society for Forensic Genetics (ISFG): http://www.isfg.org/Publications/Congress+Proceedings

Indice analitico

SPRINGER NATURE

GPSR Compliance

The European Union's (EU) General Product Safety Regulation (GPSR) is a set of rules that requires consumer products to be safe and our obligations to ensure this.

If you have any concerns about our products, you can contact us on ProductSafety@springernature.com

In case Publisher is established outside the EU, the EU authorized representative is:

Springer Nature Customer Service Center GmbH
Europaplatz 3
69115 Heidelberg, Germany

FSC
www.fsc.org
MIX
Papier | Fördert gute Waldnutzung
FSC® C083411

Kolibri 360 GmbH
Ferdinand-Jühlke-Straße 7
99095 Erfurt, Deutschland
produktsicherheit@kolibri360.de